MONA RIEGGER

Handbuch der modernen Stundenastrologie

Standardwerke der Astrologie

MONA RIEGGER

Handbuch der modernen Stundenastrologie

Fragen, Begegnungen, günstige Termine

IN MEMORIAM

Beate Metz
(20.11.1959 – 10.8.2009)

Sanfte Rebellin und
Hüterin weiblicher Weisheit.
Ihre Pallas-Merkur-Jupiter-Energie
brachte dieses Buch
mit auf den Weg.

Alle Angaben in diesem Buch sind vom Autor sorgfältig erwogen und geprüft worden, dennoch kann eine Gewährleistung jeglicher Art nicht übernommen werden. Eine Haftung für Personen-, Sach-, Vermögens oder sonstige Schäden ist ausgeschlossen. Personen mit gesundheitlichen Beschwerden sollten alle therapeutischen Maßnahmen mit ihrem Arzt besprechen und auch gegebenenfalls die bei Heilmitteln anzuwendenden Gebrauchshinweise beachten.

ISBN 978-3-89997-186-6
Deutsche Erstausgabe

2. Auflage 2017

Umschlag: Walter Schneider
Foto © Mauritius Images
Druck: Finidr, Český Těšin

Zu beziehen durch den Buchhandel oder direkt beim
Chiron Verlag, Postfach 1250, D-72002 Tübingen

Inhalt

Einleitung

Mitte der 1980er Jahre begann ich, mich mit der Stundenastrologie zu beschäftigen. Die klaren Regeln bei der Deutung eines Fragehoroskops, aber auch die minimalistische Zielsetzung hinsichtlich eines einfachen Jas oder Neins, waren für mich anfänglich ein willkommener Kontrast zur unerschöpflichen und komplexen Deutung eines Geburtshoroskops. So, wie ich mich heutzutage mit einem besonders schweren Sudoku herrlich entspannen kann, so war damals das Finden einer Antwort wie das Lösen eines Rätsels, bei dem es – wie beim Sudoku – am Ende nur ein richtiges Ergebnis geben konnte. Sofern man vorher alle Schritte richtig gewählt und schlüssig kombiniert hatte.

Viele Jahre war Stundenastrologie aber lediglich mein privates Hobby. Dass ich, wenn mir jemand eine Frage stellte, heimlich auf die Uhr schaute, mir die Zeit merkte und später ein Stundenhoroskop erstellte, bekam niemand mit. Auch nicht, wenn ich mir die Uhrzeiten notierte, wann Klienten wegen eines Beratungstermins anriefen oder potentielle Schüler wegen einer Astrologieausbildung.

Obwohl ich die wichtigsten stundenastrologischen Deutungsregeln dem damals einzigen auf deutsch erschienenen Stundenastrologie-Buch von Karen Hamaker-Zondag entnahm und auch danach fast alles las, was sowohl auf deutsch als auch auf englisch zum Thema veröffentlicht wurde, basiert mein heutiges Know how nicht auf Bücherwissen, sondern in erster Linie auf eigener Erfahrung.

«Learning by doing» war sowieso von Anfang an die Devise! Als ich Mitte der 1970er Jahre anfing, mich für Astrologie zu interessieren, war die zur Verfügung stehende astrologische Literatur ebenfalls eher dürftig. Ich gehöre eigentlich einer Astrologengeneration an, die ein Freund von mir scherzhaft die «Klöckler-Generation» nennt.

Die drei Bände von Freiherr von Klöckler waren – schon allein wegen der darin enthaltenen notwendigen Tabellen zur Von-Hand-Berechnung eines Horoskops – tatsächlich eher Pflichtlektüre denn Labsal auf der Suche nach zeitgemäßer Deutungshilfe. Obwohl sich auch Klöckler gegen jede Form von Determinismus aussprach und der Psychologie durchaus nahe stand, öffneten mir letztlich erst die Bücher von Liz Greene und Stephen Arroyo Tore zu einer praktisch anwendbaren, psychologisch orientierten Astrologie. Jenseits von düsterer Prognostik und deterministischen Deutungsaussagen, die so genannte «Horoskopeigner» in Kategorien einteilte, wie: Vatermörder, ehelos geblieben, perverser Geschlechtstrieb, Tod durch Schussverletzung oder Selbstmord durch Erhängen.

Während sich Pluto von 1984 bis 1995 im Skorpion aufhielt, blühte die Psychologische Astrologie auf. Unzählige Bücher wurden veröffentlicht, in denen kaum noch zu lesen war, dass Saturn ein «Übeltäter» sei oder dass Menschen mit einem dominant gestellten Saturn an charakterlichen Defiziten litten. Auch das Thema «astrologische Prognose» galt mehr und mehr als verpönt. Die neue Astrologengeneration wollte zu Recht heraus aus der Schublade der Wahrsagerei, zumal eine astrologische Beratung auch gänzlich ohne das Prognostizieren von zukünftigen Ereignissen auskam. Ich erinnere mich aber noch gut daran, dass ich, wenn ich in Vorgesprächen zu einer Beratung erwähnte, dass mit Zukunftsvorhersagen bei mir nicht zu rechnen sei, häufig gefragt wurde: «Ja, was machen Sie denn dann?»

Im Rückblick auf die fast drei Jahrzehnte, in denen ich nun als Astrologin beratend tätig bin, kann ich an Plutos Aufenthalt in den verschiedenen Zeichen durchaus Veränderungen in der Bedürfnislage und den damit verbundenen Fragestellungen meiner Klienten festmachen. Waren diese mit Pluto im Skorpion noch stark von einer mitunter langatmigen Suche nach einem psychologischen Verständnis für das eigene Sosein geprägt, so kam mit Pluto im Schützen Tempo auf. Immer weniger Klienten interessierten sich für eine umfassende und tiefgehende Deutung ihres Geburtshoroskops, immer mehr wünschten sich eine kurze, schnelle Beratung zu einem speziellen Thema. Oder noch besser, die rasche Beantwortung einer einzigen Frage!

Anfang der 1990er Jahre outete ich schließlich mein «heimliches Hobby», indem ich anfing, Stundenastrologie in meinen Ausbildungsgruppen zu unterrichten. Es war einfach an der Zeit, das gesammelte Wissen über diese spannende Methode mit anderen zu teilen. Auch deshalb, weil Frage- und Begegnungshoroskope aus meiner alltäglichen Praxis inzwischen nicht mehr wegzudenken waren. Sie bereicherten meine Arbeit so sehr, dass ich fortan keine Ausbildung mehr abschließen wollte, ohne den zukünftigen Astrologinnen und Astrologen die Schätze der Stundenastrologie mit auf den Weg zu geben.

Wohl wissend, wie verwirrend es sein kann, zwischen astropsychologischem und stundenastrologischem Deuten hin- und herzupendeln, setzte ich die Unterrichtseinheit «Stundenastrologie» stets an das Ende einer ein- bis dreijährigen Ausbildung in Psychologischer Astrologie. Hatten die Teilnehmer bisher gelernt, dass es einen erlösten und einen unerlösten Saturn gibt oder dass Pluto-Transite mit Wandlungskrisen einhergingen, die ein Loslassen von überholten Lebensstrukturen erforderten, so mussten sich die Schüler nun, am Ende ihrer Ausbildung, scheinbar doch noch mit mittelalterlichem Gedankengut auseinandersetzen. Saturn galt in der Stundenastrologie als «Übeltäter», Planeten sollten plötzlich nach «Würden» untersucht werden und Uranus, Neptun oder Pluto konnten, zumindest nach streng klassischer Manier, ganz gestrichen werden.

Auch das in der Stundenastrologie geforderte Schwarzweißdenken fiel vielen anfänglich nicht leicht. Zwar hatte es durchaus etwas für sich, bei bestimmten Konstellationen endlich einmal klar Ja oder klar Nein sagen zu müssen, ohne die gewohnte Aufzählung von vielerlei Möglichkeiten, die eine Radix-Konstellation oder ein Transit außerdem noch mit sich bringen konnte. Im Reglement der Stundenastrologie ist ein *Es könnte so aber auch so ausgehen* nicht vorgesehen. Ist eine Frage so gestellt, dass sie mit Ja oder Nein beantwortbar ist, sollte man anhand der klar geregelten Vorgehensweise zu einem eindeutigen Ergebnis kommen.

Die Faszination darüber, dass Stundenastrologie wirklich funktioniert, blieb nicht lange aus. Einem Rat des Genfer Astrologen Eric Weil kann ich deshalb aus eigener Erfahrung nur beipflichten. Er schreibt: «Man sollte die Schüler nicht zu früh in die Stundenastrologie einführen, sonst wollen sie nichts anderes mehr machen» (Eric Weil in: Hjelmborg/Kirsebom: *Augenblicksastrologie*, Wettswil 1985, Seite 6).

Bei aller Faszination, die ich auch selbst immer noch im alltäglichen Umgang mit dieser Methode empfinde, schlummert in ihr aber auch die Gefahr, sie für banale Anliegen zu missbrauchen. In meinen Seminaren bitte ich daher stets mit Nachdruck darum, nur dann ein Fragehoroskop zu Rate zu ziehen, wenn der Fragesteller wirklich ernsthafte Beweggründe hegt. Der «Suchtfaktor» dieser Methode ist hoch! Wer sie beherrscht und in seiner Beratungspraxis anbietet, könnte Klienten anziehen, die Astrologie wie eine Krücke durch den Alltag nutzen und mitunter keinen Schritt mehr vor die Tür setzen, ohne eine stundenastrologische Frage zu stellen oder sich einen günstigen Termin für einen normalen Arztbesuch ausrechnen zu lassen. Zwar erhöhen solche Klienten vermutlich das Monatseinkommen ihrer Berater, doch Geschäfte mit der Angst der Menschen gehören definitiv ins Ressort der Versicherungsbranche. Die Astrologie sollte hierfür nicht missbraucht werden, zumal auch ein so genanntes «gutes» Stundenhoroskop weder einen Schicksalsschlag abwehren noch etwas «prophezeien» kann, was irgendeine Instanz in uns nicht schon längst wüsste. Meiner Meinung nach haftet der Stundenastrologie nämlich völlig zu Unrecht der Ruch des Orakelhaften an. Wie ich in Kapitel I näher erläutere, lässt die Tatsache, dass mit ihrer Hilfe konkrete Prognosen zum Ausgang einer Angelegenheit möglich sind, nicht darauf schließen, dass unser Leben determiniert, beziehungsweise unser Schicksal von Geburt bis Tod vorbestimmt ist. Wenn dem so wäre und die Astrologie nur dazu diente, dieses Schicksal erkennbar zu machen, würde sie ihren Reiz für mich verlieren.

Ausgehend vom freien Willen eines jeden Menschen, sein Leben – mit den ihm gegebenen Startbedingungen – frei zu gestalten, hält die Astrologie eine wunderbare Symbolik bereit, mit deren Hilfe Antworten auf Fragen in wichtigen Lebensphasen gefunden werden können. Diese dient nicht nur der eigenen Selbsterkenntnis, sondern erweist sich in Zeiten neuer Weichenstellungen auch als wertvoller Kompass. Hierbei meinen Klienten und Klientinnen mit einem breiten Spektrum an astrologischen Deutungsmöglichkeiten beratend zur Seite stehen zu können, erfüllt mich jeden Tag aufs Neue mit großer Freude.

Die moderne Stundenastrologie hat sich in den letzten Jahren als das von mir am häufigsten gespielte Instrument in meiner reichhaltigen Instrumentensammlung erwiesen. Diese bei meinen Klienten inzwischen sehr beliebte «Spielweise», soll nun auch einem breiteren Publikum zugänglich werden. Sie möge aber bitte als Angebot und nicht als Gebot verstanden werden!

Bekanntlich führen ja viele Wege nach Rom und sicher gibt es auch andere Spielarten, die zu einer stimmigen Antwort auf eine stundenastrologische Frage führen. Manche Musiker interpretieren ein Musikstück eben gern klassisch, andere lieber modern. Wer mag hier über richtig oder falsch streiten? Die Kunst liegt stets im Auge des Betrachters und deshalb entscheiden letztlich unsere Klienten und Schüler, welche Interpretation ihnen zu Erkenntnissen verhilft und welche nicht.

Moderne Stundenastrologie versus Klassische Astrologie

Wer sich für Stundenastrologie interessiert, wird recht schnell feststellen, dass Stundenastrologie nicht gleich Stundenastrologie ist. Wie in jedem anderen Bereich der Astrologie gibt es auch hier unterschiedliche Sicht- und Herangehensweisen: sei es in der Wahl des zu verwendenden Häusersystems oder auch in der Frage, auf welchen Bezugsort ein Stundenhoroskop erstellt werden soll. Dies sind aber Kleinigkeiten im Hinblick auf die tieferen Gräben, die sich in den letzten Jahren allein unter Stundenastrologen auftun. Immer deutlicher scheiden sich die Geister in reine «Klassiker», die zum Beispiel die «neuen» Planeten Uranus, Neptun und Pluto nicht verwenden, dafür aber die «Via Combusta», weil sich dort eine Reihe von Fixsternen befindet. Die so genannten «modernen» Stundenastrologen, die in einem Fragehoroskop alles berücksichtigen, was auch bei einer Radixdeutung zu Erkenntnissen verhilft, werden von so manchem «Klassiker» gern mal als «historisch unterbelichtet» belächelt oder im schlimmsten Fall als «Nichtskönner» diffamiert. Profilneurotiker, die glauben, ihr Tun sei das einzig Wahre, und die sich deshalb über andere erheben, gibt es in jeder Berufsgruppe. Da Astrologie jedoch stark mit den Themen des neunten Hauses korrespondiert, sollte meiner Meinung nach Toleranz und Großzügigkeit gegenüber Andersdenkenden und Andersdeutenden wie selbstverständlich zum Berufsethos von Astrologinnen und Astrologen gehören.

In Anbetracht der Tatsache, dass Stundenastrologie eine der

ältesten Formen der Astrologie überhaupt ist, und in Würdigung der Leistungen, die unsere Vorgänger in den letzten Jahrtausenden erbracht haben, ist es durchaus nachzuvollziehen, dass die antike Deutungskunst nun – mit Pluto in Steinbock – eine Art Renaissance erlebt. Das Bewahren und Wiederauflebenlassen früherer Deutungsweisen könnte aber auch fanatische Züge annehmen und die Tatsache vergessen machen, dass wir im 21. Jahrtausend leben. Unsere Lebensbedingungen sind gänzlich andere als zu Zeiten eines Guido Bonatti im 13. Jahrhundert oder eines William Lilly im 17. Jahrhundert. Heutzutage werden keine Briefe mehr mit der Postkutsche verschickt, und es wird auch niemand mehr mit einem Lederlappen zwischen den Zähnen operiert.

Uranus, Neptun und Pluto wurden entdeckt, als das kollektive Bewusstsein reif für deren Themen war. Bahnbrechende Veränderungen in der Entwicklung der Menschheit folgten. Zwischen der Entdeckung Neptuns 1846 und der ersten schmerzfreien Operation unter Narkose lagen zum Beispiel nur sieben Tage! Heutzutage würde kein Arzt mehr auf die Anästhesierung eines Patienten verzichten, dem ein Bein abgenommen werden muss. Genauso wenig macht es Sinn, bei der Beantwortung eines Fragehoroskops auf die Einbeziehung Neptuns zu verzichten. Warum auch? Nur weil zu William Lillys Zeiten Neptun noch nicht entdeckt war?

Unser derzeitiges astrologisches Wissen baut auf den Erkenntnissen alter Meister auf. Um ein Verständnis für die Wurzeln zu bekommen, aus denen bestimmte Deutungsaussagen erwachsen sind, ist es wichtig und sinnvoll, ihre Schriften zu studieren. Doch dank der Entdeckung zusätzlicher Deutungsfaktoren sind wir inzwischen in der Lage, viel feiner und vielschichtiger zu deuten, was in unserer schnelllebigen Zeit mit ihren rasanten Entwicklungen, weltumspannenden Kommunikationsmöglichkeiten und komplizierten Beziehungsgeflechten auch notwendig erscheint. Ohne die Einbeziehung von Uranus, Neptun und Pluto kommt man vermutlich auch zum Ziel und findet die richtige Antwort auf eine stundenastrologische Frage, aber es dauert mitunter erheblich länger. Genauso, wie heutzutage jeder entscheiden kann, ob er mit dem Schiff den Atlantik überquert oder lieber die schnellere Variante mit dem Flugzeug wählt, so bleibt es jedem Stundenastrologen selbst überlassen, ob er die klassische oder die moderne Deutungsart bevorzugt. Wichtig ist, dass man ans Ziel kommt. Hierzu bedarf es allerdings der Kompetenz des Astrologen, und diese erwirbt man bekanntlich nicht durch bloßes Lesen von Deutungsbüchern. Stetiges Üben und das Sammeln von Erfahrungen sind wichtiger. Deutungsregeln, ob antike oder moderne, müssen sich in der eigenen Praxis bewähren. Sich an eine astrologische Methode zu binden, die ein alter oder auch ein selbsternannter neuer Meister lehrt, kann geistig unfrei machen. Wer unreflektiert und ohne Überprüfung der Brauchbarkeit vorgegebener Regeln eine Methode übernimmt, die ein anderer zum Beispiel als «die einzig wahre» anpreist, läuft immer Gefahr, einem «unerlösten Pluto» aufzusitzen.

Intoleranz, Dogmatismus und Missionarsgebaren sind Schattenseiten Plutos in Schütze, die in den letzten Jahren auch vor der Astrologieszene nicht Halt gemacht haben. Jetzt, mit Pluto in Steinbock wird sich zeigen, was Bestand haben soll, weil es funktioniert und brauchbar ist, und was nicht.

Ganz im Sinne des Steinbocks dürfte sich in den nächsten zwanzig Jahren eine eher nüchterne, pragmatische, auf Effizienz bedachte Astrologie etablieren. Für lange psychologische Ausführungen wird bald gänzlich die Zeit fehlen, denn mit Pluto in Steinbock werden wir vermutlich andere, existentiellere Herausforderungen zu meistern haben. Astrologen sind daher sicher gut beraten, wenn sie sich schon heute ein schnörkelloses, klar verständliches und eindeutiges Vokabular bei der Horoskopdeutung zulegen und den Blick aufs Wesentliche schärfen. Die Erkenntnismöglichkeiten, die die Stundenastrologie bietet, sind für die kommende Zeit wie geschaffen. Ein Stundenhoroskop spricht eine klare Sprache, sie muss nur verstanden werden. Egal, ob man die Botschaft anhand antiker oder anhand moderner Schriftzeichen entziffert, wichtig ist, dass sie dem Ratsuchenden korrekt übermittelt wird und zwar in einer Sprache, die dieser versteht. Die Tätigkeit eines Astrologen hat viel mit der Dienstleistung eines Dolmetschers gemein, denn letztlich leisten wir nichts anderes, als die universelle Symbolsprache des Himmels in die jeweils gesprochenen Sprachen der Erde zu übersetzen.

Dieses Buch wird zu Zeiten einer Saturn-Uranus-Opposition erscheinen und sein «Geburtshoroskop» trägt somit sinnigerweise das Thema «Klassik versus Moderne» in sich. Auch die Herausforderung, eine alte Kunst in moderner Form zu präsentieren, gilt es bei dieser Konstellation zu meistern. Ob es mir gelingen wird, ohne die Gräben zu vertiefen, die sich in der Astrologie derzeit noch zwischen den «Klassikern» (Saturn) und den «Modernen» (Uranus) auftun, bleibt offen. Eine friedliche Koexistenz zwischen den Oppositionsplaneten – und damit auch zwischen den unterschiedlichen Sicht- und Deutungsweisen eines Stundenhoroskops – könnte Jupiter begünstigen. Während ich dieses Buch schreibe, steht er in Steinbock, im Trigon bzw. Sextil zu Saturn und Uranus. Durch das Zeichen Steinbock verbindet Jupiter die Kontrahenten immerhin an einem für beide wichtigen Punkt: Erfahrung!

Erfahrungen sammeln bedeutet aber im Sinne Jupiters auch, sich für die jeweils andere Sichtweise zu öffnen. Uranus in Fische schult den intuitiven, ganzheitlichen Blick auf die Dinge, und Saturn in Jungfrau schärft den Blick aufs Wesentliche. Ohne klare Regeln zur Vorgehensweise wären Antworten in einem Fragehoroskop nur schwer zu finden. Doch zu viele Regeln lassen uns mitunter das große Ganze aus den Augen verlieren. Ganz im Sinn von Uranus sollte deshalb auf alle unnötigen Regeln verzichtet werden, zugunsten einer zeitgemäßen und allseits verständlichen Sicht auf die Dinge.

Einführung

Die drei Säulen der Stundenastrologie

Die Stundenastrologie wird irrtümlicherweise zumeist auf das Beantworten von Fragen reduziert. Tatsächlich umfasst sie aber drei Bereiche, die alle einen wichtigen Beitrag bei der astrologischen Arbeit leisten. Diese Bereiche sind:

- Fragehoroskope (Interrogationshoroskope)
- Begegnungshoroskope (Konsultationshoroskope)
- Wahl eines günstigen Zeitpunkts (Elektionshoroskope)

Alle drei Horoskoparten basieren auf der aktuellen Zeitqualität. Die Bezeichnung «Horoskop» leitet sich von den griechischen Wörtern «hora» = Stunde und «skopeín» = schauen, betrachten ab. Als «horoskopos» wurde früher ein «Stundenseher» bezeichnet, der anhand der Gestirnstände in einer bestimmten Stunde erkannte, was – auf gut deutsch gesagt – «die Stunde geschlagen hatte». Wurde in diesem Moment eine Frage gestellt, konnte der Sternenkundige im Stundenhoroskop die Antwort erkennen. Fand stattdessen eine Begegnung statt, beleuchtete er die Motive sowie den weiteren Verlauf anhand des aktuellen Horoskops, berechnet auf den Zeitpunkt der Begegnung. Zu guter Letzt hatte der «horoskopos» von einst natürlich auch noch die überaus wichtige Aufgabe, günstige Zeitpunkte für allerlei Vorhaben seines Herrschers zu errechnen oder ihn zu warnen, wenn planetare «Übeltäter» die Regie am Himmel übernahmen.

Die Veränderungen in den Bedürfnislagen der Menschen bringen es mit sich, dass die Kenntnis dieser Methoden nicht nur für beratende Astrologen eine Bereicherung ist. Auch für Studierende der Astrologie bieten sie zahlreiche Einsichten und vor allem Übungsmöglichkeiten, da sie im Alltag oft auch allein zu Übungszwecken angewendet werden können.

Wie in der Einleitung schon erwähnt, ist in unserer schnelllebigen Zeit ein astrologisches Handwerkszeug, mit dem zum Beispiel nur eine konkrete Frage zu einem aktuellen Problem beantwortet werden kann, sehr von Vorteil. Wenn wir in einem Geburtshoroskop anhand von Transiten und Progressionen sehen, dass in nächster Zeit für den Betreffenden ein Umzug ins Haus stehen *könnte*, ist dies zumeist eine Möglichkeit von mehreren. Fragt der Betreffende aber ganz gezielt *Muss ich in den nächsten sechs Monaten umziehen?*, dann kann ein Stundenhoroskop, auf den Zeitpunkt der Frage erstellt, eine eindeutige Auskunft geben. In den meisten Fällen findet sich darin nicht nur ein Ja oder Nein, sondern es zeigt – bei einem Ja – mit großer Wahrscheinlichkeit auch den Monat an, wann der Umzug stattfinden wird.

Wenn wir ein Begegnungshoroskop auf den Zeitpunkt erstellen, wann ein Klient oder eine Klientin zur Beratung in unsere Praxis kommt oder wegen einer Telefonberatung anruft, können wir mit wenigen Blicken erkennen, worum es dem Ratsuchenden hier und heute geht. Natürlich sehen wir anhand der Transite und Progressionen zum Radix, welche Themen derzeit ausgelöst sind. Aber wie es dem Klienten ganz aktuell geht und welche bewussten und unbewussten Wünsche er mit dieser Beratung verknüpft, sehen wir sehr eindrücklich im Begegnungshoroskop.

Aber auch für alle anderen Begegnungen, die es tagtäglich zwischen Menschen gibt, ist diese Form eines Stundenhoroskops sehr aussagekräftig, sei es ein wichtiger beruflicher Termin, ein Arzttermin, eine Wohnungsbesichtigung, ein Vorstellungsgespräch oder ein erstes Date mit einem potentiellen Partner. Auch wenn sich zwei Menschen nicht persönlich begegnen, sondern nur telefonieren oder sich E-Mails schreiben, kann aus dem Stundenhoroskop zum Zeitpunkt eines Anrufs, zum Empfang eines Briefes oder einer E-Mail Interessantes ersehen werden. Wenn man ein Stundenhoroskop deuten kann, bietet der alltägliche Austausch mit anderen stets mannigfaltige Übungsmöglichkeiten, mit meist sofortiger Bestätigung, ob man mit seiner Deutung richtig lag.

Die dritte Möglichkeit, mit Hilfe der Stundenastrologie, sich selbst und anderen so manchen unnötigen Reinfall zu ersparen, ist die Auswahl eines günstigen Zeitpunkts für ein Vorhaben. Hierzu sei aber schon im Vorfeld betont, dass ich absolut nicht der Auffassung bin, dass man mittels eines sehr günstigen Elektionshoroskops ein Scheitern vermeiden kann. Mitunter ist dieses Scheitern für die eigene Entwicklung sinnvoll und wichtig. Wer hat nicht schon erlebt, dass Menschen aufgrund einer beruflichen Niederlage, einer Scheidung, einem nicht bestandenen Staatsexamen, einer verlorenen Wahl oder auch nach einem schweren Schicksalsschlag eine ganz andere Richtung eingeschlagen haben und erst dadurch ihr Lebensglück fanden?

Wenn ich auf stundenastrologischer Grundlage günstige Termine suche, sei es für eine Geschäftseröffnung, eine Heirat oder den Beginn einer neuen Ausbildungsgruppe, dann nie mit dem Vorsatz einen Termin zu finden, an dem sozusagen nichts schief gehen kann. Kein noch so gutes Elektionshoroskop kann alle unliebsamen Eventualitäten ausklammern. Wenn sich grundsätzliche Bedingungen im Laufe der Zeit ändern oder wenn kollektive Einflüsse wirksam werden, kann ein Geschäft dennoch Pleite gehen. Wenn sich in einer Ehe die Partner in unterschiedliche Richtungen entwickelt haben, dürfte sie auch ein noch so günstiges Hochzeitshoroskop nicht *zwingen*, dennoch zusammen zu bleiben, bis dass der Tod sie scheidet.

Was mit der Suche nach einem günstigen Zeitpunkt aus meiner Sicht gemeint ist, ist die Suche nach einer Zeitqualität, die dem geplanten Ereignis entspricht. Die Eröffnung eines Gourmet-Restaurants benötigt andere kosmische Bedingungen als die Eröffnung eines Fitnesscenters. Die Eröffnung einer Buchhandlung braucht wiederum andere als die eines Autohauses. Auch gibt es nicht *den* absolut günstigen Tag für eine Eheschließung oder eine Operation. Hier spielen unter anderem auch die Geburtshoroskope der beteiligten Personen eine Rolle, auf deren Grundlage ein passender Zeitpunkt gesucht wird. Für das eine Paar ist jener Zeitpunkt stimmig, für das andere Paar ein anderer.

Mitunter wird auch die Mundan-Astrologie, bei der die aktuellen Konstellationen für ein Kollektiv, für Staaten oder für politische Ereignisse gedeutet werden, zur Stundenastrologie gezählt. Da diese Deutung aber einer anderen Vorgehensweise unterliegt, werde ich sie in diesem Buch nicht thematisieren.

Warum funktioniert die Stundenastrologie?

Dass die Stundenastrologie funktioniert, dass also stimmige Aussagen zu Fragen und Begegnungen gemacht werden können, daran gibt es für mich keinen Zweifel. Viel schwieriger war jedoch die Phase des Erkennens, wieso sie funktioniert. Warum stand zum Zeitpunkt einer Frage das Ergebnis schon fest? Wie war dies mit meinem festen Glauben an den freien Willen eines Menschen in Einklang zu bringen?

Anders als in einem Geburtshoroskop, bei dem es immer mehrere Möglichkeiten gibt, wie sich eine Konstellation auswirken kann, haben die Antworten eines Stundenhoroskops durchaus deterministische Züge. Die Nähe zum Orakelhaften, die Kritiker der Stundenastrologie stets anführen und die für sie ein Grund ist, sie abzulehnen, ist auf den ersten Blick nicht von der Hand zu weisen. Es dauerte einige Jahre, bis ich selbst ein Erklärungsmodell gefunden hatte, mit dem ich leben konnte. Auch mit den Teilnehmern meiner Seminare gab es zum Thema Determinismus immer wieder Gesprächsbedarf und mitunter auch sehr philosophische Diskussionen. Bei aller Faszination bekamen manche auch eine Gänsehaut, wenn sie sahen, wie klar und deutlich eine Frage zum Beispiel mit Nein zu beantworten war und sich später tatsächlich herausstellte, dass die Angelegenheit negativ ausging.

Ich bin auch nach fast drei Jahrzehnten der Beschäftigung mit der Stundenastrologie immer noch der festen Überzeugung, dass wir selbst Weber unseres Schicksals sind und jeder Tag eine neue Chance in sich birgt, die Weichen unseres Lebenslaufes neu zu stellen. Es scheint jedoch große Weichenstellungen zu geben und kleine. Und um die kleinen Weichenstellungen geht es meiner Meinung nach bei der Stundenastrologie.

Jede Frage eine Reise

Beim Thema Weichenstellungen liegt der Gedanke an Züge und Reisen nicht fern. Wenn jemand eine Reise mit der Bahn machen will, hat er in den meisten Fällen ein Ziel, erwirbt eine Fahrkarte vom Ausgangsort zum Zielort und steigt zum Abfahrtszeitpunkt in den Zug. Ähnliches könnte sich beim Stellen einer stundenastrologischen Frage auf anderer Ebene abspielen: Im Unterbewussten entscheidet ein Mensch eine Erfahrung zu machen, das heißt symbolisch, von A nach B zu reisen. Er stellt eine Weiche und steigt in den Zug, indem er sich zum Beispiel verliebt, sich um einen Job bewirbt, sich selbständig macht oder einen Hauskauf ins Auge fasst. Irgendeine Instanz in ihm hat sich für das noch unbekannte Ziel B entschieden, obwohl dort unter Umständen keine beglückende Erfahrung im herkömmlichen Sinne auf ihn wartet. Aber immerhin eine Erfahrung, die ihn in seiner Entwicklung weiterbringen dürfte. Während der Bahnfahrt beginnt es unseren Reisenden plötzlich zu interessieren, wohin die Reise eigentlich geht und er fragt deshalb einen Mitreisenden. Dieser schaut in den Fahrplan und gibt ihm die Antwort. Symbolisch gesehen steht der gefragte Mitreisende natürlich für den Astrologen und der Fahrplan für das Stunden- bzw. Fragehoroskop.

In dem Moment, in dem jemand eine stundenastrologische Frage stellt, ist er oder sie auch bereit für die Antwort, selbst wenn mit der Antwort klar wird, dass aus der neuen Liebe nichts wird, dass man den Job nicht bekommt, dass die geplante Selbständigkeit auf zu viele Hindernisse stößt oder dass von einem Hauskauf in diesem Jahr nichts zu sehen ist.

Mittels eines Stundenhoroskops einen Fahrplan in Händen zu halten, der anzeigt, wohin die Reise geht und welche Erfahrungen sie bereithält, hat nichts Orakelhaftes an sich. Im Grunde genommen hilft es dem Fragesteller nur dabei, sich bewusst zu machen, für welche Erfahrung er sich unbewusst entschieden hat. Wenn man es genau nimmt, ist ein Stundenhoroskop nichts anderes als ein vergrößerter Ausschnitt eines Geburtshoroskops. Dieser Ausschnitt zeigt eine kurze Wegstrecke im Laufe eines Lebens.

Wie lange ein Stundenhoroskop «wirkt» bzw. welchen Zeitraum es abdeckt, ist immer abhängig vom Thema und der individuellen Erfahrungsebene. Dass es definitiv nur drei Monate oder ein halbes Jahr gültig sein soll, hat sich in meiner Praxis nicht bestätigt. Manchmal braucht ein «Reisender» acht Stunden zum Ziel B, manchmal zwei Jahre. Wenn er aber am Ziel angekommen ist, verliert das Stundenhoroskop seine Gültigkeit. Was danach geschieht, bzw. welche neuen Weichen dann gestellt werden, ist im aktuellen Stundenhoroskop nicht mehr thematisiert.

Die aktuelle Zeitqualität

Wenn wir ein Stundenhoroskop deuten, machen wir nichts anderes, als «in die Stunde zu schauen». Dies tun wir nicht mehr mit Fernrohr zum Himmel gerichtet, sondern anhand einer Horoskopgrafik, die heutzutage meist per Computer erstellt wird. Berechnet wird ein Stundenhoroskop wie ein Geburtshoroskop auch, auf der Grundlage des betreffenden Tages, der genauen Stunde und Minute, und des Ortes, an dem eine Begegnung stattfindet oder eine stundenastrologische Frage zur Kenntnis genommen wird.

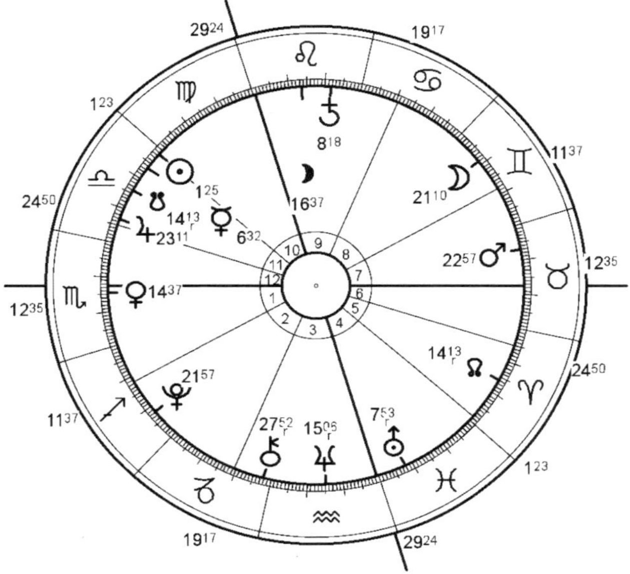

Abb. 1: Horoskopgrafik erstellt auf den 24.9.2005 um 11.00 Uhr in Berlin.

Der Lauf der Gestirne, der Achsen und der Häuser wird sowohl beim Geburtshoroskop als auch beim Stundenhoroskop im angehaltenen, statischen Zustand gedeutet. Wer ein Astrologieprogramm auf seinem Computer installiert hat, bei dem sich das aktuelle Horoskop wie eine Uhr weiterdreht, kann sehr schön beobachten, wie sich die Planetenbesetzungen in den Häusern laufend verändern. Zur Veranschaulichung hier ein Beispiel anhand eines beliebigen Tages:

Während sich der Aszendent nach einer Stunde immer noch im Zeichen Skorpion befindet und auch alle Planeten noch auf den gleichen Gradzahlen stehen, hat sich durch die Weiterdrehung der Achsen und Häuserspitzen die Hausstellung von sechs Planeten verändert:

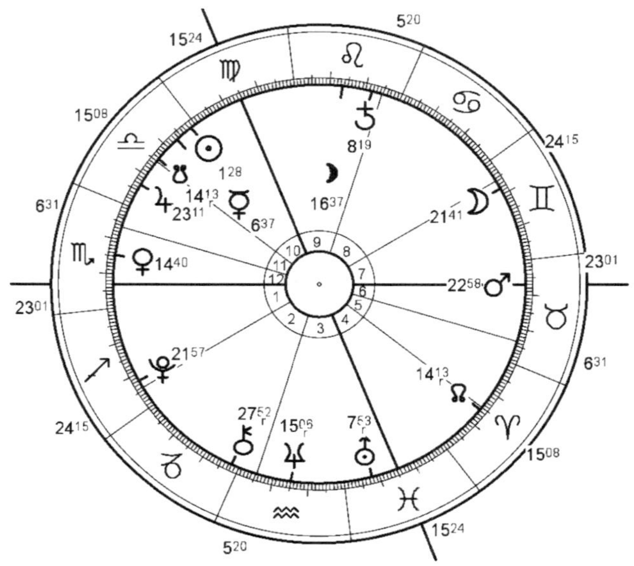

Abb. 2: Horoskopgrafik eine Stunde später,
um 12.00 Uhr in Berlin

- Sonne und Merkur befinden sich nicht mehr im 11. Haus, sondern im 10. Haus.
- Mond steht nicht mehr in Haus 8, sondern in Haus 7.
- Venus steht nicht mehr in Haus 1, sondern in Haus 12.
- Uranus befindet sich nun in Haus 3 und nicht mehr in Haus 4.
- Pluto befindet sich jetzt im 1. Haus und nicht mehr im 2. Haus.
- Wäre das 12-Uhr-Horoskop ein Geburtshoroskop, würde man den Mond, kurz vor der 8. Häuserspitze, schon im 8. Haus deuten. Auch Pluto, am Ende von Haus 1, zählte schon ins 2. Haus. Handelt es sich aber um ein Stundenhoroskop, sind diese beiden Faktoren soeben in Haus 7 und Haus 1

«gefallen», so dass die Opposition von Mond und Pluto in erster Linie eine Beziehungsthematik symbolisieren würde, die jedoch erst vor kurzem aktuell wurde.

An diesem Beispiel ist sehr schön zu erkennen, warum in einem Geburtshoroskop zum Beispiel ein Mond, ganz am Ende des 7. Hauses, (noch) sehr stark mit Acht-Haus-Themen belegt ist. Erst durch den dynamischen Blick auf ein Horoskop wird klar, dass der Mond vor der Geburt etwa zwei Stunden lang im 8. Haus stand und daher noch viel stärker mit Acht-Haus-Themen korrespondiert. Im siebten Haus ist er sozusagen noch ganz frisch und unerfahren, obwohl es so aussieht, als sei der Mond kurz davor, das 7. Haus zu verlassen.

Anders verhält es sich bei einer Mars-Stellung exakt am DC. Mars ist nicht soeben ins 7. Haus «gewandert», sondern im Begriff es zu verlassen! Er taucht also just in die Nachthälfte des Horoskops ab, obwohl er sich – gradmäßig gesehen –, weiterbewegt und scheinbar immer mehr ins 7. Haus rückt, wie wir dies von den Transiten oder Progressionen her kennen. Bei der stundenastrologischen Betrachtung ist «das Abtauchen» des Mars in die Nachthälfte des Horoskops nicht unwichtig, denn wenn er eine Person symbolisiert, ist diese Person zum Beispiel kurz davor zu verschwinden oder sich aus einer Partnerschaft zu verabschieden.

Obwohl auch ein Stundenhoroskop stets im statischen Zustand gedeutet wird, sollte die Dynamik, aus der heraus sich ein Horoskop entwickelt, nicht aus den Augen verloren werden. Sie erzählt Geschichten mit ständigen Szenenwechseln, und diese Geschichten sind es letztendlich, die uns die Erfahrungen von «Reisenden» und damit auch die Antworten auf ihre Fragen erkennen lassen.

Stärken und Schwächen der Planeten

Der Beurteilung der jeweiligen Planetenstellungen kommt in einem Stundenhoroskop ganz besondere Bedeutung zu. Nicht nur, dass die Planeten durch ihre Stellung in den Häusern bestimmte Themen in verschiedene Lebensbereiche transportieren und hierdurch entscheidende Deutungsaussagen ermöglichen. Wichtig ist vor allem auch, in welchen Zeichen sie stehen und ob sie dort stark oder schwach gestellt sind.

Bei der Deutung eines Geburtshoroskops wird heute nur noch selten allzu großes Augenmerk darauf gelegt, welche «Würde» ein Planet hat. Dieser Begriff aus der klassischen Astrologie mutet altertümlich an, er kommt aber der Beurteilung nach Stärke oder Schwäche eines Planeten sehr nahe, wenn wir in Betracht ziehen, dass dieser Planet im Stundenhoroskop eine Person oder eine gefragte Angelegenheit symbolisiert. Nach astro-psychologischer Manier erhält ein Planet und damit sein Thema in erster Linie durch seine Stellung an einer Achse oder in einem Eckhaus Dominanz und einen hohen Aussagewert. Daher fällt es Stundenastrologie-Anfängern, die sich vorher noch nicht mit klassischer Astrologie befasst haben, schwerer, zum Beispiel einen Merkur in Schütze oder einen Saturn in Krebs als schwach gestellt zu erkennen und dies in ihre Deutung mit einzubeziehen. Bei der Deutung eines Stundenhoroskops liefert eine solche Betrachtungsweise jedoch wichtige Informationen, auf die nicht verzichtet werden sollte.

Planeten können, personifiziert betrachtet, auch als Botschafter oder Gesandte ihres Heimatzeichens angesehen werden. Jeder Planet wird bekanntlich einem Tierkreiszeichen zugeordnet und als Vertreter dieses Zeichens transportiert er – bei seiner Wanderung durch den Tierkreis – dessen Themen in anderen Zeichen. Steht ein Planet jedoch in seinem eigenen Zeichen, befindet er sich in seinem Domizil und erhält hierdurch die höchste Würde. Steht er in dem Zeichen, das seinem Heimatzeichen gegenüberliegt, ist er im Exil und damit schwach gestellt.

Hier kann er seine Themen am wenigsten entfalten. Gut steht ein Planet außerdem in einem Zeichen, in dem er sozusagen als angesehener Gast geschätzt wird. In diesem Zeichen gilt ein Planet als erhöht. In dem Zeichen, das dem Zeichen seiner Erhöhung gegenüberliegt, steht er «im Fall», was zur Folge hat, dass er seine Anliegen nur mit Abstrichen und modifiziert vertreten kann.

Die sogenannten «neuen» Planeten Uranus, Neptun und Pluto werden in der Stundenastrologie nicht als Herrscher ihrer Domizilzeichen Wassermann, Fische und Skorpion gedeutet. Ganz im Sinne des «in die Stunde Sehens» sind nur antike Herrscher, die mit dem bloßen Auge sichtbar sind, als Zeichenherrscher zulässig. Saturn herrscht demnach über Wassermann, Jupiter über Fische und Mars über Skorpion.

Planeten in Domizil, Exil, Erhöhung und Fall

Aus klassischer Sicht ist folgendes Zuordnungssystem der Stärken und Schwächen überliefert:

Planeten im Domizil (sehr stark gestellt)	
Sonne	Löwe
Mond	Krebs
Merkur	Zwillinge, Jungfrau
Venus	Stier, Waage
Mars	Widder, Skorpion
Jupiter	Schütze, Fische
Saturn	Steinbock, Wassermann

Planeten im Exil (sehr schwach gestellt)	
Sonne	Wassermann
Mond	Steinbock
Merkur	Schütze, Fische
Venus	Widder, Skorpion
Mars	Stier, Waage
Jupiter	Zwillinge, Jungfrau
Saturn	Krebs, Löwe

Planeten in Erhöhung (stark gestellt)	
Sonne	Widder
Mond	Stier
Merkur	Jungfrau
Venus	Fische
Mars	Steinbock
Jupiter	Krebs
Saturn	Waage

Planeten im Fall (schwach gestellt)	
Sonne	Waage
Mond	Skorpion
Merkur	Fische
Venus	Jungfrau
Mars	Krebs
Jupiter	Steinbock
Saturn	Widder

Mit einem astro-psychologischen Deutungsansatz ergibt manche klassische Zuordnung keinen Sinn mehr. Nachvollziehbar und richtig erscheint, dass es den Planeten des männlichen

Prinzips Sonne und Mars in den Zeichen des weiblichen Prinzips Stier, Krebs und Waage an ursprünglicher Kraft und Dominanz mangelt. Dasselbe müsste umgekehrt für Mond und Venus in den Zeichen Widder, Löwe und Skorpion gelten. Venus ist auch folgerichtig in Widder und Skorpion im Exil sowie Mond im Skorpion im Fall. Aus meiner Sicht ist aber auch ein Mond in Widder oder Löwe nicht wirklich stark im Sinne des Mondes gestellt, selbst wenn diese Stellung eine erfreulich kämpferische, durchsetzungsstarke und selbstbewusste weibliche Komponente verkörpert, die in heutiger Zeit zum Glück auch von Frauen gelebt werden kann.

Warum dagegen ein Mars in Steinbock stark oder ein Jupiter in Steinbock schwach stehen soll, erschließt sich mir aus psychologischer Sicht nicht wirklich. In meine stundenastrologischen Deutungen fließen daher stets auch eigene Gewichtungen mit ein, die meiner Erfahrung entstammen und nicht immer dem überlieferten System entsprechen.

Rückläufige Planeten

Rückläufige Planeten gelten in der Stundenastrologie ebenfalls als schwach gestellt. Wird eine Person durch einen rückläufigen Planeten symbolisiert, wird diese als kraftlos, krank, ohne Einfluss oder als wenig handlungsfähig beschrieben.

Ein rückläufiger Signifikator einer Person oder eines Gegenstands ist nur dann von Vorteil, wenn etwas zurückkommen soll. Fragt zum Beispiel eine Frau, ob ihr Mann, der sie verlassen hat, zu ihr zurückkommt, zeigt ein rückläufiger Signifikator des Mannes an, dass er zurückkommen wird. Auch bei verlorenen oder verlegten Gegenständen, die von einem rückläufigen Signifikator symbolisiert werden, stehen die Chancen gut, dass sie sich wiederfinden.

In Begegnungssituationen kann ein rückläufiger Signifikator anzeigen, dass die betreffende Person zu etwas zurück will, was in der Vergangenheit liegt. Lernen sich zum Beispiel zwei Menschen kennen und verlieben sich ineinander, kann ein rückläufiger Signifikator anzeigen, dass der oder die Betreffende innerlich noch nicht frei ist für eine neue Beziehung oder sogar lieber eine frühere Beziehung wieder aufnehmen als eine neue beginnen möchte. Auch in Zeiten, in denen Venus oder Mars rückläufig sind, ist die Wahrscheinlichkeit groß, dass ein verflossener Geliebter oder eine aus den Augen verlorene Geliebte wieder auftaucht.

Was sind Signifikatoren?

In der Stundenastrologie dreht sich so ziemlich alles um so genannte Signifikatoren. Bei einem Signifikator handelt es sich stets um einen Planeten, der entweder eine Person, einen Gegenstand oder ein Thema symbolisiert. Das A und O beim Deuten eines Fragehoroskops ist die richtige Zuordnung des gefragten Themas zu dessen Signifikator. Eine falsche Zuordnung, beziehungsweise ein falscher Signifikator, kann eine falsche Antwort zur Folge haben, deshalb ist bei diesem Schritt besondere Sorgfalt geboten.

Leider gibt es, je nach Schulmeinung, in manchen Bereichen unterschiedliche Auffassungen. Studierende der Stundenastrologie könnten durchaus irritiert sein, wenn sie in dem einen Lehrbuch zum Beispiel die Mutter dem vierten Haus, im anderen aber dem zehnten Haus zugeordnet finden. Diese Irritationen erlebte ich ebenfalls zu Beginn meiner stundenastrologischen Studien, so dass mir nichts anderes übrig blieb, als beide Möglichkeiten zu untersuchen und im Rückblick festzustellen, welche Zuordnungen das stimmigere Ergebnis brachten. Die Zuordnungen, die ich in diesem Buch verwende, haben sich in meiner Praxis über einen langen Zeitraum hinweg bewährt. Wer bisher mit anderen gearbeitet hat, muss vielleicht umdenken, aber noch besser wäre es, bei entsprechenden Fallbeispielen, beide Deutungswege zu untersuchen und sich eine eigene Meinung zu bilden.

Natürliche und individuelle Signifikatoren

Ein Planet kann auf zwei Arten ein Thema symbolisieren: Entweder als natürlicher Signifikator oder als individueller Signifikator. Unter individuellen Signifikatoren versteht man Planeten, die in einem Stundenhoroskop Herrscher eines bestimmten Hauses sind. Angenommen, es wird eine Frage zu einer Beziehungssituation gestellt, dann ist das 7. Haus des Fragehoroskops das «gefragte» Haus. Der Herrscher des 7. Hauses wird somit zum maßgeblichen Signifikator und ist individuell, da er sich auf eine aktuelle Situation des Fragestellers bezieht. Der natürliche Signifikator für Beziehungsfragen ist immer die Venus. Ihre Stellung in einem Fragehoroskop kann zusätzliche Informationen zum Thema Partnerschaft liefern, ist aber dem individuellen Signifikator stets nachgeordnet.

Handelt es sich bei einer Frage um eine kurze Reise, ist das 3. Haus des Fragehoroskops relevant, und wenn die Spitze des 3. Hauses zum Beispiel im Skorpion steht, ist Mars, als antiker Herrscher des Skorpions, der individuelle Signifikator für diese kurze Reise. Merkur, als natürlicher Signifikator für Reise kann zusätzlich betrachtet werden, sofern man mit der Stellung von Mars und seinen Aspekten nicht schon ausreichende Informationen über die Reise erhält.

Unter natürlichen Signifikatoren, die auch natürliche Herrscher oder in der indischen Astrologie «Karaka» genannt werden, versteht man also immer jene Planeten, die eine Person oder eine Sache symbolisieren, ohne im speziellen Fall Hausherrscher zu sein. Sollte man zum Beispiel einen Brief spontan einem Planeten zuordnen, dann wird hierzu jedem Astrologiekundigen sicher sofort Merkur einfallen, und zwar deshalb, weil Merkur der natürliche Signifikator für Briefe und Mitteilungen ist.

Die natürlichen Signifikatoren einer erfragten Angelegenheit sollten in jedem Stundenhoroskop mitbetrachtet werden, denn sie geben oft sehr interessante Zusatzinformationen, wenn nicht sogar entscheidende Hinweise zur Beantwortung der Frage. Hierzu ein Beispiel:

Ein Ehepaar möchte ein Haus kaufen und fragt: Wird uns die Bank eine Finanzierung gewähren? Kredite werden dem 8. Haus zugeordnet, und am Herrscher von 8 sowie anhand eventueller Planeten im 8. Haus müsste ersichtlich sein, wie es um die Bereitschaft der Bank zur Finanzierung bestellt ist. Ein weiterer Blick sollte aber auch auf Jupiter, den natürlichen Signifikator für großes Geld, geworfen werden. Steht Jupiter schwach gestellt, im Exil oder ist er rückläufig und bildet zudem im weiteren Verlauf ein Quadrat zum Signifikator des Fragenden, kann es Probleme oder Verzögerungen geben, auch wenn der Herrscher des 8. Hauses gut gestellt ist und ein Entgegenkommen der Bank deshalb zu erwarten ist.

Nachfolgend eine Liste zu den natürlichen Signifikatoren, die keinen Anspruch auf Vollständigkeit erhebt. Es handelt sich darüber hinaus stets um Entsprechungen, die auch bei einer Radixdeutung Anwendung finden und deshalb in jedem guten Lehrbuch nachgeschlagen werden können.

Obwohl Uranus, Neptun, Pluto, Chiron und Lilith keine Signifikatoren im Sinne von Hausherrschern sein können, sind sie durch ihre Stellung in einem Haus eventuell Nebensignifikatoren des Fragenden oder des gefragten Themas. Ihre Bedeutung, sowohl auf Personen, als auch auf Themen bezogen, ist nicht zu unterschätzen und sollte in die Deutung stets miteinbezogen werden. Steht zum Beispiel bei einer Frage nach einer möglichen Eheschließung Uranus am DC, kann schon ein Blick auf ihn ein klares Nein in den Raum stellen.

Sonne	Regierung, Kanzler und Kanzlerin, Chef und Chefin, Vater, Ehemann
Mond	Mutter, Ehefrau, Säugling
Merkur	Schüler, Geschwister, Briefträger, Diebe, Makler, Händler, Vermittler
Venus	Schwester, Tochter, beste Freundin, Geliebte, Künstlerin, Muse
Mars	Bruder, Sohn, Geliebter, Kläger, Gegner, Sportler, Chirurgen
Jupiter	Richter, Priester, Dozenten, Gönner, Förderer, Wohlhabende, Ausländer, Globetrotter
Saturn	Koryphäen, Wissenschaftler, Großeltern, ältere Menschen
Uranus	Störenfriede, Rebellen, Freiheitsliebende, Bindungsunwillige, Exzentriker, Verrückte, Auswanderer, Computerfreaks, Astrologen
Neptun	Künstler, Heiler, spirituell Suchende, Opfer, Süchtige, psychisch Kranke, Lügner, Outlaws
Pluto	Psychotherapeuten, Machthaber, Charismatiker, Psychopathen und Zwangsgestörte, Mobber, Stalker
Chiron	Arzt, Heiler, Kranke, Verletzte, Behinderte
Lilith	Geliebte als Nebenbuhlerin, Rivalin, Rach- und Eifersüchtige

Tab. 1: Natürliche Signifikatoren auf Personen bezogen

Sonne	Selbständigkeit, Souveränität, Anerkennung, Triumph, Ruhm
Mond	Wohnung, Heimat, Privatleben, emotionale Bedürfnisse
Merkur	Merkur, Brief, Mitteilungen, kurze Reisen, Verkehr, Schule bis zum Abitur
Venus	Liebe, Beziehungen, Geschmack, Schönheit, Wellness, Kunst
Mars	Handlungsvermögen, Energie, Tatkraft, Kampfgeist, Streit, Aggression, Operation, Skalpell, Entzündung, Fieber
Jupiter	Großes Geld, Ausland, höhere Bildung, Studium, Recht, Religion
Saturn	Staatsmacht, Recht, Widerstände, Verzögerung, Trennung, Immobilien, Grundbesitz
Uranus	Astrologie, Internet, Umbruch, Überraschungen, Freiheitsliebe, Unabhängigkeitsbestrebungen
Neptun	Psychologie, ganzheitliches Heilen, Täuschung, Auflösung, Verwirrung, Angst
Pluto	Extremes, Gewinn und Verlust, Loslassen müssen, Manipulation, Tabu, Macht, Ohnmacht, Grenzerfahrung, Panik, höhere Gewalt, Tod
Chiron	Körperliche Behinderung, Schmerzhaftes, alte Wunden, Scham
Lilith	Ausgegrenztes, Verleugnetes, Eifersucht, seelische Verletzungen, emotionale Grenzerfahrungen, Dramatik, Zerschneiden des gordischen Knotens

Tab. 2: Natürliche Signifikatoren auf Themen bezogen

Fragen

Die Beantwortung von Fragen

Ein wichtiger Bereich der Stundenastrologie ist die Fragenbeantwortung. Alltagsfragen wie: Wann kommst du heute von der Arbeit? Ist die Klausur gut gelaufen oder wollen wir am Sonntag Tante Erika besuchen? sind damit selbstverständlich nicht gemeint. Wer mit Hilfe eines Stundenhoroskops die Fragen Ratsuchender beantworten möchte, sollte zumindest gute Grundkenntnisse in der Astrologie besitzen. Das heißt, dass die Bedeutungen der üblicherweise in einem Geburtshoroskop verwendeten Planeten in Zeichen und Häusern sowie die möglichen Aspekte zwischen den Planeten geläufig sein sollten.

Im Prinzip sind alle Fragen deutbar, die mit Ja oder Nein zu beantworten sind, vorausgesetzt, es finden sich keine Deutungseinschränkungen im Stundenhoroskop! Auch sollten die Fragen von einem ernsthaften Interesse getragen sein und sich möglichst auf aktuelle, persönliche Umstände beziehen, die keine allzu großen Zeiträume umfassen. Neugierfragen, die nur aus dem Motiv heraus gestellt werden, entweder den Astrologen oder die Stundenastrologie auf die Probe zu stellen, sind relativ leicht zu erkennen. In diesem Fall ist das Thema der Frage oft gar nicht oder nur sehr schwach im Horoskop enthalten.

Je präziser eine Frage gestellt wird, umso präziser kann das Fragehoroskop antworten. Auf feine Unterschiede in der Wortwahl sollte man stets achten. Fragt zum Beispiel jemand: *Soll ich mich nach einer anderen Stelle umsehen?*, unterscheidet sich dies sehr von der Fragestellung: *Soll ich mich jetzt um die Stelle bei der Firma XY bewerben?* Ein zeitlicher Faktor wie zum Beispiel in der Frage *Werde ich in diesem Jahr noch umziehen?* ist immer von Vorteil. Schwieriger wird es, wenn sich die Frage aus zwei Bestandteilen zusammensetzt, wie zum Beispiel *Kommt mein Freund zu mir zurück und wenn ja, wird er dann bei mir einziehen?* Eigentlich kann man sich bei einer solchen «Doppelfrage» gleich auf den zweiten Teil der Frage konzentrieren, denn im Normalfall bedingt das eine das andere. Doch die Liebe geht bekanntlich seltsame Wege und mitunter ziehen Menschen zusammen, obwohl oder gerade weil ihre Liebesbeziehung zu Ende ist. Ein Fragehoroskop ist zwar durchaus in der Lage, auch vertrackte Beziehungsgeflechte widerzuspiegeln, aber ob diese symbolischen Verschachtelungen dann auch als solche erkannt werden, ist fraglich. Besser ist es in jedem Fall, den oder die Fragende anzuhalten, kurze, klare und einfache Fragen zu stellen, die lediglich mit Ja oder Nein zu beantworten sind.

Folgende Fragen sind dagegen für die Beantwortung mit einem Fragehoroskop nicht geeignet:

- Was ist der Sinn meines Lebens?
- Woher soll ich die Kraft nehmen, das alles durchzustehen?
- Macht die Beziehung zu XY noch einen Sinn?
- Werde ich jemals wieder glücklich sein?

Bei den ersten beiden Fragen ist es sicher hilfreicher, das Geburtshoroskop zu Rate zu ziehen und bei der dritten Frage das Combin. Die vierte Frage enthält das Adverb jemals, was genauso wie irgendwann oder ewig möglichst vermieden werden sollte. Diese Zeitbestimmungen kommen im Vokabular des Himmels einfach nicht vor, weshalb auch keine klaren Antworten im Stundenhoroskop zu erwarten sind.

Sich selbst eine Frage stellen

Es ist selbstverständlich möglich, sich selbst eine Frage zu stellen. Meist ist es jedoch so, dass man sich schon länger mit einem Problem gedanklich beschäftigt und deshalb keinen konkreten Fragezeitpunkt festmachen kann. Sollte aber eine Frage wie aus dem Nichts in den Gedanken auftauchen, dann kann dieser Moment für ein Fragehoroskop festgehalten werden.

Eine weitere Möglichkeit besteht darin, jemand anderem – zum Beispiel einem Freund oder einer Freundin – die Frage zu stellen. Diese Person sollte die Frage so oder so ähnlich, jedoch noch nicht vorher gehört haben. Wenn man nämlich der besten Freundin oder einem Kollegen schon seit Monaten in den Ohren liegt, dass man es am Arbeitsplatz kaum noch aushält und am liebsten kündigen würde, dürfte ein Fragehoroskop auf die Frage «Soll ich kündigen?» nicht mehr die gewünschte Aussagekraft haben.

Der Ort, auf den ein Fragehoroskop berechnet wird

Auch zu diesem Punkt gibt es unterschiedliche Meinungen. Für mich hat sich im Laufe der Zeit klar erwiesen, dass stets der Ort, an dem sich derjenige aufhält, der gefragt wird, als Bezugsort zur Erstellung des Fragehoroskops gilt. In den meisten Fällen wird eine Frage von Angesicht zu Angesicht gestellt, so dass der Ort der Fragestellung klar ist. Sollte die Frage telefonisch gestellt werden, gilt stets der Ort, an dem sich die gefragte Person aufhält.

Für den Fall, dass jemand eine Frage per E-Mail stellt oder eine Frage auf den Anrufbeantworter spricht, gilt stets der Moment, in dem der oder die Gefragte die Frage liest oder via Anrufbeantworter zu hören bekommt, auch wenn zwischen Fragestellung und Hören oder Lesen der Frage vielleicht Tage liegen!

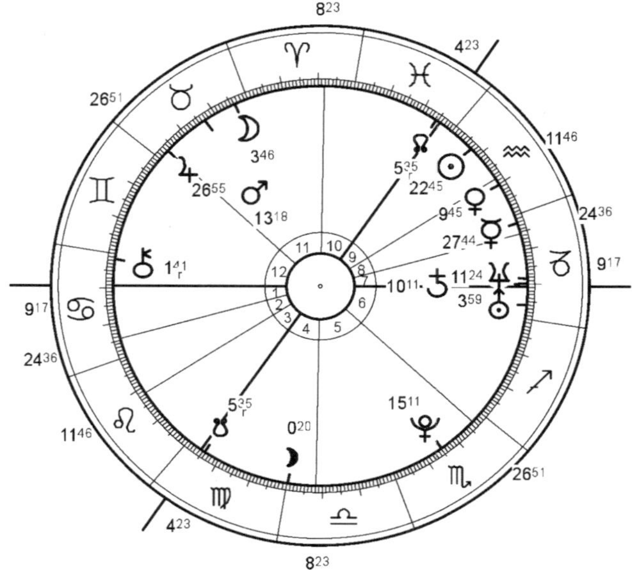

Abb. 3: Das Stundenhoroskop

Grafische Details eines Stundenhoroskops

Abgesehen von der fehlerfreien Berechnung eines Stundenhoroskops ist es sehr wichtig, dass die Grafik klar und übersichtlich gestaltet ist. Obige Abbildung enthält all jene Details, die ich persönlich für die Beantwortung einer Frage heranziehe. Diese sind im Einzelnen:

1. Häusersystem Placidus
2. Keine Aspekte in der Grafik eingezeichnet
3. Gradzahlen deutlich sichtbar neben den Planeten, Achsen und Häuserspitzen
4. «r» für Rückläufigkeit direkt am Planeten erkennbar
5. Uranus, Neptun und Pluto in der Grafik!
6. Mittlerer auf- und absteigender Mondknoten
7. Chiron
8. Mittlere Lilith (Apogäum)

Die «Bausteine» eines Fragehoroskops

Der Aszendent

Der Aszendent ist das entscheidende Deutungselement eines jeden Stundenhoroskops. Das Zeichen, in dem er zum Fragezeitpunkt steht, symbolisiert nicht nur die Thematik, um die es im weitesten Sinne geht. Sein Herrscher ist zudem stets der Signifikator des Fragestellers und somit wichtigster Informationsträger.

Ein eventuell im ersten Haus eingeschlossenes Zeichen sowie dessen Herrscher geben Zusatzinformationen über den Fragenden, beziehungsweise sie beschreiben Themen, die sich erst noch entwickeln werden. Der Herrscher eines eingeschlossenen Zeichens im ersten Haus ist stets Nebensignifikator des Fragestellers.

Auch Planeten im 1. Haus gelten als Signifikatoren des Fragestellers. Sie sind dem Hauptsignifikator nachgeordnet und werden als Mit- oder Nebenherrscher bzw. als Nebensignifikator bezeichnet.

Der Mond

Der Mond spielt zusammen mit dem Aszendenten die wichtigste Rolle in einem Fragehoroskop. Er ist ebenfalls Nebensignifikator des Fragestellers und beschreibt in dieser Eigenschaft vor allem, wie es dem Fragesteller auf einer emotionalen Ebene geht und welche unbewussten Bedürfnisse er oder sie mit der Frage verbindet.

In einer zweiten Eigenschaft symbolisiert der Mond außerdem den Verlauf der gefragten Angelegenheit. Die Aspekte, die er im weiteren Verlauf noch bildet, bevor er das Zeichen verlässt, in dem er zum Fragezeitpunkt stand, beschreiben einzelne Stationen, beziehungsweise Erfahrungsebenen. Vor allem der letzte Aspekt des Mondes kann ausschlaggebend dafür sein, ob die Antwort Ja oder Nein lautet.

Der Deszendent

Bei einer Fragestellung gibt es in der Regel einen, der fragt, und einen, der gefragt wird, beziehungsweise die Frage beantworten soll. In den meisten Fällen ist dies der Stundenastrologe oder die Stundenastrologin. Er oder sie wird vom Deszendenten, dem Herrscher des Deszendenten sowie eventuellen Planeten im 7. Haus symbolisiert. Analog zu einem eventuell eingeschlossenen Zeichen im 1. Haus, findet sich dann auch ein eingeschlossenes Zeichen im 7. Haus. Dessen Herrscher wird zum Nebensignifikator des Astrologen.

Für den Fall, dass man sich eine Frage selbst stellt und es somit keine gefragte Person gibt, symbolisiert das 7. Haus alles rund um das Thema Partnerschaft.

Steht bei einer Frage der Deszendent im Zeichen Krebs oder ist Krebs eingeschlossen im 7. Haus, wird der Mond zum Signifikator der gefragten Person, beziehungsweise bei Partnerschaftsfragen zum Signifikator des Partners oder der Partnerin. In diesem Fall spiegelt das Gegenüber oder die Beziehungssituation die emotionale Befindlichkeit des Fragestellers wider. Unbewusst kommt diese Signifikatorenvermischung einem Auftrag gleich, wonach dem DC-Partner die Verantwortung für die Gefühle des Fragestellers übertragen werden. Auch kann man von einer besonderen emotionalen Verbundenheit zwischen Fragesteller und DC-Partner ausgehen.

Das «erfragte» Haus

Jede Frage handelt von einem bestimmten Thema, sei es die Frage nach einem Umzug, einer Auslandsreise, einer Ehe, einem Arbeitsplatz, einer Geschäftsverbindung oder auch nach einem Haustier. Jeder dieser Oberbegriffe kann und muss einem bestimmten Haus im Fragehoroskop zugeordnet werden, dessen Herrscher dann zum Signifikator der erfragten Angelegenheit wird. Planeten in diesem Haus werden zu Nebensignifikatoren.

Anhand dieser Hausherrscher und ihrem Zusammenspiel mit den Signifikatoren des Fragestellers wird ersichtlich, wie sich die Angelegenheit gestaltet und mit welchem Ausgang zu rechnen ist. Zwar spielt, wie oben erwähnt, auch der Mondverlauf eine wichtige Rolle beim Finden der Antwort, aber die richtige Zuordnung der Frage zum dazu gehörenden Haus ist zu Beginn der Deutung das Entscheidende.

Erste Schritte zur Deutung eines Fragehoroskops

Jedem Moment, in dem eine stundenastrologische Frage gestellt wird, wohnt – frei nach Hermann Hesse – «ein besonderer Zauber inne». Vermag man die symbolisch verschlüsselte Geschichte zu erkennen, die ein auf diesen Moment erstelltes Fragehoroskop erzählt, kommt dies einem Blick ins Unbewusste des Fragestellers gleich. Es scheint, als erhalte man im Verbund mit der Frage ein Codewort, das eine Tür zu einer bestimmten Seelenkammer öffnet. Ein Blick in diese Kammer offenbart Anfang und Ende der Geschichte. Doch vor dem Öffnen der Tür sollten zuerst zwei Dinge überprüft werden:

1. Liegt eine Deutungseinschränkung vor, die darauf hinweist, dass es bei der Geschichte Ungereimtheiten gibt und dass das Fragehoroskop deshalb nicht oder nur eingeschränkt deutbar ist?
2. Wird das Thema der Geschichte im Fragehoroskop widergespiegelt?

Deutungseinschränkungen

Unter Deutungseinschränkungen sind Hinweise zu verstehen, die dazu raten, das Fragehoroskop nicht zu deuten. Man kann es auch als dezenten Wink des Himmels verstehen, in diesem speziellen Fall nicht deutend tätig zu werden. Die Gründe hierfür können unterschiedlicher Natur sein, aber in den meisten Fällen erschließen sie sich schon kurze Zeit nach der Fragestellung. Ereignisse treten ein, die die Situation verändern und dazu führen, dass die Frage in dieser Form nicht mehr gestellt werden würde. Erste Hinweise, warum das Deuten des betreffenden Stundenhoroskops «vertane Liebesmüh´» sein könnte, gibt auch die Art der Deutungseinschränkung. Die drei wichtigsten sind:

Erste Deutungseinschränkung: Es ist zu früh!

Befindet sich der Aszendent zum Zeitpunkt einer Fragestellung auf den Graden 0° bis 2°59' irgendeines Zeichens, ist das Fragehoroskop nicht oder nur eingeschränkt deutbar. Diese Aszendentengrade bedeuten, dass die Frage zu früh gestellt wurde. Erfahrungsgemäß entwickelt sich in der gefragten Angelegenheit noch etwas, das die Frage verändern oder hinfällig machen wird. Diese Entwicklung ist zwar schon im Gange, für den Fragesteller aber noch nicht erkennbar.

Hierzu ein Beispiel: Jemand fragt *Werde ich die Stelle bei der Bank in Hamburg bekommen, um die ich mich letzte Woche beworben habe?* Diese Frage sollte eigentlich klar mit Ja oder Nein beantwortbar sein. Gesetzt den Fall, der Aszendent dieses Fragehoroskops stünde auf 1° 47' im Zeichen Jungfrau, würde eine Deutungseinschränkung besagen, dass es zu früh sei, und dazu raten, die Frage nicht zu beantworten. Doch was könnte bei dieser Fragestellung zu früh sein?

Einen Tag später kommt die Erklärung mit der Zusage einer anderen Bank in der Heimatstadt des Fragestellers, bei der er sich ebenfalls beworben hat. Dort hat er sich aber wenig Chancen ausgerechnet, die Stelle auch tatsächlich zu bekommen. Der Brief der Bank ist zum Zeitpunkt der Fragestellung schon unterwegs, nur weiß der Fragesteller zum Zeitpunkt der Frage nichts davon. Würde er die Zusage schon in Händen halten, wäre die Frage nach der Stelle in Hamburg hinfällig.

Zweite Deutungseinschränkung: Es ist zu spät!

Befindet sich der Aszendent zum Zeitpunkt einer Fragestellung auf den letzten Graden eines Zeichens und zwar von 27° bis 29°59', ist das Fragehoroskop ebenfalls nicht oder nur eingeschränkt deutbar. Diese Aszendentengrade bedeuten, dass die Frage zu spät gestellt wurde.

Auch in diesem Fall sind meist Entwicklungen im Gange, von denen der Fragesteller noch nichts weiß, die aber seine Frage erübrigten, würde er davon Kenntnis haben. Auch hierzu ein Beispiel:

Ein Freund von mir versuchte schon seit längerer Zeit einen Bauernhof in Bayern zu verkaufen, den er – vor dem Mauerfall in Berlin – als Wochenendgrundstück nutzte. Nach der Wende kaufte er sich ein kleines Erholungsdomizil im Berliner Umland, so dass er das Haus in Bayern nicht mehr benötigte. Er beauftragte einen Makler mit dem Verkauf, doch dieser hatte keinen Erfolg. Der Freund schaltete daraufhin selbst Anzeigen und fuhr über einen längeren Zeitraum an Wochenenden nach Bayern, um mit Interessenten Besichtigungstermine wahrzunehmen. Der Bauernhof gefiel durchaus, allerdings lag er sehr einsam und kam für viele deshalb nicht in Frage. Nach ca. zwei Jahren hatte sich immer noch kein Käufer gefunden und eines Tages stellte mir der Freund die stundenastrologische Frage: Werde ich den Bauernhof überhaupt eines Tages verkaufen können?

Es erstaunte mich dann allerdings sehr, dass der Aszendent dieses Fragehoroskops auf 29°11' im Zeichen Stier stand. Es war zu spät! Weder ich selbst noch der Freund konnten sich auf diesen Hinweis einen Reim machen. Uns fiel nichts ein, was bei dieser Sachlage zu spät sein konnte.

Kurze Zeit danach waren wir beide um eine Erfahrung reicher. Ein früherer Kaufinteressent meldete sich telefonisch mit den Worten: «Ich habe das Geld jetzt zusammen!» Dieser Mann hatte das Haus ein dreiviertel Jahr zuvor besichtigt und anscheinend schon damals entschieden, dass er das Haus kaufen wolle. Al-

lerdings fehlte ihm zu dieser Zeit noch das Geld. Ohne meinem Freund etwas von seiner Kaufabsicht zu sagen, versuchte der Interessent die Kaufsumme zusammen zu bekommen, in der Hoffnung, kein anderer würde ihm das Haus vorher wegschnappen. Auf einer geistigen Ebene war der Kaufvertrag also «schon im Himmel geschlossen» und die Antwort «zu spät» daher vollkommen korrekt.

Dritte Deutungseinschränkung: Mond im Leerlauf

Der Mond befindet sich im Leerlauf, auch «void of course» genannt, wenn er – während seines weiteren Laufs durch das Tierkreiszeichen, in dem er zum Fragezeitpunkt steht – keine Hauptaspekte mehr zu anderen Planeten bildet, bevor er das Zeichen verlässt. Dieser Leerlauf ist im Hinblick darauf, dass die weiteren Aspekte des Mondes den weiteren Verlauf einer Angelegenheit symbolisieren, nicht unerheblich. Wenn es keine weiteren Kontakte des Mondes zu anderen Planeten gibt, dann muss davon ausgegangen werden, dass auch in der Angelegenheit der gestellten Frage nichts mehr geschieht. Hierzu ein Beispiel:

«Wird mich mein Mann jetzt verlassen?»

Im Beispielhoroskop steht der Mond «void of course» im 7. Haus. Bevor er ins Zeichen Schütze wechselt, wird er keinen Hauptaspekt mehr zu einem anderen Planeten bilden. Zwar steht der Mond kurz vor einem exakten Quinkunx zu Mars und wird auch noch ein Semisextil zu Pluto bilden, aber dies sind keine Hauptaspekte, und sie werden daher auch nicht berücksichtigt.

Die Geschichte wird vom Verlauf des Mondes erzählt, der am 2.1.2008 um 2:32 Uhr ins Zeichen Skorpion eintrat und danach folgende Hauptaspekte bildete:

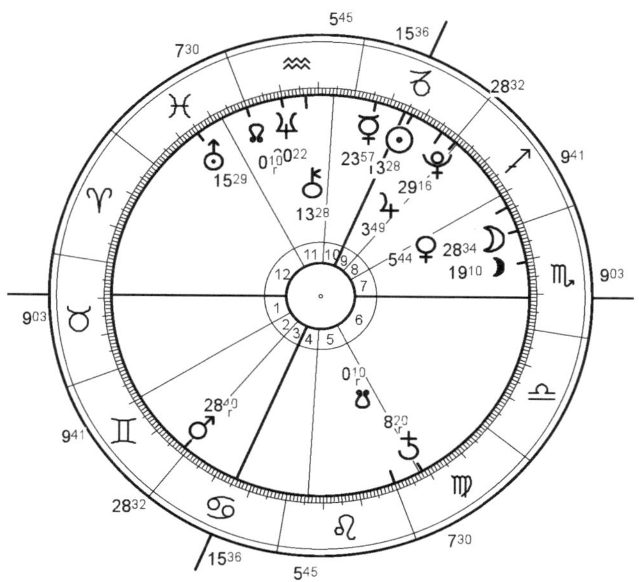

Abb. 4: Frage gestellt am: 4.1.2008,
12:21 h MEZ, Berlin-Charlottenburg

Mond in Skorpion	02:32 Uhr am 2.1.2008
Mond Sextil Jupiter	09:16 Uhr am 2.1.2008
Mond Sextil Saturn	19:31 Uhr am 2.1.2008
Mond Sextil Sonne	02:57 Uhr am 3.1.2008
Mond Quadrat Chiron	05:37 Uhr am 3.1.2008
Mond Trigon Jupiter	09:49 Uhr am 3.1.2008
Mond Konjunktion Lilith	17:10 Uhr am 3.1.2008
Mond Quadrat Neptun	19:45 Uhr am 3.1.2008
Mond Sextil Merkur	01:30 Uhr am 4.1.2008 – **Letzter Aspekt!**
Zeitpunkt der Frage	12:21 Uhr am 4.1.2008
Mond in Schütze	15:13 Uhr am 4.1.2008

Zwischen dem letzten Hauptaspekt «Mond Sextil Merkur» und dem Eintritt des Mondes ins Zeichen Schütze befand sich der Mond knapp 14 Stunden lang im Leerlauf. Für alle Fragen, die in diesen Stunden gestellt worden wären, galt demzufolge eine Deutungseinschränkung. Allerdings ist das keine Einschränkung, die besagt, dass das Fragehoroskop überhaupt nicht deutbar sei! Es ist deutbar, doch wer übersieht, dass der Mond «void of course» steht, macht sich unnötige Arbeit und kommt vermutlich dennoch zu einem falschen Ergebnis.

Bei einem Mond im Leerlauf gibt es nur eine einzige Antwort, die je nach Fragestellung positiv oder negativ für den Fragesteller sein kann. Die Antwort lautet: **Weder was du erhoffst, noch was du befürchtest, wird eintreten!**

Bei Fragen, die mit einer Befürchtung verbunden sind, kann ein Void-of-course-Mond also durchaus zur Beruhigung beitragen. Sie sind alle mit Nein zu beantworten. Solche «Befürchtungsfragen» sind zum Beispiel:

- Muss mein Kind ins Krankenhaus?
- Werde ich meinen Arbeitsplatz verlieren?
- Muss ich Konkurs anmelden?
- Hat mein Mann eine Geliebte?
- Ist meine Katze überfahren worden?

Dasselbe Nein gilt aber auch bei Fragestellungen, die mit einer Hoffnung verbunden sind. Auch bei «Hoffnungsfragen» hält ein Void-of-course-Mond stets ein Nein als Antwort bereit, wie z. B. bei solchen Fragen:

- Werde ich eine Gehaltserhöhung bekommen?
- Wird meine Frau die Scheidung zurückziehen?
- Wird mein Kind die Aufnahmeprüfung bestehen?
- Werde ich für das Manuskript einen Verlag finden?

Auch beim Fallbeispiel zur Frage «Wird mich mein Mann jetzt verlassen?» hält der Void-of-course-Mond ein Nein als Antwort bereit.

Eine Klientin berichtete, dass sie am Tag zuvor einen fürchterlichen Streit mit ihrem Ehemann hatte. Sie vermutete, dass er eine Geliebte habe, was mir – mit Lilith im 7. Haus (Partnerschaft, Ehemann) des Fragehoroskops – nicht ganz abwegig erschien. Die Frage lautete jedoch nicht: Hat mein Mann eine Geliebte? Die Frau wollte sehr ängstlich wissen, ob ihr Mann, der nach dem Streit aus dem Haus ging und bis zum Zeitpunkt der Fragestellung nicht mehr zurückgekommen war, sie nun verlassen würde. Da der Mond im Leerlauf stand, war die Antwort leicht zu finden. Nein, er würde sie nicht verlassen, zumindest jetzt nicht, in der aktuellen Situation nach dem Streit.

Obwohl die Antwort auf diese Weise schnell gefunden war, zeigt auch der rückläufige Mars, als Herrscher des 7. Hauses und damit Signifikator des Ehemannes, dass er zurückkommen wird. Was jedoch zu einem späteren Zeitpunkt geschieht und ob der Ehemann tatsächlich eine Geliebte hat, ist für die aktuelle Frage nicht relevant, obwohl im Stundenhoroskop ersichtlich ist, dass sich die Ehekrise zuspitzen wird. Die Venus (Fragestellerin) hat im Zeichen Schütze noch einige schwierige Aspekte vor sich. Die Quadrate zu Saturn und Uranus sowie die Konjunktion zu Pluto am Ende des Zeichens beschreiben noch einige dramatische Situationen.

Weitere Deutungseinschränkungen

Zwei weitere Deutungseinschränkungen sollten in einem Fragehoroskop ebenfalls beachtet werden, auch wenn sie nicht als Hinweise zu verstehen sind, dass das Horoskop insgesamt nicht gedeutet werden soll. Vielmehr beschreiben sie einen Umstand, dessen Berücksichtigung wichtige Zusatzinformationen liefert.

Neptun im 1. Haus
Steht in einem Stundenhoroskop Neptun im 1. Haus, ist dieser Nebensignifikator des Fragestellers. Hierdurch wird er oder sie als jemand beschrieben, der in der aktuellen Situation kaum in der Lage ist, eine Frage klar und deutlich zu formulieren, bezie-

hungsweise das zu fragen, was er tatsächlich wissen will. Möglicherweise ist er verwirrt, ängstlich, depressiv, alkoholisiert oder befindet sich aus anderen Gründen in einem Ausnahmezustand. Mitunter traut er sich auch nicht, sein wahres Anliegen zur Sprache zu bringen, oder es bewegen ihn unlautere Motive und es handelt sich um eine klassische Scheinfrage. Zum Beispiel könnte die besorgte Frage nach dem Gesundheitszustand von Onkel Eduard die geheime Hoffnung bergen, Onkel Eduard käme nicht mehr auf die Beine. Wenn derjenige, der gefragt wird, nicht weiß, dass der Onkel ein Vermögen besitzt und der Fragesteller, als einziger Erbe, vor dem finanziellen Ruin steht, dann könnte ihn zumindest Neptun im 1. Haus stutzig machen, wenn nicht sogar warnen, dieses scheinbar wohlgemeinte Anliegen zu beantworten.

In den meisten Fällen werden stundenastrologische Fragen mit Neptun in 1 aber tatsächlich in Situationen gestellt, in denen die Fragesteller wegen eines aktuellen Ereignisses chaotisch, verwirrt, ängstlich oder fassungslos sind. Als Astrologin oder Astrologe sollte man deshalb mit einer Antwort abwarten und versuchen, den Klienten auf andere Weise zu beruhigen. Oftmals erledigt sich die Beantwortung dieser Frage dann ohnehin, da mit etwas Abstand klar werden könnte, dass das eigentliche Problem ganz woanders liegt.

Saturn im 7. Haus

Diese Deutungseinschränkung basiert auf alten Regeln, nach denen Saturn stets «Übeltäter» war. Da auch der gefragte Astrologe dem 7. Haus zuzuordnen ist, musste angenommen werden, dass Saturn im 7. Haus auf Schwierigkeiten für den Astrologen hindeutete. Dies konnte als Hinweis verstanden werden, dass er sich zum Beispiel bei der Erstellung des Horoskops verrechnet hatte, dass er sich anderweitig irrte oder aber, dass sein Rat auf Ablehnung stoßen und nicht angenommen werden würde. Mitunter zeigt ein Saturn im 7. Haus aber auch an, dass der oder die Gefragte eine negative Antwort geben muss und es ihm oder ihr deshalb nicht leicht fallen wird, die Frage zu beantworten.

In vielen Fällen symbolisiert diese Konstellation aber lediglich, dass sich jemand eine Frage selbst gestellt hat und es gar kein Gegenüber gibt, das die Frage beantworten soll. Bei Partnerschaftsfragen kann Saturn im 7. Haus nicht als Deutungseinschränkung gesehen werden. Hier dürfte er aber häufig eine Trennung anzeigen oder zumindest einen saturnbetonten Partner.

Wann ist eine Frage im Stundenhoroskop enthalten?

Wie schon erwähnt, kommt der richtigen Zuordnung einer Frage zu einem der zwölf Häuser die größte Bedeutung bei. Wenn hier ein Irrtum unterläuft und ein falscher Signifikator gewählt wird, kann es zu einer gänzlich falschen Beurteilung der Lage und damit auch zu einer unrichtigen Antwort kommen.

Nachdem man geklärt hat, dass es keine Deutungseinschränkungen gibt, untersucht man im nächsten Schritt, ob die Frage thematisch im Stundenhoroskop enthalten ist. Denn als «eiserne Regel» gilt: Nur wenn die Frage im Horoskop enthalten ist, findet sich auch die Antwort!

Es gibt mehrere Möglichkeiten, wie eine Frage im Stundenhoroskop symbolisch dargestellt werden kann. Den wichtigsten Hinweis gibt meist schon der Aszendent, beziehungsweise das Thema des Aszendentenzeichens. Während der Aszendent zum Beispiel durch das Zeichen Krebs wandert, ist die Wahrscheinlichkeit, dass eine Frage zum Thema Familie oder Mutterschaft gestellt wird, wesentlich höher als unter einem Widder-Aszendenten. Auch Fragen zur Gesundheit oder zum Arbeitsplatz werden passenderweise häufiger unter einem Jungfrau-Aszendenten gestellt als unter einem Schütze-Aszendenten. Im Umkehrschluss heißt dies aber nicht, dass eine Frage zur Gesundheit gänzlich ausgeschlossen ist, während sich der Aszendent im Schützen befindet. Jupiter, der Herrscher des Schützen, könnte zum Zeitpunkt der Frage im 6. Haus, dem Haus der Gesundheit stehen, und auf diese Weise die Frage thematisch verankern.

Sollte der Fragesteller zudem ein Hüft- oder Leberleiden haben, beides astromedizinische Entsprechungen für Jupiter, wäre diese Konstellation sogar sehr stimmig.

Als Anregung nachfolgend einige Oberbegriffe zu Fragethemen, die den jeweiligen Aszendentenzeichen zugeordnet werden:

Der Aszendent und ihm entsprechende Fragethemen

AC Widder Signifikator: Mars	Entspricht Fragen nach: neuen Herausforderungen, riskanten Unternehmungen, gerichtlichen Auseinandersetzungen, sportlichen Leistungen, Streitsituationen, Rivalität, Gegnerschaft, Durchsetzungsfähigkeit
AC Stier Signifikator: Venus	Entspricht Fragen nach: Finanzen, Besitz, Werten, Absicherung, etwas bewahren wollen, Stabilität und Sicherheit erlangen wollen
AC Zwillinge Signifikator: Merkur	Entspricht Fragen nach: Ausbildungen, Schule, Schriftverkehr, Briefen, Büchern, kurzen Reisen, Entscheidungssituationen zwischen zwei Möglichkeiten, Fragen aus reiner Neugier
AC Krebs Signifikator: Mond	Entspricht Fragen nach: Familie, Mutterschaft, eigener Mutter, Kindern, Wohnsituationen, Heimat, Gefühlssituationen
AC Löwe Signifikator: Sonne	Entspricht Fragen nach: beruflicher Selbständigkeit, Selbstverwirklichung, Entfaltung eigener Potenziale, Konkurrenzsituationen, Vaterschaft, eigenem Vater
AC Jungfrau Signifikator: Merkur	Entspricht Fragen nach: Arbeitsplatz, Kollegen, Angestellten, Gesundheitswesen, Krankheiten, Operationen, defekten Geräten, Haushalt

AC Waage Signifikator: Venus	Entspricht Fragen nach: Beziehungen, Ehen, Kontakt, eigenem Aussehen, Luxusartikeln, künstlerischen Fähigkeiten, Schöngeistigem, Entscheidungssituationen
AC Skorpion Signifikator: Mars	Entspricht Fragen nach: Krisensituationen, Psychotherapie, Tabuthemen, Ängsten im Zusammenhang mit dem Tod, Verlust, Schicksalsschlägen, Abhängigkeiten, Eifersucht, Ohnmachtserfahrungen, Mobbing
AC Schütze Signifikator: Jupiter	Entspricht Fragen nach: Auslandsaufenthalten, Auswandern, großen Reisen, Geld, großen Investitionen, Rechtssprechung, Religion, höherer Bildung, fremden Sprachen, Studium
AC Steinbock Signifikator: Saturn	Entspricht Fragen nach: Beruf und Berufung, Übernahme von Verantwortung, Ämtern, Politik, Karriere, Selbständigkeit, Führungseigenschaften
AC Wassermann Signifikator: Saturn	Entspricht Fragen nach: Unabhängigkeit, Veränderung, Um- und Abbrüchen, Freundschaften, Gruppen, Astrologie
AC Fische Signifikator: Jupiter	Entspricht Fragen nach: Heilung, Psyche, unsicheren oder beängstigenden Situationen, Geheimnissen, Verlorenem oder Vermisstem, Suche nach sich selbst, Spiritualität

Tab. 3: Der Aszendent und ihm entsprechende Fragethemen

Wenn nicht schon das Aszendententhema die Frage widerspiegelt, ist im nächsten Schritt zu schauen, ob der Herrscher des Aszendenten oder der Mond in dem der Frage zugeordneten

Haus stehen. Auch der Zeichenherrscher dieses Hauses als Signifikator der gefragten Angelegenheit könnte den Ausschlag dafür geben, dass die Frage enthalten ist. Eventuell steht er im ersten Haus und ist somit Nebenherrscher des Fragenden, oder er steht in Konjunktion zum Herrscher des Aszendenten oder in Konjunktion zum Mond.

Die Zuordnung eines möglichen Fragethemas zu einem der zwölf Häuser entspricht den aus der Radixdeutung bekannten Häuserentsprechungen. Hat jemand eine Frage zu einem Freund, wird das elfte Haus zum «gefragten» Haus. Möchte jemand wissen, ob ein Krankenhausaufenthalt notwendig wird, ist das zwölfte Haus des Fragehoroskops relevant. –

Nachfolgend die wichtigsten Themen-Zuordnungen zu den einzelnen Häusern:

1. Haus	Der Fragesteller und seine aktuelle Situation
2. Haus	Besitz, Finanzen, Wertsachen
3. Haus	Ausbildung, Schule (bis Abitur), Lernverhalten, Schriftverkehr, Nachbarschaft, Geschwister, kurze Reisen, Mobilität, Flexibilität, Interessensgebiete
4. Haus	Die eigene Mutter, Familie, Wohnverhältnisse, die jetzige Wohnung
5. Haus	Kinder, Hobbys, Affären, Geliebte, Glücksspiele, kleine Haustiere (als Kindersatz)
6. Haus	Arbeitsplatz, Kollegen, Angestellte, Gesundheit, Haus- und Nutztiere
7. Haus	Feste Partnerschaften, Ehen, Geschäftspartner, unbekannte Personen
8. Haus	Steuern, Erbschaften, Aktien, Renten, Subventionen, Banken, Kredite, Verlust und Tod
9. Haus	Ausland, weite Reisen, Gerichtsbarkeit, Religion und ihre Rituale (Trauung, Taufe, etc.), höhere Bildung, Erwachsenenbildung

10. Haus	Der eigene Vater, Selbständigkeit, Chef/Vorgesetzte, Berufung, Karriere, Öffentlichkeit
11. Haus	Freunde, Gleichgesinnte, Gruppen, Parteien, Interessenverbände
12. Haus	Krankenhäuser, Sanatorien, Gefängnisse, Alten- und Pflegeheime, Internate, Kasernen

Tab. 4: Die Zuordnungen von Themen zu Häusern

Fallbeispiel zum Finden der Frage im Stundenhoroskop

Am 18. November 2007 erreichte mich um 19:58 Uhr in Berlin-Charlottenburg folgende Frage per E-Mail: «Sehr geehrte Frau Riegger, wie Sie wissen, überwintere ich jedes Jahr von Mitte Dezember bis nach Ostern in meinem Haus auf Mallorca. Jetzt gibt es aber Schwierigkeiten in meiner Firma. Mein Büroleiter, der mich während meiner Abwesenheit immer vertritt, will plötzlich zum Jahresende die Firma verlassen. Nun meine Frage an Sie: **«Kann ich dennoch, wie geplant, nach Mallorca fahren?»**

Ist die Frage im Stundenhoroskop enthalten?

1. Feststellung: Der Aszendent steht im Zeichen Krebs, was Sinn ergibt, denn der Fragesteller hat eine Frage zum Thema Wohnen. Er möchte einige Monate in seiner zweiten Heimat Mallorca verbringen.
2. Feststellung: Der Mond, als Signifikator des Fragenden, steht im neunten Haus, das das Ausland symbolisiert. Er steht zudem im Zeichen Fische und beschreibt den Fragesteller damit als ratlos, unklar, in einer Situation «schwimmend» und nicht ganz Herr der Lage.
3. Feststellung: Der Herrscher des erfragten neunten Hauses (Ausland) ist Saturn als alter Herrscher des Wassermanns. Saturn steht im dritten Haus und symbolisiert hier eine Blockade seiner Mobilität.

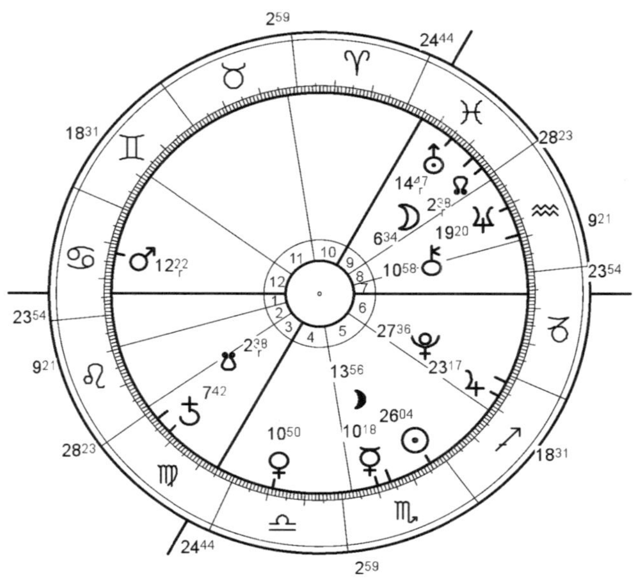

Abb. 5: Frage gestellt am: 18.11.2007, 19.58 Uhr MEZ, Berlin-Charlottenburg

4. Feststellung: Obwohl nicht direkter Gegenstand der Frage, werden auch die Gründe seiner unklaren Situation in der E-Mail erwähnt. Diese finden sich ebenfalls im Fragehoroskop. Der Büroleiter, sein Angestellter, wird dem sechsten Haus, beziehungsweise dem Herrscher von 6 = Jupiter zugeordnet. Er ist stark gestellt im eigenen Zeichen Schütze, was seine Kompetenz als Vertretung des Chefs unterstreicht. Jupiter hat aber ein Quadrat zu Uranus hinter sich (separativer Aspekt) und wird noch eine Konjunktion zu Pluto bilden. Die plötzliche Kündigung (Uranus) und der bevorstehende Verlust (Pluto) des Angestellten werden hiermit klar thematisiert.

Die Frage des Klienten ist demnach deutlich im Fragehoroskop enthalten. Die Antwort auch: Er wird dieses Mal nicht nach Mallorca reisen können! Hierauf werde ich weiter unten noch einmal eingehen.

Fragen zu anderen Personen oder Institutionen

Bei Fragen zu Anliegen anderer Personen oder Institutionen, wie Firmen, Schulen, Vereinen, Parteien etc. erweitern sich die Möglichkeiten, wie die Frage im Stundenhoroskop thematisiert sein kann, um ein Vielfaches. Wenn ein Fragesteller eine Frage zu einer anderen Person stellt oder eine Frage hat, die nicht speziell ihn, sondern seine Firma betrifft, dann muss eine Methode angewandt werden, die man «Drehen und Umnummerieren eines Fragehoroskops» nennt.

Stellt eine Mutter zum Beispiel die Frage «Soll mein Kind die Schule wechseln?», dann ist **nicht** das 3. Haus (= Schule) des Stundenhoroskops das «gefragte Haus», sondern das 3. Haus des Kindes. Das eigene Kind wird dem 5. Haus zugeordnet. Eine Frage zu Angelegenheiten des Kindes erfordert ein Drehen des Horoskops und zwar so, dass aus der Spitze des fünften Hauses der Aszendent bzw. das 1. Haus des Kindes wird. Hier ein grafisches Beispielhoroskop:

Die Abbildung zeigt ein Stundenhoroskop mit einem ursprünglichen Aszendenten auf 14° 31' Waage und einem MC von 19° 17' Krebs. Durch das Drehen soll die Spitze des 5. Hauses auf 24° 35' Wassermann links liegen und als «AC des Kindes» gekennzeichnet werden. Danach werden die Häuser umnummeriert, so dass

- aus Spitze 5 das 1. Haus des Kindes wird,
- aus Spitze 6 das 2. Haus des Kindes,
- aus Spitze 7 das 3. Haus des Kindes,
- aus Spitze 8 das 4. Haus des Kindes, usw.

Das «erfragte Haus» ist bei diesem Beispiel das 3. Haus (= Schule) des Kindes und somit das 7. Haus des Fragehoroskops. Der Herrscher des siebten Hauses und eventuelle Planeten in

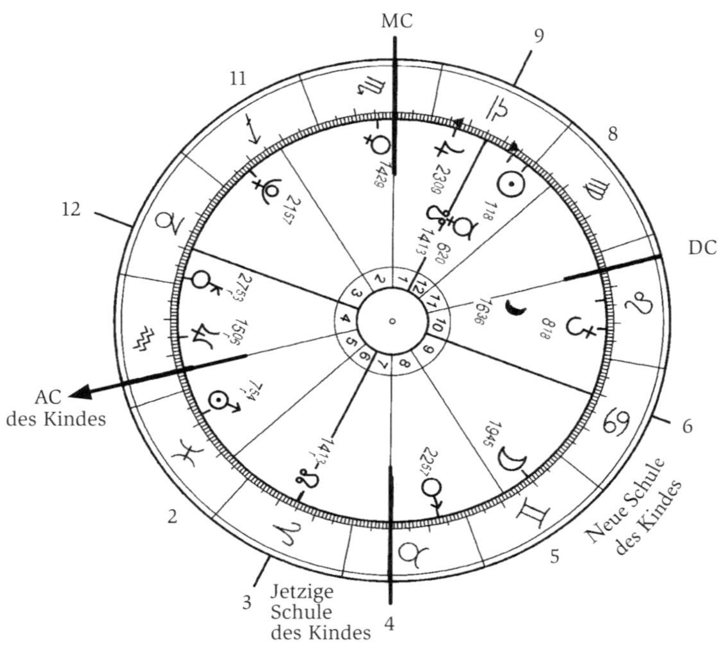

Abb. 6: Die Drehung des Stundenhoroskops

7 werden zu Signifikatoren der Schule des Kindes. Zur Frage eines möglichen Schulwechsels des Kindes muss auch das Haus untersucht werden, dem die neue Schule zugeordnet wird. Diese wäre das 3. vom 3. Haus des Kindes, also das 9. Haus des ursprünglichen Fragehoroskops. Hier steht im Beispielhoroskop der Mond, als Nebensignifikator der Mutter. Somit ist die Frage thematisch im Stundenhoroskop enthalten.

Ein Stundenhoroskop kann also, sehr verschachtelt, mehrere Ebenen und mehrere Personen widerspiegeln. Durch das Drehen des Horoskops eröffnen sich bei Fragen zu anderen Personen oder Institutionen weitere Möglichkeiten, wie eine Frage im Horoskop enthalten sein kann.

Nächste Schritte bei der Deutung

Wird die Frage im Fragehoroskop widergespiegelt und hat man anhand der Stellung der Signifikatoren in Zeichen und Haus die aktuelle Situation erfasst, stellt man im nächsten Schritt fest, welche Hauptaspekte die Signifikatoren untereinander bilden werden. Sie geben die ersten Hinweise, ob bei dieser Frage mit einem Ja oder Nein zu rechnen ist.

Bei der «Mallorca-Frage» ging es zum Beispiel um die Signifikatoren Mond, als Herrscher von 1 (Fragesteller), und um Saturn, als Herrscher von 9 (Auslandsaufenthalt). Dem Mond auf 6° 34' Fische fehlte noch reichlich ein Grad bis zur Opposition zu Saturn auf 7° 42' in der Jungfrau: ein deutlicher Hinweis, dass der Fragesteller mit seinem Anliegen nicht das erreicht, was er sich auf einer bewussten Ebene zum Zeitpunkt der Frage erhoffte. Die applikative Opposition von Mond und Saturn symbolisiert ein klares Nein, so dass der Fragesteller sicher nicht nach Mallorca reisen kann.

Nachfolgend die wichtigsten Regeln in Bezug auf das Zusammenspiel der Signifikatoren:

Aspekte zwischen den Signifikatoren

- Bilden der Signifikator des Fragestellers und der Signifikator der gefragten Angelegenheit – nach Fragestellung und solange sich beide noch in dem Zeichen aufhalten, in dem sie bei der Fragestellung stehen – ein **Quadrat** oder eine **Opposition** zueinander, ist mit einem ungünstigen Ausgang für den Fragesteller zu rechnen.
- Bilden der Signifikator des Fragestellers und der Signifikator der gefragten Angelegenheit – nach Fragestellung und solange sich beide noch in dem Zeichen aufhalten, in dem sie bei der Fragestellung stehen – ein **Trigon** oder ein **Sextil** zueinander, ist mit einem günstigen Ausgang für den Fragesteller zu rechnen.

- Bewegen sich der Signifikator des Fragestellers und der Signifikator der gefragten Angelegenheit auf eine **Konjunktion** zu, kommt es auf die jeweiligen Signifikatoren an, ob diese Konjunktion als günstig oder ungünstig bewertet werden kann. Eine Konjunktion symbolisiert jedoch stets ein «Zusammenkommen» der beiden. Sollten klassische «Übeltäter» wie Mars oder Saturn beteiligt sein, dürfte dieses Zusammenkommen weniger wünschenswert sein. Eine Konjunktion zwischen «Wohltätern», wie Venus und Jupiter, wird sich dagegen als durchweg positiv erweisen.
- Bilden die Signifikatoren des Fragestellers und der gefragten Angelegenheit – nach Fragestellung und solange sich beide noch in jenen Zeichen aufhalten, in denen sie bei der Fragestellung stehen – **keinen** Hauptaspekt mehr, entscheidet ausschließlich der Verlauf des Mondes über ein Ja oder Nein als Antwort.

Rezeptionen zwischen Signifikatoren

Eine Rezeption kann es stets nur zwischen zwei Planeten geben und liegt dann vor, wenn sich diese beiden Planeten gegenseitig disponieren. Umgangssprachlich nennt man eine Rezeption auch «Botschafter- oder Herrscheraustausch». Bei einer Zeichenrezeption steht der Herrscher des einen Zeichens im Domizilzeichen des anderen und umgekehrt. Steht Mond in Widder und gleichzeitig Mars in Krebs befinden sich Mond und Mars in Rezeption zueinander. Das gleiche gilt für Sonne in Waage und Venus in Löwe oder Saturn in Jungfrau und Merkur in Steinbock.

Bei einer Häuserrezeption stehen die Hausherrscher in Rezeption, wie zum Beispiel Herrscher von 6 in 11 und gleichzeitig Herrscher von 11 in 6 oder Herrscher des 1. Hauses im 5. Haus und Herrscher des 5. Hauses im 1. Sollten die Rezeptionsplaneten auch Signifikatoren des Fragestellers und der gefragten Angelegenheit sein, bekommt ihre Rezeption ein noch größeres Gewicht. Abgesehen davon, dass hierdurch das Thema der

Frage stark im Horoskop verankert ist, zeigen Rezeptionen im Stundenhoroskop mitunter auch einen dritten Weg auf. Das heißt, es gibt nicht nur ein Ja oder Nein, sondern eine weitere Möglichkeit der Lösung des Problems. Hierauf werde ich in verschiedenen Fallbeispielen noch näher eingehen.

Die unterschiedlichen Funktionen des Mondes

Der Mond spielt in der Stundenastrologie eine herausragende Rolle, da er

1. stets Nebensignifikator des Fragestellers ist
2. anhand seines Aspektverlaufs Verbindungen zwischen Signifikatoren herstellen kann, die ohne Mond als «Vermittler» nicht zustande kämen (Übertragung des Lichts)
3. anhand seines Aspektverlaufs die kommenden Ereignisse beschreibt.

Sehr häufig gibt zudem die Art des letzten Mondaspekts, bevor der Mond das Zeichen verlässt, den Ausschlag, ob eine Frage mit Ja oder Nein zu beantworten ist.

Zeichengrenzen

Wenn ein Planet, insbesondere ein Signifikator, das Zeichen verlässt, in dem er bei Fragestellung stand, ist die Geschichte für ihn, beziehungsweise für die von ihm symbolisierte Person, zu Ende. Es sei denn, der Planet wird im nachfolgenden Zeichen rückläufig und wandert noch einmal zurück ins Ausgangszeichen. In diesem Fall zählen natürlich auch die Aspekte zur Geschichte, die er nach Wiedereintritt ins ursprüngliche Zeichen bilden wird.

Aspekte der Signifikatoren, die erst im nächsten Zeichen exakt werden, sollten nicht mehr gedeutet werden, da sie nicht mehr zum Thema der Frage gehören. Allerdings bestätigen Ausnahmen die Regel! So kann es vorkommen, dass am Anfang des Folgezeichens ein Planet steht, zu dem der Signifikator eine Konjunktion bildet. Diese Konjunktion kann auf etwas hindeuten, das zwar die Antwort nicht verändern wird, aber einen Ausblick auf kommende Ereignisse gibt. Hierzu ein Beispiel:

«Ist meine Firma noch zu retten?»

Wie sich bei näherem Nachfragen herausstellte, sorgte sich der Firmeninhaber vor allem um seine ca. 120 Mitarbeiter, die ihren Arbeitsplatz verlieren würden, wenn er es nicht schaffte, die Firma vor dem Konkurs zu bewahren.

1. Schritt: Ist die Frage deutbar oder gibt es eine Deutungseinschränkung?
Ja, die Frage ist deutbar, es gibt keine Deutungseinschränkungen. Der Aszendent befindet sich auf 4°31' Jungfrau und der Mond ist nicht void of course.

2. Schritt: Ist die Frage thematisch im Stundenhoroskop enthalten?
Ja, die Frage ist wie folgt enthalten:
- Jungfrau-Aszendent: Es geht um eine Arbeitssituation.
- Merkur, Signifikator des Fragestellers, im 10. Haus = Er steht als Chef einer eigenen Firma im 1. Haus der Firma, da die Firma dem 10. Haus zugeordnet wird.
- Mond, als Nebensignifikator, im Steinbock = Er fühlt sich verantwortlich und emotional bedrückt.

3. Schritt: Was wird anhand seines Signifikators und anhand des Mondes über die aktuelle Situation des Fragestellers ersichtlich?
Signifikator Merkur in Zwillinge im 10. Haus: Hierdurch wird der Fragesteller als jemand beschrieben, der trotz der desolaten Situation seiner Firma stark gestellt ist (Signifikator im Domizil). Merkurische Potenziale, wie Kommunikationsfähigkeit, Flexibilität sowie eine rasche Auffassungsgabe kann er nutzen, doch sein Handlungsspektrum ist begrenzt (Signifikator eingeschlossen). Er steht am Ende einer Entwicklung (Signifikator

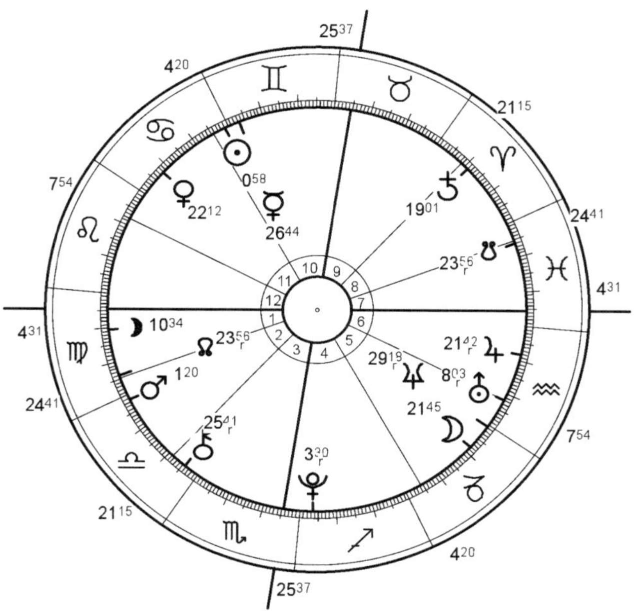

Abb. 7: Frage eines Unternehmer am 22. Juni 1997 um 10.38 Uhr MESZ in Berlin

am Ende des Zeichens) und hat keine Möglichkeit mehr, eine Veränderung der Lage herbeizuführen (Signifikator bildet keine Aspekte mehr, bevor er das Zeichen verlässt).

Nebensignifikator Mond in Steinbock im 5. Haus: Der Mond steht in seinem Exilzeichen und damit sehr schwach. In Steinbock symbolisiert er u.a. die Last der Verantwortung, im 5. Haus ist ihm alles Spielerische verloren gegangen. Kurz vor Fragestellung stand der Mond im Quadrat zu Saturn im 8. Haus, was mit einer Absage von Banken hinsichtlich neuer Kredite einhergegangen sein dürfte. Zudem steht der Mond im 8. Haus der Firma und deutet somit darauf hin, dass sich der Fragesteller auf emotionaler Ebene mit dem Verlust der Firma auseinandersetzt.

4. Schritt: Was wird aktuell über die «erfragte» Angelegenheit (Firma) angezeigt?
Der Signifikator der Firma ist die Venus, als Herrscherin des 10. Hauses in Stier. Sie steht in Krebs, im 2. Haus der Firma, und symbolisiert hiermit die labile Finanzlage. Auch die Venus stand kurz vor Fragestellung im Quadrat zu Saturn, was verdeutlicht, dass die Firma in ernsten finanziellen Schwierigkeiten steckt. Kurz nach Fragestellung läuft der Mond in die Opposition zur Venus und aktualisiert auf diese Weise noch einmal die Quadratur von Venus und Saturn (Übertragung des Lichts). Der letzte Aspekt der Venus, bevor sie das Zeichen Krebs verlässt, ist eine Opposition zu Neptun. Ein deutlicher Hinweis, dass sich die Firma auflösen wird!

Der Merkur als Herrscher des im 10. Haus eingeschlossenen Zeichens Zwillinge sowie die Sonne im 1. Haus der Firma sind Nebensignifikatoren der gefragten Angelegenheit. Sie werden eine Konjunktion bilden, doch dies erst im Zeichen Krebs. Hierdurch wird eine Entwicklung angezeigt, die sich erst manifestiert, nachdem die Geschichte für den Fragesteller zu Ende gegangen ist.

5. Schritt: Was erzählt der weitere Mondverlauf, insbesondere der letzte Aspekt des Mondes?
Der Mond bildet noch drei Hauptaspekte im Zeichen Steinbock:

1. Mond Opposition Venus (+ 1° Orbis)
2. Mond Quadrat Chiron (+ 4° Orbis)
3. Mond Konjunktion Neptun (+ 8° Orbis)

Die Tatsache, dass der Mond nur noch Spannungsaspekte bildet und sein letzter Aspekt eine Konjunktion mit Neptun sein wird, lässt keinen Zweifel mehr daran, dass die Firma vor dem Aus steht. Die Antwort ist demnach: Nein, sie ist nicht mehr zu retten. Nach acht Zeiteinheiten (= 8 Tage, Wochen, Monate) wird sich die Firma auflösen.

Was danach geschah: Die Tatsache, dass Merkur kurz nach

dem Wechsel ins Zeichen Krebs eine Konjunktion mit Sonne bilden würde, schien eine wichtige Information bereitzuhalten. Bildhaft gesehen wird der Merkur von der Sonne «geschluckt», was die Vorstellung nahe legte, dass die Firma des Fragestellers in eine andere Firma (evtl. ein Familienunternehmen = Krebs) übergehen könnte. Aufgrund dieser Deutung nahm der Fragesteller Kontakt mit einer ausländischen Konkurrenzfirma auf, die tatsächlich ein alteingesessenes Familienunternehmen war. Zu einem symbolischen Preis kaufte diese Firma die Firma des Fragestellers und übernahm die Mehrheit seiner Angestellten.

Im Fragehoroskop deutete Uranus und Jupiter im sechsten Haus schon daraufhin, dass es für die Angestellten des Fragestellers nicht ganz so schlecht stand, wie befürchtet. Ein Teil der Mitarbeiter ging in den Frühruhestand (Uranus), der überwiegende Teil behielt seinen Arbeitsplatz (Jupiter).

Jupiter steht (nach Drehen des Horoskops) im 9. Haus der Firma. Das Glück für die verbliebenen Mitarbeiter kam tatsächlich aus dem Ausland.

Die Zeit und Zukünftiges im Stundenhoroskop

In vielen Fällen reicht es aus, ein Fragehoroskop mit einem klaren Ja oder Nein zu beantworten und die Geschichte kurz zu umreißen, die im Horoskop «erzählt» wird. Mitunter erhofft sich der oder die Fragende aber auch eine Zeitangabe, wann ein Ereignis eintreten wird oder wann mit Entwicklungen zu rechnen ist, die dem Geschehen eine Wende geben.

In den meisten Büchern über Stundenastrologie finden sich zu diesem Thema recht widersprüchliche Anleitungen, oft noch mit Zusätzen versehen, dass dies oder jenes die Regel sei, aber in der Praxis nur selten funktioniere. Auch meine Erfahrung ist die, dass es keine verlässliche Regel gibt, nach der man klar sagen kann, dass ein angezeigtes Ereignis beispielsweise nach fünf Wochen eintreten wird. Was ich jedoch mit Sicherheit sagen kann, ist: Die häufig vertretene Meinung, dass ein Stundenhoroskop nur etwa drei bis sechs Monate «wirkt», trifft nicht zu!

Ein Stundenhoroskop beschreibt die Geschichte, die sich um eine Frage rankt. Verglichen mit einer Reise von A nach B, die der Fragesteller symbolisch unternimmt, sieht man im Fahrplan «Stundenhoroskop» auch die einzelnen Stationen, an denen der Zug hält. Dort sind Ereignisse zu erwarten, doch ob diese nach fünf Tagen, nach fünf Wochen oder nach fünf Monaten eintreten oder sogar zu allen drei Zeiteinheiten etwas geschieht, lässt sich nur im Kontext der Fragestellung erahnen oder im Rückblick erkennen. Sollte eine Geschichte aber drei Jahre andauern, dann sind diese drei Jahre – einschließlich ihrer Ereignisse – auch im Fragehoroskop thematisiert.

Der Mond als Zeitgeber

In seiner Funktion, den Verlauf einer Geschichte zu beschreiben, kommt dem Mond große Bedeutung zu. Seine Aspekte zu anderen Planeten gelten in einem Stundenhoroskop als Zeitgeber. Im nachfolgenden Fallbeispiel «Wird mir mein Vater das Geld geben?» wurde die Frage gestellt, als der Mond auf 7° 02' in Löwe stand.

Aspekte des Mondes, die **vor** der Fragestellung exakt waren, sind separative Aspekte und beschreiben die Geschehnisse der Vergangenheit. Aspekte, die der Mond **nach** der Fragestellung, aber noch im Zeichen Löwe bilden wird, sind applikative Aspekte, die symbolisieren, was sich in Zukunft noch ereignen wird. Sie geben zudem Hinweise auf den Ausgang der Geschichte.

Bei separativen Aspekten wird der Orbis in Gradzahlen mit einem Minus versehen, bei applikativen Aspekten mit einem Plus. Die Gradzahlen können als Zeiteinheiten gesehen werden, wobei 1 Grad = 1 Stunde, 1 Tag, 1 Woche, 1 Monat oder 1 Jahr bedeuten kann.

Beispiel eines Mondverlaufs im Zeichen Löwe vom 28. – 31.7.2003:

- Eintritt des Mondes ins Zeichen Löwe am 28.7.2003 um 22:17 Uhr.
- Mond Konjunktion Sonne (-1 Grad)
- **Fragestellung mit Mond auf 7°02' Löwe**
- Mond Opposition Neptun (+ 5 Grad)
- Mond Trigon Pluto (+ 10 Grad)
- Mond Konjunktion Jupiter (+ 16,5 Grad) – **Letzter Aspekt!**
- Austritt des Mondes aus dem Zeichen Löwe am 31.7.2003 um 4:27 Uhr.

«Wird mir mein Vater das Geld geben?»

Die Fragestellerin hatte einen Monat zuvor, am 30. Juni 2003, ein Gewerbe angemeldet und danach erfahren, dass sie eine beantragte staatliche Förderung zur Existenzgründung, entgegen vorheriger mündlicher Zusagen, doch nicht bekommen würde. Sie war verzweifelt, denn sie benötigte das Startkapital dringend. In ihrer Not überlegte sie, ihren Vater um ein Darlehen zu bitten und stellte mir die Frage, ob diese Bitte Erfolg haben würde.

Um es bei diesem Beispiel kurz zu machen, die Antwort des Fragehoroskops ist: Ja, sie wird das Geld von ihrem Vater erhalten! Dieses Ja ist recht eindeutig im Horoskop widergespiegelt, allerdings war hier auch das Wann nicht unwichtig. Sie benötigte das Geld nämlich sofort! Im Stundenhoroskop ist jedoch zu sehen, dass es nicht sofort klappen würde.

Saturn am MC und damit an der Spitze des ersten Hauses des Vaters, symbolisiert zumindest eine Verzögerung. Saturn steht zwar in seinem Exilzeichen Krebs, aber dominiert an einer Achse, was deshalb keine unüberwindbaren Schwierigkeiten oder gar ein kategorisches Nein seitens des Vaters anzeigen dürfte. Der Mondverlauf, beziehungsweise der letzte Aspekt des Mondes mit einer Konjunktion zu Jupiter, deutet klar auf ein Ja als Antwort hin, so dass Saturn hier lediglich eine temporäre Verzögerung anzeigen kann.

Die finanzielle Situation des Vaters wird mit Löwe an der

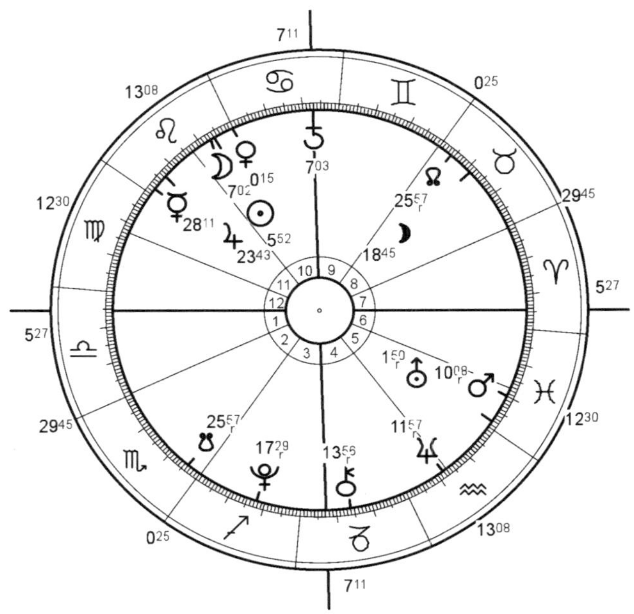

Abb. 8: Frage gestellt am: 29.7.2003
um 11.12 Uhr MESZ in Berlin

Spitze seines zweiten Hauses (= 11. Haus des Fragehoroskops) und Sonne, als Signifikator seiner Finanzen im Domizilzeichen Löwe, als sehr gut beschrieben. Am Ende des Zeichens Löwe wird die Sonne eine Konjunktion mit Venus, dem Signifikator der Fragestellerin sowie mit Jupiter (= größere Summe Geld) eingehen, was zusätzlich bestätigt, dass sie das Geld von ihrem Vater bekommen wird.

Die Frage, wann das Ereignis eintreten wird, kann in Form von Zeiteinheiten lediglich eingegrenzt werden. Hierbei ist der Mond ausschlaggebender Faktor. Die Aspekte, die er im weiteren Verlauf durch das Zeichen Löwe noch bilden wird, geben den Zeitrahmen vor:

- Mond Opposition Neptun (+5°) = **5 Tage**, Wochen, Monate
- Mond Trigon Pluto (+10°) = 10 Tage, Wochen, Monate
- Mond Konjunktion Jupiter (+16,5°) = **16,5** Tage, Wochen, **Monate**

Da bei dieser Sachlage wohl kaum von Jahren als Zeiteinheit ausgegangen werden kann, beschreibt das Stundenhoroskop einen Zeitabschnitt zwischen fünf Tagen und knapp 17 Monaten.

Chronologie der Ereignisse nach Fragestellung

- Am Sonntag, dem 3.8.2003, **fünf Tage** nach Fragestellung, besuchte die Klientin ihren Vater und bat ihn, ihr das Geld zu leihen. Er musste ihr jedoch eine Absage erteilen, da er sein Geld fest angelegt hatte und über keine größere Summe verfügen konnte.
  Astrologische Entsprechung: Mond Opposition Neptun (+5°) = die Absage und damit schwindende Hoffnung nach fünf Zeiteinheiten, hier Tage.
- **Zehn Tage** später fand sie mit Hilfe ihres Bruders eine Lösung. Er wurde «stiller Teilhaber» ihrer Firma und nahm hierfür einen Kredit auf, der als Startkapital diente.
  Astrologische Entsprechung: Mond Trigon Pluto (+10°) im 3. Haus (= Geschwister) war ausgelöst.
- Zurückzahlen sollte sie den Kredit ihres Bruders mit dem Geld vom Vater, das dieser ihr zusagte, sobald er wieder über seine Geldanlage verfügen konnte. Dies wäre am 1.1.2005 der Fall. **17 Monate** nach Fragestellung!
  Astrologische Entsprechung: Mond Konjunktion Jupiter (+16,5°) als letzter Aspekt des Mondes.
- Auch nach **10 Monaten** (Mond Trigon Pluto) gab es ein Ereignis, das zur Geschichte dieser Frage gehört: Ihr Bruder geriet in Zahlungsschwierigkeiten und bekam Ärger mit der Bank, bei der er den Kredit aufgenommen hatte. Doch die Schwierigkeiten ließen sich meistern.
  Astrologische Entsprechung: Mond Trigon Pluto (+10°) im 3. Haus (= Geschwister) war ausgelöst.

Im Januar 2005 bekam sie von ihrem Vater eine größere Summe Geld in Form einer Schenkung auf ihr zukünftiges Erbe. Damit konnte sie ihre Schulden mit einem Schlag begleichen. Ihr Geschäft lief inzwischen hervorragend, so dass sie von den Einnahmen gut leben konnte.

Zeitgeber ist also stets der Mond anhand der Aspekte, die er im weiteren Verlauf noch bilden wird. Die Gradzahlen, die ihm bis zur Exaktheit des Aspekts fehlen, können Stunden, Tage, Wochen oder Monate symbolisieren, in seltenen Fällen aber auch Jahre. Wie im Beispiel erörtert, geschehen die Dinge aber auch auf unterschiedlichen Zeitebenen, so dass sowohl nach x Tagen als auch nach x Wochen oder Monaten ein Ereignis eintreten kann. Die Analogie kommt einem Steinwurf in einen ruhigen See gleich. Der Steinwurf ist das Ereignis, die Ringe, die sich in dessen Folge bilden, sind durch das Ereignis ausgelöst und markieren nun die einzelnen Zeiteinheiten:

Erster Ring = Stunden
Zweiter Ring = Tage
Dritter Ring = Monate
Äußerer Ring = Jahre

In den allermeisten Fällen kommt jedoch die Zeiteinheit «Monate» zum Tragen.

Neumond

Wird eine Frage kurz **vor** einem Neumond gestellt, kann davon ausgegangen werden, dass etwas zu Ende geht. Für Fragen, die sich also auf die Beendigung einer Angelegenheit beziehen, ist diese Mondstellung sozusagen ein stimmiger Moment. Meist zeigt die Anzahl der Grade, die dem Mond noch bis zur Konjunktion mit der Sonne fehlen, wie lange es dauert, bis die Geschichte abgeschlossen ist. Sollten Sonne und Mond Hauptsignifikatoren sein, so kommen Fragesteller und die erfragte Angelegenheit zusammen.

Bei Fragen kurz **nach** Neumond hat der Fragesteller meist etwas Neues begonnen. Im vorangegangenen Fallbeispiel stand der Mond gut ein Grad hinter der Sonne und die Fragestellerin hatte sich einen Monat zuvor selbständig gemacht. Für Neuanfänge aller Art ist eine vollendete Konjunktion zwischen Sonne und Mond zum Zeitpunkt der Fragestellung stimmig. Sollte der Neumond mitten im Verlauf einer Geschichte stattfinden, wird hierdurch eine Veränderung angezeigt, bei der zuvor etwas zu Ende gehen muss, damit etwas Neues beginnen kann.

Abgeleitete Häuser

Auch schon bei der Bestimmung der Signifikatoren muss mitunter auf Zukünftiges geachtet werden. Besichtigt jemand eine Wohnung und fragt anschließend *Soll ich diese Wohnung mieten?*, ist nicht das 4. Haus (= Wohnung) des Fragehoroskops von Belang, sondern das 7. Haus. Das 4. Haus symbolisiert die Wohnung, in der der Fragesteller zum Fragezeitpunkt wohnt. Eine zukünftige Wohnung, in die der Fragesteller erst einziehen möchte, wird dem 4. vom 4. Haus zugeordnet, also dem 7.

Ein in Aussicht stehender neuer Arbeitsplatz findet sich sechs Häuser weiter als der jetzige Arbeitsplatz, also im 6. vom 6. Haus und damit im 11. Haus. Fragt jemand zum Beispiel *Werde ich die Arbeitsstelle bekommen, um die ich mich beworben habe?* und der Signifikator des Fragestellers steht im 11. Haus, dann ist die Frage klar im Fragehoroskop enthalten. Ist der Signifikator zudem stark gestellt und bildet der Mond im weiteren Verlauf positive Aspekte, kann man davon ausgehen, dass der Fragesteller die neue Stelle erhält.

Hier einige Beispiele für Zuordnungen aufgrund abgeleiteter Häuser:

3. Haus = jetzige Schule	5. Haus = zukünftige Schule
4. Haus = jetzige Wohnung	7. Haus = zukünftige Wohnung
6. Haus = jetziger Arbeitsplatz	11. Haus = zukünftiger Arbeitsplatz
7. Haus = jetziger Ehepartner	1. Haus = zukünftiger Ehepartner
10. Haus = jetziger Arbeitgeber	7. Haus = zukünftiger Arbeitgeber

Spezielle Deutungen

Wer Stundenhoroskope deuten und die Vorgehensweise anhand verschiedener Lehrbücher erlernen möchte, kann schnell dem Eindruck erliegen, dass er der unzähligen Regeln niemals Herr wird. In der Tat sind einige Regeln zu beachten, aber längst nicht alle, die sich aus diversen Büchern zusammentragen lassen. Meiner Erfahrung nach sind viele Regeln schlichtweg überflüssig, weil man auch ohne sie zu einem stimmigen Ergebnis kommt. Die aus meiner Sicht überflüssigen finden hier selbstverständlich keine Erwähnung, dafür aber andere, die sich als sehr aussagekräftig erwiesen haben, jedoch im klassischen Repertoire der Stundenastrologie nicht vorkommen.

Die Mondknotenachse oder das «Tor der Amnesie»

Über die Einbeziehung der Mondknoten gibt es in diversen stundenastrologischen Lehrbüchern recht unterschiedliche Meinungen. Ich habe die meisten angewendet und erforscht, aber nur eine einzige Regel hat sich am Ende bewährt. Diese bezieht sich lediglich auf Planeten beziehungsweise Signifikatoren, die im selben Zeichen stehen wie der aufsteigende oder der absteigende Mondknoten. Bildet ein Signifikator oder der Mond im weiteren Verlauf nämlich eine Konjunktion mit dem auf- oder dem absteigenden Mondknoten, muss dieser sozusagen die Mondknotenachse passieren und erfährt hierdurch eine Art Löschung seines bisherigen «Programms». Ich bezeichne die Mondknotenachse deshalb mitunter scherzhaft als das «Tor der Amnesie», denn in den meisten Fällen ändert sich für den betreffenden Planeten beziehungsweise für die Person, die von ihm symbolisiert wird, erfahrungsgemäß so ziemlich alles, nachdem die Mondknotenachse durchwandert wurde. Eine eiserne Regel besagt daher:

Es kommt alles anders, als man denkt!

Doch nicht nur dies, es treten meist auch Umstände ein, die das Anliegen der Frage gänzlich in den Hintergrund rücken oder gar ganz vergessen lassen.

In gewisser Weise kommt dies einer Deutungseinschränkung sehr nahe, zumindest dann, wenn der Hauptsignifikator des Fragestellers die Mondknotenachse passiert. Eine Beantwortung der Frage erübrigt sich in den meisten Fällen, beziehungsweise sie lässt sich auf die Aussage beschränken, dass sich aufgrund eines wichtigen Ereignisses alles ändern wird.

Im nachfolgenden Beispiel wird eine solche «Mondknoten-Geschichte» beschrieben. Die Frage eines Klienten erreichte mich per E-Mail. Er berichtete, dass seine Frau seit längerem einen Geliebten habe. Im Herbst 2007 sei er dahinter gekommen und habe sie aufgefordert, die Affäre zu beenden. Trennen wolle er sich nicht von seiner Frau, er liebe sie noch immer. Auch sie wolle die Ehe aufrechterhalten, schaffe es aber seit Monaten nicht, ihrem Liebhaber den Laufpass zu geben. Er vermute, sie sei ihm hörig. Die Situation wäre aber inzwischen so unerträglich, dass es am Wochenende zum Eklat gekommen sei. Er habe daraufhin seiner Frau ein Ultimatum gestellt. Sollte sie die Affäre nicht bis zum Ende des Monats beenden, würde er ausziehen und die Scheidung einreichen. In seiner E-Mail vom 24.1.2008 um 7:41 Uhr stellte er mir die Frage: Wird meine Frau mit ihrem Liebhaber endlich Schluss machen?

«Wird meine Frau mit ihrem Liebhaber Schluss machen?»

Deutung

Das Fragehoroskop ist deutbar, trotz zweier Deutungseinschränkungen (Neptun in eins, Saturn in sieben), die jedoch zu vernachlässigen sind. Sie spiegeln vielmehr die geschilderte Situation wider.

Der Fragesteller, mit Neptun im 1. Haus, noch dazu in Konjunktion zu Merkur, ist ratlos, verwirrt und hat Angst, seine Frau zu verlieren. Er leidet an der ungeklärten Situation (Neptun). Saturn, als sein Hauptsignifikator steht im 7. Haus. Es geht bei der Frage um seine Ehe (7. Haus), daher ist die Frage im Stundenhoroskop enthalten.

Die Ehefrau wird vom Herrscher des 7. Hauses (= Mond) symbolisiert, der eingeschlossen in Löwe im 7. Haus steht. Das 7. Haus des Fragehoroskops ist gleichzeitig das 1. Haus der Ehefrau. Aus ihrer Sicht steht der Herrscher von eins in eins, was meist ein Hinweis darauf ist, dass die betreffende Person wenig, bis gar nicht gewillt ist, auf den anderen zu- oder einzugehen.

Durch das eingeschlossene Zeichen Löwe im 7. Haus wird die Sonne Nebensignifikator der Ehefrau. Sie steht schwach gestellt im Exil, verkörpert aber im 1. Haus des Ehemanns jenen Anteil der Frau, der sich ***nicht*** von ihm trennen will. Im Wassermann symbolisiert die Sonne aber eine eher unkonventionelle Haltung zur Ehe, ganz im Gegensatz zu der ihres Ehemannes, dessen Signifikator Saturn im 7. Haus eher Konservatives vertritt. Diese Einstellung «transportiert» er in ihr 1. Haus, allerdings mit mäßigem Erfolg, da Saturn rückläufig und somit sehr schwach gestellt ist. Eine Konjunktion der Signifikatoren Saturn (Ehemann) und Mond (Ehefrau) findet erst im nächsten Zeichen statt und ist somit für die Antwort nicht relevant.

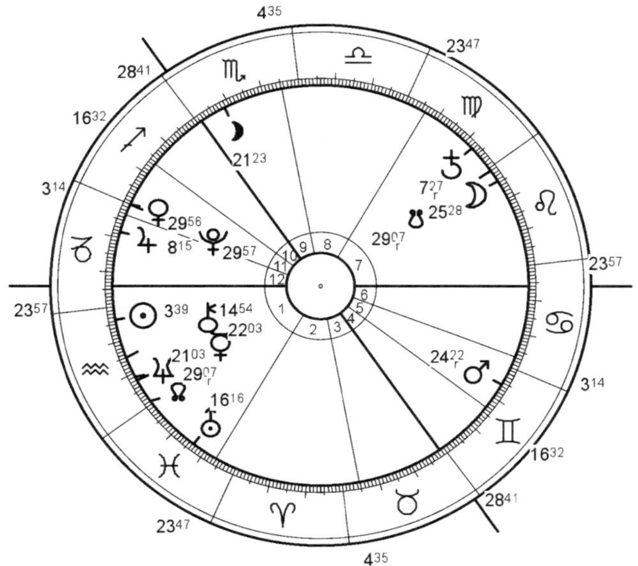

Abb. 9: Frage gestellt am: 24. 1. 2008,
7.41 Uhr MEZ, Berlin-Charlottenburg

Die nächsten Aspekte des Mondes im Zeichen Löwe sind:

- Mond Konjunktion absteigender Mondknoten (+ 3,5°)
- Mond Trigon Pluto (+ 4,5°)

Der sich abzeichnende letzte Aspekt, Mond Trigon Venus, kommt nicht mehr zustande, da die Venus das Zeichen Schütze verlässt, bevor das Trigon exakt wird. Der letzte Aspekt des Mondes ist somit das Trigon zu Pluto. Da dies ein positiver Aspekt ist, besteht durchaus eine Chance, dass die Ehefrau ihre Beziehung zum Liebhaber zumindest verändert, da Pluto u.a. für Wandlung und Transformation steht.

Im 5. Haus der Ehefrau wird Pluto aber auch zum Nebensignifikator ihres Liebhabers. Ein Quadrat des Mondes (Ehefrau) zu Pluto (Geliebter) wäre aus der Sicht des Ehemannes sicher hoffnungsvoller, im Hinblick auf eine baldige Beendigung der Affäre, da dies einen Bruch zwischen den beiden bedeuten würde. Ein Trigon, noch dazu als letzter Aspekt des Mondes, in seiner Eigenschaft als beschreibender Faktor des Verlaufs der Angelegenheit, steht zwar letztlich auch für einen positiven Ausgang für den Fragesteller, aber ein aktives und definitives «Schlussmachen» der Ehefrau ist daraus nicht zu erkennen. Was jedoch unübersehbar ist, ist die Tatsache, dass der Mond kurz vor einer Konjunktion mit dem absteigenden Mondknoten steht! Dieser Aspekt besagt: Es kommt alles anders, als man denkt

Antwort

Meine Antwort an den Klienten war entsprechend kurz und knapp: «Es gibt keine Hinweise darauf, dass ihre Frau mit dem Liebhaber Schluss machen wird. Allerdings sieht alles so aus, als würde sich die Situation in Kürze komplett verändern. Und zwar so, dass Sie diese Frage nicht mehr in dieser Form stellen würden. Ein Ende der Ehe ist im Fragehoroskop nicht angezeigt, allerdings dürfte es noch eine Zeitlang dauern, bis Sie und Ihre Frau wieder zueinander finden. Ihre Aufgabe ist es hierbei, ruhender Pol zu sein, ohne Ihre Frau zu sehr einzuengen (...).»

Der Hinweis, «ruhender Pol» zu sein, folgte aus: Er (Saturn) im 1. Haus der Ehefrau; der Hinweis, die Frau nicht einzuengen aus: Sie (Wassermann-Sonne) in seinem 1. Haus.

Was danach geschah: Am 27. Februar 2008 bekam ich eine E-Mail von meinem Klienten. *«Liebe Frau Riegger, ich wollte Ihnen mitteilen, dass der Liebhaber meiner Frau letzte Woche tödlich verunglückt ist. Meine Frau ist seither nicht ansprechbar. Sie zelebriert ein wortloses Drama, weder unser Sohn noch ich finden einen Zugang zu ihr. Es ist sehr schwer, damit umzugehen und «ruhender Pol» muss ich jetzt in mehrfacher Hinsicht sein. (...).»*

Wenn der Mond oder ein Signifikator die Mondknotenachse und damit das «Tor der Amnesie» passieren, gibt es selbstverständlich nicht immer derart dramatische Gründe für einen

«Szenenwechsel». Oftmals sind es auch sehr schöne Ereignisse, wie etwa eine Schwangerschaft, eine plötzliche Erbschaft oder eine erfolgreiche Bewerbung, die eine Situation vollkommen verändern. Die Sorgen des Fragestellers sind dann mitunter von einer Minute auf die andere wie weggeblasen. Übersehen oder gering schätzen sollte man eine applikative Konjunktion der Signifikatoren mit einem der Mondknoten also nie! Welches konkrete Ereignis sie aber letztlich zeitigen, ist aus dem Stundenhoroskop selten klar zu erkennen.

Signifikatoren in den Häusern 1 und 7

Vor allem bei Beziehungsfragen, aber auch bei Begegnungshoroskopen und bei Fragen, in denen es in erster Linie um die Interaktion zwischen AC- und DC-Herrschern geht (Käufer/ Verkäufer, Mieter/Vermieter, Kläger/Beklagter), befinden sich die Signifikatoren nicht selten in den Häusern 1 und 7. Hieraus lassen sich wichtige Zusatzinformationen gewinnen – hinsichtlich des Engagements der betreffenden Personen sowohl füreinander als auch im Hinblick auf das gemeinsame Anliegen. Nachfolgend einige Anregungen:

Aszendenten-Herrscher im 1. Haus

Stellt jemand eine Frage, während sich der Aszendenten-Herrscher im 1. Haus des Stundenhoroskops befindet, ist meiner Erfahrung nach etwas Vorsicht geboten. Zumindest die Überlegung, ob der Fragesteller oder die Fragestellerin tatsächlich ein ernsthaftes Anliegen hat, scheint bei dieser Stellung des Signifikators nämlich angebracht. Im 1. Haus geht es um Durchsetzung und Selbstbehauptung. Ein Hauptsignifikator im 1. Haus hat also nur Sinn, wenn es sich bei der Frage tatsächlich um Ersthaus-Themen handelt, wie zum Beispiel bei folgenden Fragen:

- Werde ich mich gegen die anderen Bewerber durchsetzen können?
- Reicht meine Vorbereitung, um beim nächsten Marathon eine persönliche Bestzeit zu laufen?
- Soll ich gegen XY eine Klage bei Gericht einreichen?

Sollte sich die Frage jedoch nicht auf Themen des ersten Hauses beziehen, ist die Wahrscheinlichkeit hoch, dass sich der Fragesteller seiner Sache sehr sicher ist, dass er sich längst entschieden hat und sich den Rat des Stundenastrologen vielleicht nur «pro forma» einholt.

Auch bei Beziehungsfragen oder in Begegnungshoroskopen mutet diese Stellung des Signifikators sonderbar an. Sie lässt nämlich in keiner Weise erkennen, dass der Fragesteller tatsächlich am Anderen interessiert ist. Mag sein, dass außerdem der Mond, als Nebensignifikator im 7. Haus steht, was zumindest eine emotionale Bezogenheit auf den Partner oder die Partnerin widerspiegelt. Dies sollte jedoch nicht darüber hinwegtäuschen, dass es dem Fragesteller, zumindest unbewusst, in erster Linie um sich selbst geht und ganz aktuell wenig Bereitschaft vorhanden ist, auf den anderen zu- oder einzugehen.

Aszendenten-Herrscher im 7. Haus

Ganz anders verhält es sich, wenn der Hauptsignifikator des Fragenden im 7. Haus steht. Hierdurch begibt er sich sozusagen in die Domäne seines Gegenübers, das heißt bei Partnerschaftsfragen ins 1. Haus des Partners und, bei anderen Themen, ins 1. Haus des befragten Astrologen. Hierdurch wird angezeigt, dass der oder die Ratsuchende tatsächlich ein Anliegen hat, das er oder sie nicht alleine lösen will oder kann. In Bezug auf die Frage wird eine starke Bindung an das Gegenüber angezeigt, und es wird je nachdem, wie AC- und DC-Herrscher gestellt sind, deutlich, wer von den beiden Protagonisten der «Stärkere» ist.

Steht der AC-Herrscher zum Beispiel in seinem Exilzeichen

und ist zudem rückläufig, benötigt der oder die Fragende die Hilfe und den Rat der befragten Person dringend. Ist er dagegen stark gestellt und ist der DC-Herrscher schwach, wird er mit der Antwort vielleicht nichts anfangen können oder der befragte Astrologe ist aus irgendeinem Grunde nicht in der Lage, die Antwort im Stundenhoroskop zu finden.

In obigem Fallbeispiel (Wird meine Frau mit ihrem Liebhaber Schluss machen?) stand Saturn, der Signifikator des Fragestellers, im 7. Haus. Hier war klar, dass der Ehemann seinen Wunsch nach Fortbestand (Saturn) der Ehe (7. Haus) ins 1. Haus der Ehefrau trug. Da Saturn rückläufig und daher schwach gestellt war, hatte der Ehemann augenscheinlich wenig Einfluss auf die Entscheidungen der Frau. Und dennoch bleibt Saturn stets Saturn! Er kann im 1. Haus der Ehefrau zumindest ein Hindernis darstellen, ihr Verhältnis zum Liebhaber unbelastet zu genießen. Auch kann er an den konservativen oder verantwortungsvollen Anteil in ihr appellieren, die Ehe nicht länger aufs Spiel zu setzen.

Eine gegenseitige Einflussnahme findet bei einem Herrscher von 1 in 7 oder bei einem Herrscher von 7 in 1 immer statt. Inwiefern sie zu einer Entscheidung führt, die dem Wunsch des Fragestellers entspricht, hängt in erster Linie davon ab, ob sein Signifikator stark gestellt ist.

Deszendenten-Herrscher im 7. Haus

Diese Stellung ähnelt der des AC-Herrschers im 1. Haus. Auch hier wird symbolisiert, dass jener Partner, der dem 7. Haus zugeordnet wird, nicht wirklich bereit ist, auf den anderen zuzugehen. Möglicherweise ist jener Partner zu sehr mit sich selbst beschäftigt, als dass er derzeit Beziehungsprobleme im allgemeinen oder die Bedürfnisse seines Partners im besonderen beachten könnte. In unserem Fallbeispiel gab es hierzu eine Sonderform:

Mond, der DC-Herrscher und Hauptsignifikator der Ehefrau, stand im 7. Haus, ihr Nebensignifikator Sonne dagegen im 1. Haus. Hier zeigt sich die Zerrissenheit, in der sich die Frau aktuell befand. Einerseits konnte oder wollte sie sich nicht mit der Tatsache auseinandersetzen, dass ihre Affäre die Ehe gefährdete. Andererseits symbolisierte die Sonne im 1. Haus ihres Ehemannes, dass sie ihm sehr wohl zugeneigt war und zu dieser Zeit vermutlich noch keinesfalls an eine Trennung dachte. Zwar stand die Sonne im Wassermann schwach gestellt im Exil, was ihre Glaubwürdigkeit und Überzeugungskraft schmälerte, aber mir als Astrologin gab diese Konstellation dennoch Auskunft darüber, dass der Ehefrau an der Ehe noch etwas liegt.

Deszendenten-Herrscher im 1. Haus

Bei dieser Konstellation ist der DC-Partner dem Fragesteller zugewandt. Handelt es sich zum Beispiel um eine Frage zu einem möglichen Kauf eines Hauses oder einer Wohnung, dann wird der Verkäufer oder die Verkäuferin vom DC-Herrscher symbolisiert. Zudem ist der Herrscher des Deszendenten der Signifikator des neuen Heims, das dem 4. vom 4. Haus, also ebenfalls dem 7. Haus zugeordnet wird. Steht dieser Signifikator im 1. Haus des Fragestellers, sollte dies als deutlicher Hinweis gewertet werden, dass es mit dem Kauf klappen wird. Zwar muss dennoch beachtet werden, ob der Signifikator gut gestellt ist und welche Aspekte er sowie der Mond im weiteren Verlauf noch bilden, eine Einigung mit dem Verkäufer ist jedoch möglich und wahrscheinlich.

Analog zum AC-Herrscher im 7. Haus muss man auch bei dieser Stellung des Signifikators untersuchen, welche Partei insgesamt stärker gestellt ist. Nur dann kann man einschätzen, ob der DC-Partner im ersten Haus des Fragestellers Einfluss auf dessen Handeln nimmt oder ob der AC-Partner die einflussreichere Rolle innehat. Tatsache ist jedoch, dass bei der betreffenden Angelegenheit nichts im Alleingang geschehen kann, sondern dass der eine stets den anderen benötigt, um die Geschichte zu einem Abschluss zu bringen.

AC-Herrscher im 7. Haus und DC-Herrscher im 1. Haus

Bei dieser Konstellation stehen die Hauptsignifikatoren in einer Häuserrezeption zueinander, oftmals sogar in einer Zeichenrezeption.

Nach der applikativen Konjunktion zweier Signifikatoren spiegelt eine solche Rezeption aus meiner Sicht die stärkste Verbindung zwischen Personen wider. Zur Illustration sei angenommen, es stünde bei einem Fragehoroskop mit Waage-Aszendent die Venus in Widder im 7. Haus und Mars in Waage im 1. Haus. Dass es sich hier um eine Beziehungsfrage oder eine wichtige Begegnung handeln müsste, liegt thematisch auf der Hand. Alles andere würde verwundern. Venus und Mars stünden in Zeichen- und Häuserrezeption. Die betreffenden Personen befänden sich somit in starker Resonanz zueinander. Durch die jeweilige Exilstellung ihrer Signifikatoren würden sie sich zum aktuellen Zeitpunkt jedoch in keiner allzu glücklichen Lage befinden. Vielmehr würde hier wohl der Blinde auf den Lahmen treffen, so dass ein wie auch immer angestrebtes Zusammenkommen der Parteien nicht von Erfolg gekrönt sein dürfte. Zwar gäbe es bei einer Rezeption der Signifikatoren die Option eines Rollentausches, doch diese Möglichkeit müsste an einem konkreten Fall überprüft werden. Meiner Erfahrung nach bietet sich bei Rezeptionen manchmal ein dritter Weg an, indem die Rezeptionsplaneten ausgetauscht werden. Venus käme dann auf die Gradzahl des Mars in Waage und Mars auf die Gradzahl der Venus in Widder. Hierdurch bilden sich meist andere Aspektverläufe, so dass auch die Geschichte der betreffenden Personen eine Wende nehmen könnte. Damit jedoch beide stark gestellt in ihren Domizilzeichen widergespiegelt werden können, müsste der Blinde wohl erst wieder sehen können und der Lahme zum schnellen Sprinter mutieren.

Chiron und Lilith

In Anbetracht der Tatsache, dass manche Stundenastrologen und -astrologinnen bei der Deutung sogar Uranus, Neptun und Pluto außer Acht lassen, dürfte für sie die Einbeziehung von Chiron oder Lilith mehr als indiskutabel sein. Für mich haben sich beide Horoskopfaktoren jedoch als interessante Informationsträger erwiesen, vor allem wenn sie im Stundenhoroskop dominant an einer Achse oder in Konjunktion zu einem der Signifikatoren stehen. Ich wüsste nicht, warum man auf diese Zusatzinformationen verzichten sollte, zumal die beiden Faktoren auf Anliegen mit besonderer emotionaler Dringlichkeit hinweisen.

Nach meinen Beobachtungen symbolisiert Chiron oft Themen, bei denen alte seelische Verletzungen oder körperliche Beschwerden eine Rolle spielen. Auch Fragestellungen, die mit tiefer Scham besetzt sind, werden nicht selten mit Chiron am Aszendenten oder mit einer Konjunktion Chirons zu den Signifikatoren der Fragesteller beschrieben.

Lilith symbolisiert im Stundenhoroskop ebenfalls selten Angenehmes. Dominant gestellt oder im Haus, das der Frage zugeordnet wird, weist Lilith meist auf einen seelischen Ausnahmezustand hin. Unliebsame Gefühle wie rasende Eifersucht, Neid, Gier oder Rachsucht könnten eine Rolle spielen, aber auch heftige Ängste, hintergangen oder verlassen zu werden. Bei Beziehungsfragen ist nicht selten ein Dreiecksverhältnis Thema, und bei allen anderen Themenbereichen sollte in Betracht gezogen werden, dass die von Lilith symbolisierte Person unsachlich, unüberlegt oder zumindest wenig kooperativ handeln könnte. Mit Lilith im Verbund entwickelt sich eine Angelegenheit meist drastischer und dramatischer, als aus den übrigen Konstellationen zu erwarten ist.

Wenn es um den Aspektverlauf des Mondes und damit um den weiteren Verlauf einer Angelegenheit geht, beziehe ich «letzte Aspekte» zu Chiron und Lilith jedoch nicht mit ein. Dies hat sich in meiner Praxis als nicht brauchbar erwiesen. Der Mond bleibt «void of course» (im Leerlauf), auch wenn er am

Ende eines Zeichens noch Hauptaspekte zu Chiron oder Lilith bildet. Nachfolgend ein Fallbeispiel zur Verdeutlichung.

«Muss ich an dieser Qualifizierungsmaßnahme teilnehmen?»

Eine Klientin, von Beruf selbständige Klavierlehrerin, musste im Herbst 2004 Sozialhilfe beantragen, da sich viele ihrer Schüler zum Schuljahr 2004/05 abgemeldet hatten. Der allgemeine Trend, dass sich Eltern die Hobbys ihrer Kinder nicht mehr so einfach leisten können, hatte auch ihre Existenzgrundlage in eine Schieflage gebracht. Die Klientin bemühte sich zwar, neue Schüler zu gewinnen, doch bisher ohne Erfolg. Einige waren ihr aber geblieben, so dass sie zu ihrem Einkommen lediglich «aufstockende» Sozialhilfe benötigte. Sie sah dies als vorübergehenden Engpass an, doch das Sozialamt drängte sie schon bald, sich eine feste Arbeitsstelle zu suchen.

Am 7. Februar 2005 wurde die Klientin von einer Sachbearbeiterin aufgefordert, ab dem 10. Februar an einer sechswöchigen Qualifizierungsmaßnahme teilzunehmen, bei der sie acht Stunden täglich lernen sollte, wie man sich ordnungsgemäß um eine Arbeitsstelle bewirbt. Auch der Umgang mit dem Computer sollte ihr nahe gebracht werden. Die Klientin war entrüstet, da ihr während dieser Maßnahme keine Zeit mehr blieb, ihre verbliebenen Schüler zu unterrichten und sie zudem Dinge lernen sollte, die sie nicht interessierten und die sie als Klavierlehrerin nicht benötigte. Sollte sie es jedoch ablehnen, an der Maßnahme teilzunehmen, wurde ihr gedroht, dass die Sozialhilfe mit sofortiger Wirkung gestrichen würde.

Kaum zurück von ihrem Termin auf dem Amt rief sie mich an und stellte mir die Frage: «Muss ich an dieser Qualifizierungsmaßnahme teilnehmen?»

1. Schritt: Liegt eine Deutungseinschränkung vor?
Der Aszendent steht auf 11°12' in Zwillinge, es ist also weder zu früh noch zu spät. Der Mond ist allerdings im Leerlauf. Sein

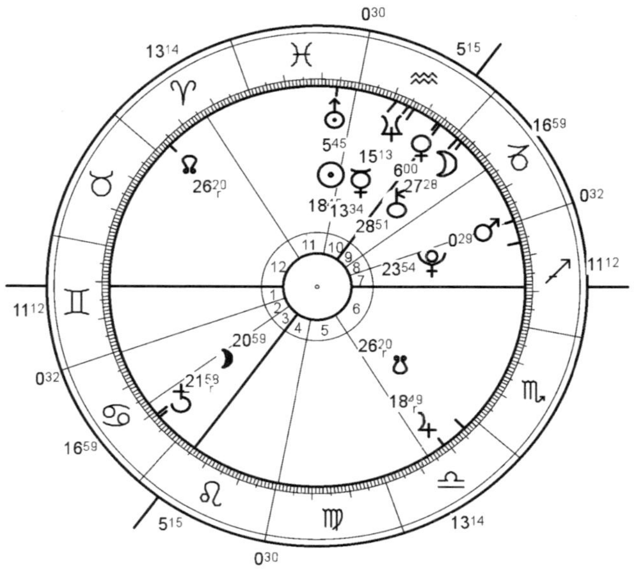

Abb. 10: Frage gestellt am: 7.2.2005,
11.27 Uhr MEZ, Berlin-Charlottenburg

letzter Hauptaspekt im Zeichen Steinbock war die Opposition zu Saturn. Die applikative Konjunktion zu Chiron wird nicht als «letzter Aspekt» gewertet.

In diesem Fall ist die Antwort also schnell gefunden. Bei einem Mond im Leerlauf gilt: Weder, was du erhoffst, noch was du befürchtest, wird eintreten! Die Klientin befürchtete, an der Qualifizierungsmaßnahme teilnehmen zu müssen, deshalb konnte ich sie beruhigen und ihr mitteilen, dass es hierzu nicht kommen würde.

Obwohl sich die weiteren Deutungsschritte erübrigten, da die Frage schon im Vorfeld mit Nein zu beantworten war, seien sie hier dennoch aufgeführt, da sie die aktuelle Lage und die kommenden Ereignisse gut beschreiben.

2. Schritt: Ist die Frage thematisch im Stundenhoroskop enthalten?

Die Frage ist im Stundenhoroskop wie folgt enthalten: Der Aszendent steht im Zeichen Zwillinge, es handelt sich um eine Frage nach Aus- und Weiterbildung. Der Signifikator der Fragenden, Merkur, steht im 10. Haus, das dem Sozialamt (= Behörde, Obrigkeit, Vertreter des Gesetzes) zugeordnet wird.

Mond als Nebensignifikator der Fragestellerin steht im 9. Haus, dem Haus der Erwachsenenbildung, und Saturn, Herrscher des Sozialamtes, steht im 3. Haus, was hier für die kurzfristigen Maßnahmen zur Verbesserung von Kenntnissen und Fertigkeiten steht. Die Hausherrscher von 3 (Mond) und 9 (Saturn) stehen in Rezeption zueinander.

3. Schritt: Was wird anhand des Signifikators und anhand des Mondes über die aktuelle Situation der Fragestellerin ersichtlich?

Aszendent Zwillinge, Hauptsignifikator Merkur in Wassermann im 10. Haus:

Die Frau übt eine unterrichtende (Zwillinge, Merkur), selbständige Tätigkeit (10. Haus) aus. Merkur steht in Konjunktion zu Neptun, wodurch ein Bezug zur Musik hergestellt wird. Auf eine künstlerische, selbständige Tätigkeit verweist zudem die Wassermann-Venus, als Herrscher des 6. Hauses, in Konjunktion zum MC. Durch die dominante Stellung der Venus an einer Achse wird ihr freischaffendes Künstlerinnendasein besonders hervorgehoben, so dass ihre Entrüstung hinsichtlich des von Amts wegen auferlegten Bewerbungs- und Computerkurses durchaus nachvollziehbar wird.

Die applikativen Aspekte Merkurs im Zeichen Wassermann sind:

Merkur Konjunktion Neptun - am 08.2.
Merkur Trigon Jupiter - am 10.2.
Merkur Sextil Pluto - am 13.2.
Merkur Konjunktion Sonne - am 14.2. – **Letzter Aspekt**

Nebensignifikator Mond in Steinbock im 9. Haus:
Der Mond steht «void of course» in Steinbock im Exil und somit sehr schwach. Die aktuelle Situation der Fragestellerin, vor allem in emotionaler Hinsicht, wird als schwierig und bedrückend beschrieben. Der Mond ist Herrscher des 2. Hauses (Finanzen) sowie des 3. Hauses (Nachrichten, Kommunikation, Wissensvermittlung). In diesen Bereichen hat sie besonders mit Blockaden und Schwierigkeiten zu kämpfen.

Im 9. Haus verweist der Mond auf das Thema «Fort- und Weiterbildung», das Gegenstand der Frage ist. Die Konjunktion zu Chiron deutet darauf hin, dass die Fragestellerin im Kontext dieses Ereignisses mit einer alten Wunde konfrontiert sein dürfte. Steinbock-Themen, wie sich nicht gut oder kompetent genug zu fühlen, gesellschaftlich nicht anerkannt zu sein oder berufliche Herausforderungen nicht mit Bravour zu meistern, sind durch Chiron schmerzhaft besetzt. Von der Sachbearbeiterin fühlte sie sich zudem schulmeisterlich und von oben herab behandelt, und für ihre Geldnot schämte sie sich sehr (Chiron).

Die separative Opposition des Mondes zu Saturn hat einen Orbis von 5°29'. Die Frage ist demnach Folge eines Ereignisses, das vor 5,5 Zeiteinheiten (Tage, Wochen, Monate) stattfand. Ende August, gute fünf Monate vorher, hatte die Fragestellerin die Sozialhilfe beantragt.

4. Schritt: Was wird über die «gefragte» Angelegenheit ausgesagt?

Im Grunde genommen hat die Klientin «nur» gefragt, ob sie an der Qualifizierungsmaßnahme teilnehmen müsse. Durch den Mond im Leerlauf wurde offensichtlich, dass dies nicht der Fall sein würde. Das eigentliche Problem war hiermit allerdings noch nicht vom Tisch, denn die Sachbearbeiterin des Sozialamtes drohte ihr mit Streichung der Sozialhilfe, sollte sie nicht teilnehmen.

Die Frage war somit eingebettet in eine Problemstellung, die im Grunde genommen drei Häusern zugeordnet werden konnte:

- dem 8. Haus, da es um Transferleistungen geht, die der Fragestellerin verwehrt werden könnten;
- dem 9. Haus, dem Fort- und Weiterbildungen zugeordnet werden- (An dieser Stelle drängt sich jedoch die berechtigte Überlegung auf, ob ein Kurs *Wie bewerbe ich mich richtig?* oder *Wie verfasse ich am Computer einen Brief*? tatsächlich dem 9. Haus zuzuordnen sind. Hochgeistiges scheint bei dieser Maßnahme jedenfalls weder gefordert noch geboten zu sein. Die Häuser- und Zeichenrezeption auf der Achse 3/9 könnte darauf hinweisen, dass in diesem Fall eine Vertauschung der Zuständigkeiten vorliegt und die Orientierungsmaßnahme eher dem 3. Haus zuzuordnen ist).
- dem 10. Haus, da die Frage mit einer Behörde zu tun hat.

Interessanterweise werden alle drei Häuser von Saturn regiert, was den Zusammenhang der einzelnen Themenbereiche auch aus astrologischer Sicht unterstreicht. Saturn steht in seinem Exil-Zeichen Krebs denkbar schlecht und ist zudem auch noch rückläufig. Weder hinsichtlich der Zahlung von Sozialhilfe (8. Haus) noch hinsichtlich der Qualifizierungsmaßnahme (9. Haus) noch im Hinblick auf den Kontakt mit dem Sozialamt insgesamt (10. Haus) sieht es gut aus. Merkur und Mond, die Signifikatoren der Klientin, werden im weiteren Verlauf keinen Aspekt zu Saturn bilden. Der letzte Aspekt des Mondes war eine Opposition zu Saturn und dies schon vor Stellung der Frage! Unbewusst hatte die Frau sich also schon längst gegen die Orientierungsmaßnahme entschieden.

Was weiter geschah: Am 8. Februar rief die Klientin die Sachbearbeiterin an und teilte ihr mit, dass sie nicht an der Orientierungsmaßnahme teilnehmen würde. Die Sachbearbeiterin reagierte äußerst gereizt und versuchte, die Klientin einzuschüchtern. Dabei ließ sie sich zu dem Satz hinreißen: «Dann werden wir ihnen den Hahn abdrehen und zwar sofort!» Diese äußerst despektierliche Drohung, der Klientin die Sozialhilfe sofort zu streichen, hatte zur Folge, dass diese eine Dienstaufsichtsbeschwerde gegen die Sachbearbeiterin einleitete. Da die Klientin ihren Freund, der das Telefonat mitgehört hatte, als Zeugen benennen konnte, wurde der Beschwerde stattgegeben. Die Behörde entschuldigte sich offiziell für die Entgleisung der Sachbearbeiterin, die sich im Übrigen an Lilith in Konjunktion zu Saturn in drei (Sachbearbeiterin der Behörde) festmachen lässt. Wenn Lilith mit im Spiel ist, muss stets damit gerechnet werden, dass etwas «nicht mit rechten Dingen zugeht» oder dass die von Lilith symbolisierte Person (da in Konjunktion zu deren Signifikator) die Contenance verliert.

Die Fragestellerin bekam noch bis zum nächsten Schuljahr «aufstockende Sozialhilfe». Danach hatte sie wieder genügend Schülerinnen und Schüler, um ihren Lebensunterhalt selbst zu verdienen.

Im August 2007 übernahm sie die Leitung einer Musikschule für Kinder.

Die Entwicklungen im Hinblick auf die Merkur-Aspekte:
Die Konjunktion des Hauptsignifikators Merkur mit Neptun beschreibt eine Phase der Desorientierung und Unsicherheit. Eine Art kurzfristiger Neptun-Transit sozusagen, während dem sich ein Fragesteller zurückzieht, abtaucht oder sich ganz einfach eine schöpferische Pause gönnt. Im speziellen Fall dürfte hiermit die Absage an der Orientierungsmaßnahme beschrieben sein. Durch «Abwesenheit glänzen» ist durchaus auch eine Analogie für Neptun.

Unter Merkur Trigon Jupiter entsteht Vertrauen in die Zukunft, Hoffnung keimt, neue Möglichkeiten tun sich auf. Es werden Kontakte geknüpft und Gespräche geführt. In diesem Fallbeispiel symbolisiert der Aspekt das Suchen und Finden neuer Musikschüler.

Das Sextil zwischen Merkur und Pluto beschreibt im Aspektverlauf Situationen, in denen sich der Ton zwischen Gesprächspartnern oder Kontrahenten verschärft. Die Zeit ist reif, «Tacheles zu reden» und die Dinge beim Namen zu nennen. Gespräche vertiefen sich oder man beginnt, sich auf einen wesentlichen Punkt zu konzentrieren. Im Verlauf der Geschichte der Klientin fing sie an diesem Punkt an, sich gegen die respektlose Behandlung seitens des Sozialamtes zu wehren. (Anmerkung: Wäre es kein Sextil gewesen, sondern ein Quadrat, hätte sich die Dienstaufsichtsbeschwerde auch zu einer handfesten Klage mit anschließendem Gerichtsprozess ausweiten können).

Beim letzten Aspekt des Merkurs trifft er auf die Sonne. Die Sonne verleiht Merkur Stärke und Souveränität. Zwar verliert er – durch die «verbrennende» Konjunktion – seine alte Rolle und übernimmt eine neue, diese geht jedoch meist mit einem Zuwachs an Führungseigenschaften einher. Dieser Zeitpunkt kann im speziellen Fall mit der Übernahme der Leitung einer Musikschule in Zusammenhang gebracht werden.

Fallbeispiele zu Lebensfragen

Liebe, Beziehungen und Affären

Am häufigsten werden – zumindest in meiner Beratungspraxis – Fragen zum Thema Liebe und Partnerschaft gestellt.

Bevor man diese Fragen deuten kann, muss zuallererst geklärt werden, in welchem Beziehungsverhältnis der Fragesteller oder die Fragestellerin steht. Ist er oder sie verheiratet und betrifft die Frage seine Ehe oder den Ehepartner, so sind das 7. Haus, beziehungsweise der/die Herrscher von 7 relevant. Das gleiche gilt für feste Partnerschaften auch ohne Trauschein.

Handelt es sich um eine eher lockere Verbindung oder auch um eine, die erst vor kurzem begonnen hat, muss das 5. Haus in Betracht gezogen werden. Auch Affären und rein sexuelle Verbindungen werden dem 5. Haus zugeordnet.

Freunde, mit denen keine sexuelle Beziehung besteht, findet man im 11. Haus. Menschen, die man nicht oder noch nicht kennt oder die man aus anderen Gründen keinem Haus zuordnen kann, werden wiederum vom 7. Haus und dessen Herrscher symbolisiert. Das 7. Haus ist sozusagen das Tor, durch das erst einmal alle schreiten, mit denen der Fragesteller eine geistige oder eine reale Verbindung aufnimmt. Erst danach wird sortiert.

Die richtige Zuordnung ist manchmal schwierig, vor allem dann, wenn auch die Beziehungsverhältnisse schwierig sind. Ist ein Mann zum Beispiel noch verheiratet, lebt aber schon länger mit einer neuen Partnerin zusammen und verliebt sich dann in eine Kollegin, mit der er eine heimliche Affäre beginnt, wird es kompliziert. Die Geliebte kann sicher eindeutig dem 5. Haus zugeordnet werden, und im 7. Haus dürfte in einem solchen Fall erfahrungsgemäß mindestens ein Planet stehen. Nicht selten wird dann die Ehefrau vom Herrscher des Deszendenten oder vom natürlichen Herrscher Mond symbolisiert und die Partnerin, mit der er zusammenlebt, vom Planeten in 7. Letztlich kommt es in einem solchen Fall aber immer auf die konkrete Fragestellung an, denn sie gibt den Ausschlag, wo die Antwort zu finden sein wird.

Verwirrung herrscht mitunter auch in der Zuordnung von Exmännern und Exfrauen, von denen man schon längst geschieden ist. Sollte aus einer geschiedenen Ehe oder einer getrennten Partnerschaft eine Freundschaft geworden sein, was ja nicht gänzlich ausgeschlossen ist, ist der Expartner als Freund im 11. Haus zu suchen. Bei mehr oder weniger zerstrittenen Partnern, die aber noch über gemeinsame Kinder verbunden sind, habe ich die besten Erfahrungen damit gemacht, dass ich den Signifikator durch Drehen des Horoskops bestimmt habe. Der Vater des eigenen Kindes ist dann im 10. Haus vom 5., nämlich im 2. Haus des Stundenhoroskops zu finden. Die Mutter des eigenen Kindes entsprechend im 4. Haus vom 5., dem 8. Haus. Dass in diesen Beziehungsverhältnissen die Achse 2/8 besonders zum Tragen kommt, wundert nicht, in Anbetracht der Tatsache, dass sich Schwierigkeiten mit Kindsvätern und -müttern am häufigsten um die Finanzen drehen.

Nachfolgend nun einige Fallbeispiele zum Thema «Liebe und Beziehung», die ich nach bewährtem Schema deute.

«Werde ich bis Mai 2008 einen neuen Partner kennenlernen?»

Ausgangspunkt der Frage:
Die Klientin kommt schon viele Jahre in meine Praxis, immer am Ende eines Jahres, um einen Ausblick auf das kommende Jahr zu erhalten.

Sie ist Journalistin von Beruf und seit einigen Jahren Single.

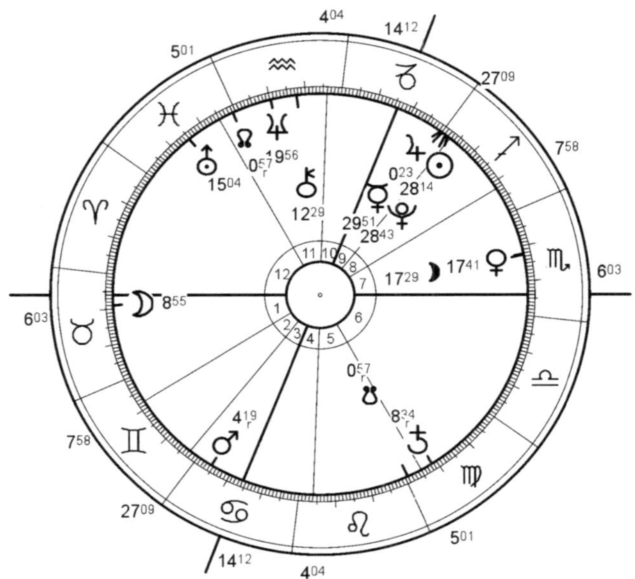

Abb. 11: Frage gestellt am: 20.12.2007, 13.14 Uhr MEZ, Berlin-Charlottenburg

Schon seit längerem wünscht sie sich wieder eine verbindliche Partnerschaft, allerdings ist sie beruflich viel unterwegs und hat deshalb kaum Gelegenheit, einen Mann näher kennen zu lernen.

Nun erzählte sie, dass die Zeitung, für die sie arbeite, sie im Juni 2008 nach New York versetzen will. Obwohl New York sicher sehr reizvoll sei, würde sie lieber in Deutschland bleiben, sich verlieben und eine Familie gründen. Sie sei jetzt 36 Jahre alt und ihre biologische Uhr ticke. Wenn sie bis Mai 2008 aber keinen potentiellen Ehemann und Vater kennen gelernt hätte, würde sie nach New York gehen. Dann stellte sie die Frage «*Werde ich bis Mai 2008 einen neuen Partner kennenlernen?*»

Deutung

1. AC befindet sich auf 6°03' Stier. **Keine Deutungseinschränkung.**
2. **Frage im Horoskop enthalten?**
   Ja! Bei der Frage geht es um das 7. Haus (= feste Partnerschaft), und der AC-Herrscher (Venus) steht in 7.
3. **Was «erzählen» der Signifikator der Fragenden = Venus und ihr Mitherrscher Mond über die aktuelle Situation?**
   Venus: Auf 17°41' Skorpion im 7. Haus.
   Die Venus ist im Skorpion im Exil und somit äußerst schwach gestellt. Der Wunsch nach einer festen Beziehung kommt durch die Stellung im 7. Haus zwar zum Ausdruck, aber aktuell sind die Voraussetzungen hierfür denkbar schlecht. Die Skorpion-Venus symbolisiert hier bestenfalls eine sexuelle Affäre, und die Lilith in Konjunktion zur Venus könnte auf eine mögliche Dreiecksbeziehung hindeuten.

   Mond: Auf 8°55' Stier im 1. Haus.
   Mond als Nebensignifikator beschreibt, wie es der Fragestellerin emotional geht und was sie sich gefühlsmäßig oder auf einer Instinktebene wünscht. Im Stier ist der Mond erhöht und damit stark gestellt. Ihre Wünsche nach Familie, nach Ankommen, nach Zugehörigkeit sind vorherrschende Bedürfnisse (1. Haus). Sie möchte sich emotional binden und Ehefrau bzw. Mutter werden.
4. **Deutung des erfragten Hauses.**
   Feste Partnerschaft/Ehe = 7. Haus.
   Spitze des 7. Hauses in Skorpion, Herrscher Mars. Nebensignifikator Lilith im 7. Haus.
   Die Fragende steht mit ihrem Signifikator Venus im 7. Haus = Partnerschaft/Ehe. Dies zeigt zwar ihre Bereitschaft sich zu binden, allerdings ist Venus schwach gestellt und verspricht damit wenig Aussicht auf Erfolg, zumindest was den gefragten Zeitraum bis Mai 2008 betrifft.
   Mars, der (alte) Herrscher von 7, symbolisiert einen poten-

ziellen Beziehungspartner. Er steht rückläufig in Krebs und legt die Vermutung nahe, dass sie bis Mai niemanden Neues kennen lernen wird. Es sieht eher danach aus, dass ein Mann, den sie schon kennt (rückläufiger Mars), wieder in ihr Leben treten wird. Es dürfte ein gefühlvoller oder familiär sehr engagierter Mann sein, den sie vielleicht irgendwann auf ihren Reisen oder via Internet (3. Haus) kennengelernt hat. Lilith in 7 lässt vermuten, dass sie bis Mai zwar eine Beziehung/Affäre eingehen wird, dass dieser Mann aber gebunden sein könnte und sie lediglich seine Geliebte wird.

5. **Weiterer Verlauf der Angelegenheit.**
   Venus-Verlauf im Zeichen Skorpion nach Fragestellung
   - Venus Opposition Mond am 21.12. = Diskrepanz zwischen Geliebter und Ehefrau
   - Venus Quadrat Neptun am 22.12. = Auflösung ihrer Beziehungswünsche

   Mond-Verlauf im Zeichen Stier
   - Mond Quadrat Chiron (+3,5°) = Emotionaler Schmerz, Scham
   - Mond Sextil Uranus (+6°) = Sich emotional befreien, etwas verändern
   - Mond Opposition Venus/Lilith (+8,5°) = Gefühle und Beziehungswunsch nicht im Einklang
   - Mond Quadrat Neptun (+10°) Negativer **letzter Aspekt**, Auflösung = **Nein!**

Fazit: Die Antwort ist Nein! Sie wird bis Mai 2008 keinen neuen Partner kennenlernen und demnach auch keine feste Partnerschaft eingehen.

Was weiter geschah: Die Frau fuhr über Weihnachten in ihre Heimatstadt zu ihren Eltern. Dort traf sie ihre Jugendliebe wieder, die sie seit vielen Jahren nicht mehr gesehen hatte. Der Mann (rückläufiger Krebs-Mars) war inzwischen verheiratet und hatte Kinder. Mit ihm hatte sie bis Silvester eine kurze Liaison, danach tat sich bis Mai nichts mehr. Im Juni übersiedelte sie nach New York.

Resümee: Im Fragehoroskop deutet nichts darauf hin, dass der Wunsch der Fragestellerin in Erfüllung geht. Für eine feste Beziehung stehen die Zeichen, zumindest bis Mai 2008, schlecht. Außerdem zeigt das Stundenhoroskop, mit Herrscher von 6 in 9 und dem Stellium um Sonne, Pluto, Merkur und Jupiter an, dass die Fragestellerin beruflich ins Ausland gehen wird. Unter Umständen drückt der natürliche Herrscher für Ehemann = Sonne im 9. Haus aus, dass sie erst im Ausland einen Mann kennenlernen wird, der ein Lebenspartner und Vater ihrer Kinder werden könnte.

«Wird mich mein Freund heiraten?»

Ausgangspunkt der Frage
Die Fragestellerin hat seit ungefähr einem Jahr eine sexuelle Beziehung zu einem Mann, der ihr immer wieder zu verstehen gibt, dass eine feste Bindung für ihn nicht in Frage kommt. Sie liebt ihn aber über alles und hofft, dass die Zeit eine Wende bringt und er eines Tages «soweit sei», sich tiefer auf sie einzulassen. Sie wünscht sich nichts sehnlicher, als dass er irgendwann erkennt, dass sie «seine Frau» sei. Die Frage stellte sie mir per E-Mail.

Deutung
1. AC befindet sich auf 3°10‘ Löwe. **Keine Deutungseinschränkung.**
2. **Frage im Horoskop enthalten?** Ja! Bei der Frage geht es um das 7. Haus (= Ehe) und der AC-Herrscher (Sonne) steht im 7. Haus.
3. **Was «erzählen» der Signifikator der Fragenden = Sonne und der Nebensignifikator Mond über ihre aktuelle Situation?**
   Sonne: Auf 16°52‘ Wassermann im 7. Haus.
   Die Sonne ist im Wassermann im Exil, also sehr schwach gestellt. Die Fragestellerin glaubt sich bereit für eine Ehe, doch möglicherweise nur deshalb, weil sie weiß, dass sich

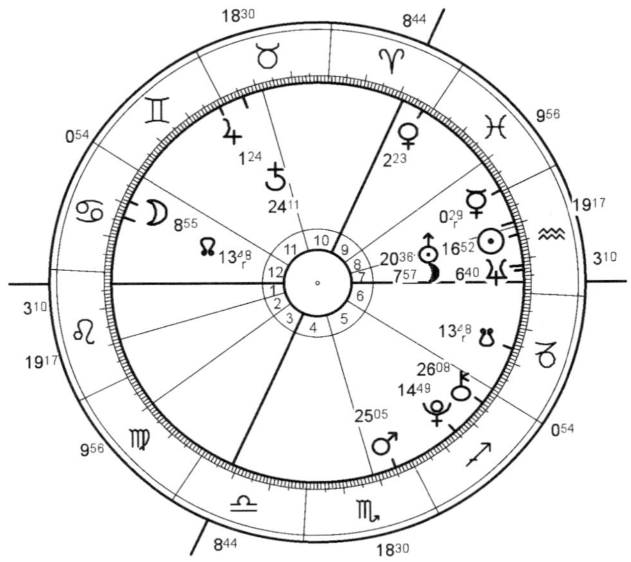

Abb. 12: Frage gestellt am: 5.2.2001, 15.36 Uhr MEZ, Berlin-Charlottenburg

ihr Freund nicht binden will? In Bezug auf das Thema Heirat (7. Haus) hat sie jedenfalls eine denkbar schlechte Position. Zudem steht ihr Signifikator in applikativer Konjunktion zu Uranus. Auch dies ist ein klarer Hinweis, dass es nicht zu einer Heirat, sondern eher zu einer Trennung kommen wird.

Sie fragt unter Löwe-AC, was anzeigt, dass sie gerne «die Einzige» oder «Auserwählte» wäre. Mit ihrem Signifikator im Exil kann davon jedoch keine Rede sein.

Mond: Auf 8°55‘ Krebs im 12. Haus.

Im Krebs ist der Mond sehr stark gestellt. Ihre Gefühle für ihren Freund sind entsprechend tief, sie wünscht sich eine familiäre Verbindung und wäre gerne seine Ehefrau (Mond = natürlicher Herrscher für Ehefrau) und Mutter seiner Kinder.

Im 12. Haus befindet sie sich mit ihrem Wunsch jedoch fernab der Realität und eher im «Reich der Illusionen» als auf dem Weg zum Traualtar. Sie träumt, macht sich Hoffnungen und ist mit ihren Gefühlen allein gelassen. Es fehlt ihr an Gespür für das, was sich in der Außenwelt tut.

4. **Deutung des erfragten Hauses.**
Ehe = 7. Haus.
Spitze des 7. Hauses in Wassermann, Herrscher Saturn Nebensignifikatoren Neptun und Lilith im 7. Haus.

Die Fragende steht mit ihrem Signifikator Sonne im 7. Haus = Ehe. Damit dies nicht als sicheres Zeichen gewertet werden kann, dass sie tatsächlich Ehefrau ihres Freundes wird, steht Neptun vorgeschaltet ebenfalls im Ehehaus. Neptun als klassischer «Verneiner» und «Auflöser» ist an dieser Stelle ein klares Indiz dafür, dass in diesem Fall keine Ehe geschlossen wird. Lilith in Konjunktion zu Neptun zeigt deutlich, dass trügerische Hoffnungen die Oberhand haben oder dass sogar ein falsches Spiel gespielt wird.
Saturn, Herrscher von 7, steht zwar im Stier und vertritt hier durchaus traditionelle Werte wie Ehe und Familie, aber im 11. Haus zeigt er keinen potenziellen Ehemann an, der bereit wäre, sich langfristig zu binden. Vielleicht ist eine temporäre, kurzfristige Bindung möglich, aber nicht im Sinne einer Verantwortlichkeit für eine Familie.

Zweites wichtiges Haus bei der Frage.
Liebhaber = 5. Haus.
Spitze des 5. Hauses in Skorpion, Herrscher Mars, Schütze eingeschlossen, Mitherrscher Jupiter in 11, Nebensignifikator Pluto in 5.
Der Freund und Liebhaber ist stark gestellt im eigenen Zeichen Skorpion. Im 5. Haus geht es ihm um Leidenschaft, Sex, Spaß, Vergnügen. Er hat soeben eine Opposition zu Saturn hinter sich gebracht und sich vermutlich innerlich schon von der Fragestellerin getrennt. Auch steht er zum Thema Ehe

(Saturn = Herrscher von 7) äußerst konträr und ist meilenweit davon entfernt, Verantwortung zu übernehmen.
Jupiter als Mitherrscher des Freundes steht im 11. Haus in Zwillinge. An einer Freundschaft scheint ihm durchaus gelegen, an Sex auch, aber an mehr nicht.

5. **Weiterer Verlauf der Angelegenheit.**
   Sonnen-Verlauf im Zeichen Wassermann nach Fragestellung
   - Sonne Konjunktion Uranus (+4°) = Erschütterung, Umbruch
   - Sonne Quadrat Saturn (+8°) = Trennung (Herrscher von 1 Quadrat Herrscher von 7 = keine Ehe)

   Mond-Verlauf im Zeichen Krebs
   - Mond Konjunktion Mondknoten (+5°) = Alles wird anders
   - Mond Sextil Saturn (+16°) = Emotionale Stabilität
   - Mond Trigon Mars (+17°) = Kontakt mit Freund, Letzter Aspekt.

Fazit: Die Antwort ist Nein! Der Freund wird sie nicht heiraten.

Was weiter geschah: Wenige Tage nach Fragestellung sah die Klientin ihren Freund mit einer anderen Frau in einem Café sitzen. Er hatte den Arm um sie gelegt. Als ihn die Klientin einen Tag später zur Rede stellte, gab er zu, dass er sich neu verliebt und schon eine Weile auch mit dieser Frau ein Verhältnis habe.

Die Klientin trennte sich von ihm. Einige Zeit später trafen sie sich wieder und verbrachten noch einige Nächte zusammen. Danach war der Frau klar, dass er wohl doch nicht der Mann fürs Leben ist.

Resümee: Bei einem derart «schlechten Zustand» des Ehehauses sowie den denkbar ungünstigen weiteren Aspekten des Signifikators Sonne muss deutlich werden, dass es hier zu keiner Ehe kommen wird. Da helfen auch die letzten beiden guten Mondaspekte nicht. Das belegt, dass ein guter letzter Aspekt des Mondes nicht immer auf ein Ja hindeutet.

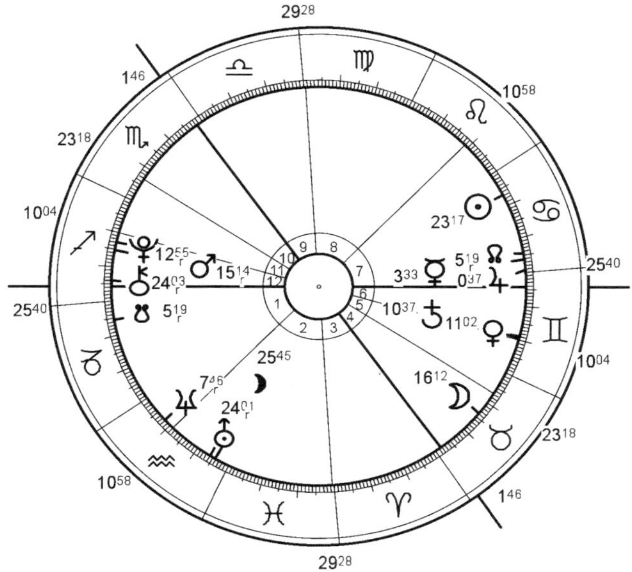

Abb. 13: Frage gestellt am: 15.7.2001,
19.31 Uhr MESZ, Berlin-Charlottenburg

«Wird sie sich für mich entscheiden?»

Ausgangspunkt der Frage

Ein Mann hatte sich in eine Frau verliebt und eine Beziehung mit ihr begonnen. Die Frau war verheiratet, lebte aber in Trennung von ihrem Ehemann und zog dann nach wenigen Wochen beim Fragesteller ein. Allerdings machte sie keinen Hehl daraus, dass sie auch ihren Ehemann noch liebte, sich aber weder ganz für den einen noch für den anderen Mann entscheiden konnte. Der Fragesteller litt sehr unter diesem unklaren Zustand und stellte die Frage: Wird sie sich letztlich für mich entscheiden?

Deutung

1. AC befindet sich auf 25°40' Schütze. Keine Deutungseinschränkung, trotz Neptun im 1. Haus.

2. **Frage im Horoskop enthalten?** Ja! Bei der Frage geht es um das 7. Haus (= Partnerschaft) und der AC-Herrscher (Jupiter) steht im 7. Haus.

3. **Was «erzählen» die Signifikatoren des Fragenden = Jupiter und Saturn, sein Mitherrscher Mond sowie Neptun in 1 über seine aktuelle Situation?**

   Jupiter: *Auf 0°36‘ Krebs im 7. Haus.*
   Der Hauptsignifikator Jupiter ist im Krebs erhöht und steht somit recht stark. Allerdings steht er mit 0°36’ sehr am Anfang des Zeichens und ist außerdem im Krebs «eingeschlossen». Sein Handlungsspielraum wird hierdurch begrenzt.
   Der Fragesteller empfindet tiefe Gefühle für seine Partnerin und wünscht sich eine Partnerschaft in familiärem Rahmen. Diese Wünsche sind noch recht frisch (Jupiter auf 0°), kurz zuvor war es noch eine eher lockere Verbindung (Jupiter in Zwillinge). Merkur (Partnerin) und Jupiter (Fragesteller) standen Ende Zwillinge in Konjunktion. Sie trafen sich also in einer Entscheidungssituation.

   Saturn: *Auf 10°36‘ Zwillinge (Herrscher des in 1 eingeschlossenen Steinbock) im 6. Haus.*
   Auch der Mitsignifikator Saturn erzählt in Zwillinge von einer gespaltenen Situation des Fragestellers. Sein Alltag ist geprägt und belastet von der Angst, seine Geliebte wieder zu verlieren (Saturn/Venus im 6. Haus).

   Mond: *Auf 16°12‘ Stier im 4. Haus.*
   Im Stier ist der Mond erhöht, er ist auch im 4. Haus sehr stark gestellt. Die emotionalen Wünsche des Fragestellers sind ohne Zweifel auf ein familiäres Zusammenleben mit seiner Partnerin gerichtet. Er kann viel Wärme geben, braucht aber auch Sicherheit und Stabilität. Die unklaren Verhältnisse sind für seine Stier-Mond-Bedürfnisse alles andere als wohltuend.
   Da der Mond gleichzeitig auch Nebensignifikator der Partnerin ist (eingeschlossener Krebs in 7), übernimmt er hier eine

Doppelrolle. Er symbolisiert ähnliche emotionale Bedürfnisse nach Sicherheit und Geborgenheit beim Fragesteller und bei seiner Partnerin. Die Gewähr hierfür findet die Partnerin aber anscheinend eher in ihrer Ehe bzw. bei ihrem Ehemann (Sonne) als beim neuen Partner.

Neptun: *Auf 7°47' Wassermann im 1. Haus.*
Der Fragesteller ist ängstlich und befürchtet, dass sich seine Partnerin letztlich für ihren Ehemann entscheidet. Seine Rolle als neuer Lebensgefährte würde sich in diesem Fall auflösen, was einem Neptun im 1. Haus entspricht. Aus diesem Grund liegt hier keine Deutungseinschränkung vor.

4. **Deutung des gefragten Hauses.**
Partnerschaft = 7. Haus.
Spitze des 7. Hauses in Zwillinge, Herrscher Merkur. Eingeschlossener Krebs im 7. Haus, Herrscher Mond.

Mitherrscher = Sonne im 7. Haus.
Beim Zeichen Zwillinge geht es oft um Entscheidungssituationen bzw. um die Tatsache, dass jemand zwischen zwei Stühlen sitzt. Der Deszendent in Zwillinge symbolisiert diese Situation sehr treffend.
Die Partnerin wird von Merkur als Herrscher des DC symbolisiert, aber auch von Mond (eingeschlossener Krebs in 7) und Sonne (Mitherrscher in 7). Die Sonne ist zudem natürlicher Signifikator für einen Ehemann, so dass ihr Noch-Gatte von der Sonne in 7 dargestellt wird. Die Sonne im Domizil des Mondes (Krebs) macht auch den Ehemann abhängig von der Entscheidung der Frau. Auch er ist im Krebs «eingeschlossen», so dass hier alle drei in einer äußerst emotionalen Situation gefangen sind, in der keine Vernunftentscheidung möglich scheint.
Das «Zünglein an der Waage» dürfte letztlich aber der Mond sein. Er steht im Domizil der Venus (Stier), die Venus im Domizil des Merkurs (Zwillinge) und Merkur wiederum im Domizil des Mondes (Krebs). Als natürlicher Herrscher für

die Ehefrau, der zudem in ein Sextil zur Sonne (Ehemann) läuft, sieht alles danach aus, dass sich die Frau am Ende für ihren Ehemann entscheidet.

5. **Weiterer Verlauf der Angelegenheit.**
   Jupiter- und Merkur-Verlauf im Zeichen Krebs nach Fragestellung
   - Merkur Konjunktion aufsteigender Mondknoten = Alles wird anders
   - Jupiter Konjunktion aufsteigender Mondknoten = Alles wird anders

   Saturn-Verlauf im Zeichen Zwillinge
   - Saturn Opposition Pluto = Schicksalsschlag, Loslassen müssen

   Mond-Verlauf im Zeichen Stier
   - Mond Sextil Sonne (+7°) = Verbindung mit Ehemann
   - Mond Quadrat Uranus/Lilith (+8°) = Emotionale Erschütterung, Trennung, **Letzter Aspekt!**

Fazit: Die Antwort ist Nein! Die Frau wird sich nicht für den Fragesteller entscheiden.

Was weiter geschah: Eine Woche nach Fragestellung hatte der Sohn der Frau einen schweren Unfall und lag mehrere Wochen im Koma. In dieser Zeit kam sie ihrem Ehemann, dem Vater des Kindes, wieder näher. Die gemeinsame Sorge um den Sohn überschattete alles, der Fragesteller hatte keinen Raum mehr im Leben seiner Freundin. Nachdem es ihrem Sohn wieder besser ging, blieb sie noch ungefähr ein Jahr mit dem Ehemann zusammen, reichte dann aber die Scheidung ein und trennte sich endgültig von ihm. Mit dem Fragesteller gab es keine neuerliche Verbindung.

Resümee: Sowohl Merkur als auch Jupiter steht noch ein «Gang» durch die Mondknoten-Achse bevor. Dies kann als Hinweis gewertet werden, dass sich aufgrund eines Ereignisses das Problem der Entscheidung gar nicht mehr stellt.

Merkur in Krebs in 7 und Mond in Stier im 4. Haus als Signifikatoren der Frau erzählen, dass sie ihre Rolle als Ehefrau nicht aufgeben möchte. Krebs und Stier suchen eher den Erhalt des Bestehenden. Die Zeit der Zweigleisigkeit und Experimentierfreude (Zwillinge) scheint für die Frau vorbei zu sein. Nach 7 Grad = 7 Zeiteinheiten (= 7 Tage oder Wochen) läuft der Mond in ein Sextil zur Sonne (Ehemann), was ein deutlicher Hinweis ist, dass sie sich für ihren Ehemann entscheiden wird. Der letzte Aspekt des Mondes, bevor er das Zeichen Stier verlässt, ist ein Quadrat zur Uranus/Lilith-Konjunktion. Eine emotional erschütternde Situation dürfte nach 8 Zeiteinheiten dem Dreiecksverhältnis (Lilith) ein plötzliches Ende bereiten.

Das Schicksalhafte an der Trennung des Fragestellers kann zum einen an dem Umstand, dass Merkur und Jupiter noch durch die Knotenachse wandern, erkannt werden, zum anderen an Saturn (Mitherrscher des Fragenden) in applikativer Opposition zu Pluto.

Mars (= Sohn), rückläufig im 12. Haus in Konjunktion zu Pluto zeigt, dass das schicksalhafte Ereignis bei der Fragestellung «schon im Äther» war, aber eben noch nicht sichtbar. Wenn wir das Horoskop um 180 Grad drehen (7. Haus als neues 1. Haus), erkennen wir Mars und Pluto als Herrscher des neuen 5. Hauses (= Kind der Partnerin), nunmehr im 6. Haus der Partnerin. Die beiden Faktoren sind rückläufig: Die Partnerin und deren Ehemann bangen um das Leben ihres Kindes.

«Kommt er zu mir zurück?»

Ausgangspunkt der Frage

Die Fragestellerin ist seit sechs Jahren mit ihrem Freund zusammen. Die beiden haben eine gemeinsame Wohnung, sind beruflich sehr engagiert und können sich vorstellen, später einmal zu heiraten und Kinder zu bekommen. Derzeit wollen sie sich aber ausschließlich ihrer Karriere widmen.

Obwohl die Frau zur Verhütung eine Spirale trug, vermutete

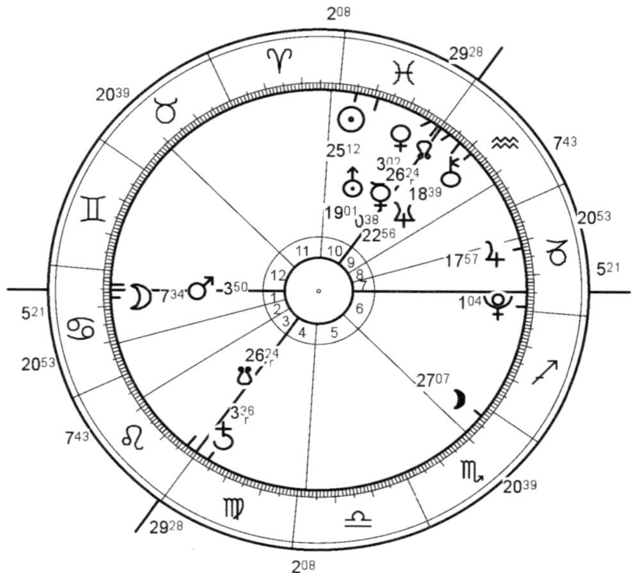

Abb. 14: Frage gestellt am: 15.3.2008, 10.40 Uhr MEZ, Berlin-Charlottenburg

sie, schwanger zu sein. Als sie dies ihrem Freund mitteilte, kam es zu einem heftigen Streit. Im Falle einer Schwangerschaft bestand ihr Freund auf Abtreibung, sie lehnte dies ab. Der Streit eskalierte, er packte seine Sachen und verließ sie mit der Aussage, dass nun Schluss sei.

Nachdem sie zwei Wochen nichts von ihm gehört hatte, sehr darunter litt und immer noch nicht sicher war, ob sie nun schwanger sei oder nicht, stellte sie mir die Frage: Kommt er zu mir zurück?

Deutung

1. AC befindet sich auf 5°21‘ Krebs. **Keine Deutungseinschränkung.**

2. **Frage im Horoskop enthalten?** Ja! Bei der Frage geht es um das 7. Haus (= feste Partnerschaft) bzw. um den Partner der Fragestellerin. Sein Signifikator Saturn ist rückläufig, was sehr passend ist zur Frage, ob der Freund zurückkommt! Der **rückläufige** Saturn im 4. Haus spiegelt die Frage sehr deutlich wider.

3. **Was «erzählen» der Signifikator der Fragenden = Mond über ihre aktuelle Situation?**
   Mond: Auf 7°34‘ Krebs im 1. Haus.
   Der Krebs-AC, der kurz zuvor in Konjunktion zu Mars stand, beschreibt zum einen die emotional aufgewühlte Situation der Fragestellerin, zum anderen symbolisiert er sehr stark das Thema Familie und Schwangerschaft.
   Der Mond im 1. Haus zeigt die Fragestellerin allein und auf sich selbst gestellt, ohne eine Verbindung zu ihrem Partner. Vor Fragestellung war der Mond über die Mars-Pluto-Opposition gewandert, was sowohl den heftigen Streit widerspiegelt als auch den Druck, den ihr Partner auf sie ausgeübt hat.
   Eine Empfängnis kann durch Mond Konjunktion Mars ebenfalls angezeigt sein.

4. **Deutung des gefragten Hauses.**
   Feste Partnerschaft/Ehe = 7. Haus.
   Spitze des 7. Hauses in Steinbock, Herrscher Saturn in 4.
   Nebensignifikator Jupiter im 7. Haus.
   Da Saturn rückläufig ist und auch der Nebensignifikator Jupiter im Zeichen Steinbock in Kürze rückläufig wird, gibt es keinen Zweifel, dass der Partner zurückkommen wird. Allerdings geht es ihm momentan nicht besonders gut.
   Der Signifikator des Partners steht im 4. Haus und somit im häuslich-familiären Bereich der Fragestellerin. Auch dies ist ein Zeichen, dass er in die gemeinsame Wohnung zurückkehren wird. Saturn ist jedoch eingeschlossen im Zeichen Jungfrau, was die aktuelle Unerreichbarkeit des Partners beschreibt. Er fühlt sich unfähig zu reagieren, ist schachmatt

gesetzt und versucht vielleicht, das Problem «auszusitzen». Sonne und Merkur (die Herrscher von 4) und Saturn (der Herrscher von 10 = 4. Haus des Partners) stehen in einer Häuser-Rezeption. Jupiter ist Nebensignifikator des Partners und auch Mitherrscher seines 4. Hauses. Dies lässt vermuten, dass er sich vorübergehend bei seiner Herkunftsfamilie aufhält. Die Oppositionen, die Saturn im weiteren Verlauf empfängt, lassen nicht darauf schließen, dass es zu einer schnellen Versöhnung kommt. Erst wenn Saturn wieder direktläufig wird und letztlich dort steht, wo er zum Fragezeitpunkt stand, kann mit neuen und positiven Entwicklungen gerechnet werden.

5. **Weiterer Verlauf der Angelegenheit.**

   Mond-Verlauf im Zeichen Krebs nach Fragestellung
   - Mond Opposition Jupiter (+10°) = Übertriebener Optimismus, Mutterglück mit Wermutstropfen.
   - Mond Trigon Uranus (+12°) = Positive Veränderungen, Befreiung.
   - Mond Trigon Sonne (+18°) = Einklang zwischen Mann und Frau, harmonische Verständigung, Zusammenkommen. **Letzter Aspekt.**

   Saturn-Verlauf im Zeichen Jungfrau
   - Saturn Opposition Venus (15.3.) = Abkühlung, Distanz, Trennung zwischen Liebenden.
   - Saturn Opposition Merkur (17.3.) = Kontaktabbruch, problematische Kommunikation.
   - Saturn direktläufig (2.5.) = Entwicklungen kommen in Gang.
   - Saturn wieder auf 3°36' (20.6.) = Es geht voran, der Partner betritt eine neue Entwicklungsstufe.

Fazit: Die Antwort lautet Ja. Der Partner wird zu ihr zurückkommen.

Was weiter geschah: Die Frau war tatsächlich schwanger und entschied sich, das Kind nicht abzutreiben. Als die 12-Wochen-

Frist im Mai vorüber war, teilte sie ihrem Freund brieflich mit, dass sie das Kind austragen werde. Bis dahin hatten die beiden keinen Kontakt. Danach meldete er sich bei ihr. Inzwischen sind sie wieder zusammen und suchen gemeinsam eine größere Wohnung.

Resümee: Bei einer solchen Fragestellung deutet ein rückläufiger Signifikator des Partners sehr eindringlich darauf hin, dass er zurückkommen wird. Zwar kann die Fragestellerin ihn im Moment nicht erreichen, aber im Grunde genommen war der Partner nie weg. Mit seinem Signifikator Saturn steht er in ihrem 4. Haus, zwar rückläufig und demnach temporär geschwächt, aber im Hinblick auf das gemeinsame Wohnen und eine mögliche Familiengründung verlässlich und stabil.

Zwar war die Schwangerschaft nicht explizit Gegenstand der Frage, aber der Krebs-Aszendent sowie der in seinem Domizil am AC stehende Krebs-Mond, ließen vermuten, dass die Frau tatsächlich schwanger war. Auch die Venus, als Herrscher von 5 (Kinder), steht erhöht in Fische am MC und drückt hiermit eine hohe Wahrscheinlichkeit aus, dass die Fragestellerin ein Kind empfangen hatte.

Die weiteren Aspekte des Mondes, aber vor allem auch sein letzter Aspekt, signalisieren klar und deutlich, dass hier mit einem guten Ausgang für die Fragestellerin zu rechnen ist.

«Wird mein Vater diese Frau heiraten?»

Ausgangspunkt der Frage

Die Fragestellerin machte sich Sorgen um ihren 69-jährigen Vater. Er hatte über das Internet eine Frau kennengelernt, mit der er seit Monaten mailte und chattete. Eines Tages eröffnete er seiner Tochter, dass er in diese Frau verliebt sei und sie heiraten möchte. Die Tochter war bestürzt, denn ihr Vater hatte die Frau noch nie zuvor gesehen. Alles gute Zureden und Warnungen vor den gängigen Machenschaften im Internet mit falschen Fotos und Biografien halfen nicht. Der Vater war überzeugt, dass

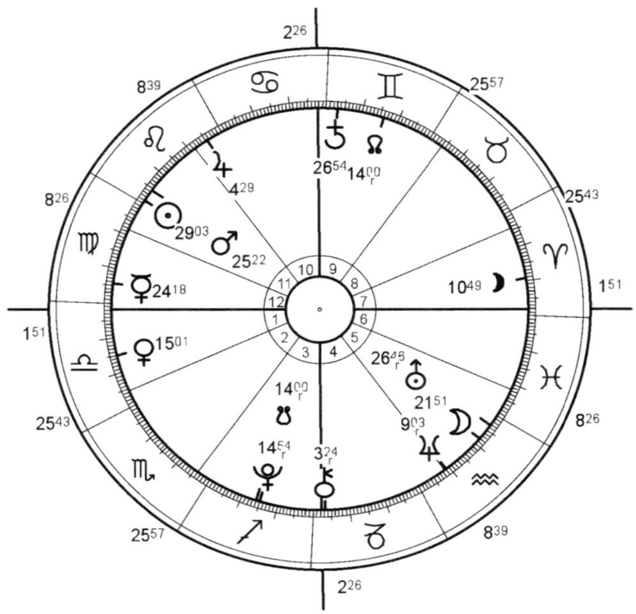

Abb. 15: Frage gestellt am: 22.8.2002, 9.16 Uhr MESZ, Berlin-Charlottenburg

dies die Frau sei, mit der er den Rest seines Lebens verbringen werde.

Die Tochter stellte mir daraufhin die Frage: Wird mein Vater diese Frau heiraten?

Deutung

1. AC befindet sich auf 1°51‘ Waage. **Deutungseinschränkung!** Der Aszendent steht in den ersten drei Graden eines Zeichens. **Es ist zu früh!** Es wird in dieser Angelegenheit noch etwas passieren, das die Fragestellung verändert.
   Man könnte an dieser Stelle abbrechen und das Stundenhoroskop nicht weiter deuten. Da die Themen der Frage aber

recht deutlich im Horoskop enthalten sind, «lohnen» sich die weiteren Deutungsschritte dennoch.

2. **Frage im Horoskop enthalten?** Ja. Bei der Frage geht es um das 9. Haus (= Heirat) des Vaters. Der Vater ist dem 10. Haus zuzuordnen und nach Drehen des Horoskops ist das 9. Haus vom 10. das 6. Haus des Fragehoroskops. Die Spitze des 6. Hauses befindet sich in Fische, Jupiter, der Herrscher der Fische befindet sich im 1. Haus des Vaters.
   Auch das 7. Haus des Vaters ist bei dieser Frage relevant. Es ist das 4. Haus des Fragehoroskops, und Saturn, Herrscher von 7 des Vaters, befindet sich im 9. Haus der Tochter = Frage nach Heirat.

3. **Was «erzählt» der Signifikator der Fragenden (= Venus) über ihre aktuelle Situation?**
   Venus: Auf 15°01‘ Waage im 1. Haus.
   Der Signifikator der Tochter befindet sich in ihrem 1. Haus. Diese Stellung ist hier weniger kritisch zu beurteilen, weil die Tochter keine Frage zu sich selbst gestellt hat. Sie fragt als Tochter (= natürlicher Signifikator Venus), und die Venus ist in ihrem Domizilzeichen Waage stark gestellt. Obwohl sich die Tochter zum Zeitpunkt der Fragestellung Sorgen macht, wird sie dennoch stark und einflussreich im Stundenhoroskop dargestellt.

4. **Deutung des erfragten Hauses.**
   Vater = 10. Haus, Spitze im Krebs, Herrscher Mond in Wassermann.
   Der Vater wird vom Signifikator Mond in Wassermann symbolisiert. In Kombination mit seinem Krebs-Aszendenten im Fragehoroskop, könnte man darin eine Auflehnung sehen gegen das, was seine Familie von ihm erwartet. Wirklich bindungswillig wird der Vater allerdings nicht dargestellt!
   Als Wassermann-Mond genießt er seine Freiheit, leistet sich vielleicht so manche Narretei und freut sich, wenn er seine Familie ein wenig «aufmischen» kann. Dass der Vater im 5.

Haus der Tochter steht, könnte ein Hinweis sein, dass er sich einen Spaß mit ihr erlaubt oder sich – aus Sicht der Tochter – etwas kindisch verhält.

Partnerschaft des Vaters = 7. Haus des Vaters (= 4. Haus des Fragehoroskops).
Spitze in Steinbock, Herrscher Saturn im 12. Haus. Chiron am DC.
Saturn symbolisiert einerseits das Beziehungsthema des Vaters, anderseits die Frau, die er heiraten will. Chiron am DC signalisiert, dass diese Beziehung an etwas krankt. Da er die Frau noch nie gesehen hat, muss man nicht lange überlegen, was dies sein könnte. Auch Saturn, eingeschlossen im 12. Haus des Vaters, beschreibt die Umstände treffend. Die potenzielle Ehefrau glänzt durch Abwesenheit und ist zudem unbekannt! Saturn in Zwillinge legt den Schwerpunkt zwar auf den verbalen Austausch per E-Mail und Chat, doch dass mit dieser Saturnstellung eine zukünftige Ehepartnerin beschrieben sein soll, ist kaum vorstellbar.

Heirat des Vaters (= 9. Haus des Vaters, 6. Haus des Fragehoroskops).
Spitze 9 in Fische, Herrscher Jupiter in 1.
Jupiter steht zwar im 1. Haus des Vaters und macht somit die Frage im Stundenhoroskop nachvollziehbar, aber zwischen Mond (Vater) und Jupiter (Heirat) wird es keinen Aspekt mehr geben. Mit Löwe-Jupiter in 1 liegt eher die Vermutung nahe, dass der Vater mit seinem Heiratsbegehren ein wenig angeben will. Wirkliche Aktivitäten in Richtung Heirat sind im Fragehoroskop nirgends zu erkennen. Auch die Spitze von 9 in Fische lässt beim Thema Heirat eher an Traum, Illusion oder auch Lug und Trug denken.

5. **Weiterer Verlauf der Angelegenheit.**
   Mond-Verlauf im Zeichen Wassermann nach Fragestellung
   - Mond Opposition Mars (+4°) = Aufregung, Streit, Zerwürfnis.

- Mond Konjunktion Uranus (+ 5°) = Plötzliches und/oder aufrüttelndes Ereignis.
- Mond Trigon Saturn (+ 5°) = Zusammenkommen des Vaters mit potenzieller Partnerin.
- Mond Opposition Sonne (+ 7°) = Entfremdung zwischen Mann und Frau. **Letzter Aspekt.**

Fazit: Die Antwort ist Nein! Der Vater wird diese Frau nicht heiraten!

Was danach geschah: Der Vater traf sich mit der Frau und erschrak, denn sie war nicht die Frau, die auf den Fotos abgebildet war. Diejenige, die vor ihm stand, gefiel ihm überhaupt nicht und mit einem uranischen Paukenschlag war der 12.-Haus-«Spuk» im Nu vorbei.

Resümee: Vermutlich gab es die Deutungseinschränkung «zu früh» deshalb, weil der Vater die Frau noch nie gesehen hatte. Aus dem Fragehoroskop geht – trotz Deutungseinschränkung – aber klar hervor, dass es auch später nicht zu einer Heirat kommen wird.

«Ist das der Mann, den ich bestellt habe?»

Ausgangspunkt der Frage

Eine kuriose Frage, ohne Zweifel! Die Fragestellerin rief mich an und erzählte, dass sie sich immer mal wieder etwas beim Universum bestelle, seit sie das Buch «Bestellungen beim Universum» gelesen habe. Sie hätte damit gute Erfahrungen gemacht.

Vor einiger Zeit nun hätte sie sich einen Mann «bestellt», mit dem sie eine Familie gründen könne. Einen, der rundum gut zu ihr passe. Kurze Zeit später habe sie tatsächlich – via Internet – einen Mann kennengelernt, mit dem sie jetzt in einer Wochenendbeziehung lebe, da er leider weit weg von ihr wohne. Sie sei zwar verliebt in ihn, aber so ganz sicher, ob er der Mann sei, den sie «bestellt» habe, sei sie nicht.

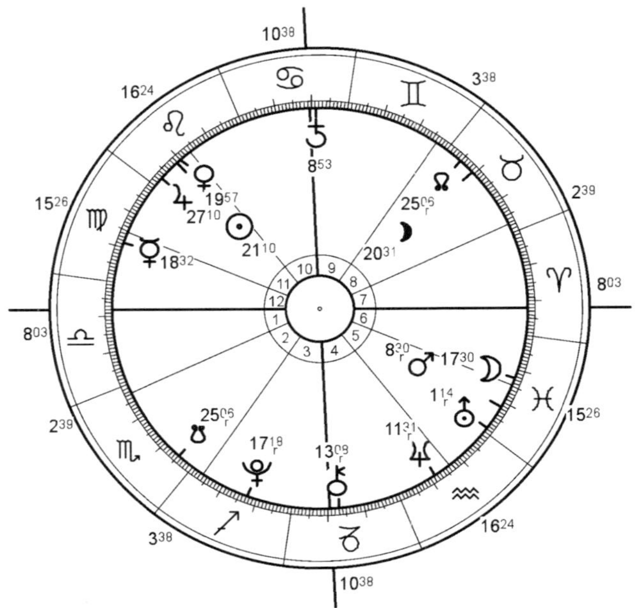

Abb. 16: Frage gestellt am: 14.8.2003,
10.24 Uhr MESZ, Berlin-Charlottenburg

Deutung

1. AC befindet sich auf 8°03‘ Waage. **Keine Deutungseinschränkung.**
2. **Frage im Horoskop enthalten?** Ja! Bei der Frage geht es um eine Beziehungsfrage (= Waage-AC) und um einen potenziellen Ehemann (= Sonne) in Konjunktion zum Signifikator der Fragestellerin.
3. **Was «erzählt» der Signifikator Mars als DC-Herrscher?**
   Ein einziger Blick auf den DC-Herrscher Mars sagt: Nein, dies ist niemals der zukünftige Ehemann!
   Fische-Mars, rückläufig in 5, will etwas anderes als heiraten und Verantwortung übernehmen.

4. Mond-Verlauf im Zeichen Fische

Mond Opposition Merkur (+1°) = Gefühlsmäßiger Irrtum!

Fazit: Die Antwort ist Nein, das ist er nicht!

Manchmal sind Fragen eben auch ganz leicht und ganz schnell zu beantworten. Die Klientin trug es mit Fassung.

Resümee: Da der Venus (Fragestellerin) noch gut ein Grad zur Konjunktion mit Sonne (natürlicher Herrscher Ehemann) fehlt, liegt die Vermutung nahe, dass sie nach etwas über einem Jahr einen Mann treffen wird, der es sein könnte. Es ist gut möglich, dass sie ihn über den Freundeskreis kennen lernt, da Sonne und Venus in 11 stehen.

«Hat mein Schwiegersohn eine Affäre?»

Ausgangspunkt der Frage

Diese Frage stellte mir eine Klientin während einer Beratung. Zwar schaute ich auf die Uhr, um den Zeitpunkt festzuhalten, lehnte eine Beantwortung der Frage aber von vornherein ab. Derart delikate Fragestellungen zu nicht anwesenden Dritten beantworte ich grundsätzlich nicht.

Dennoch, als die Klientin gegangen war, schaute ich mir das Fragehoroskop an, um zu sehen, ob und wenn ja, wie die Frage im Horoskop enthalten ist. Sie war es, überaus deutlich sogar!

Jupiter, der Signifikator der Fragestellerin, steht an der Spitze des 11. Hauses und somit am Aszendenten des Schwiegersohns. Er ist der Ehemann (7. Haus) der Tochter (5. Haus). Das 7. vom 5. Haus ist das 11. Haus und eine Affäre des Schwiegersohnes fände sich (nach Drehen des Horoskops) in dessen 5. Haus = 3. Haus des Fragehoroskops. Auch dieses Haus wird von Jupiter beherrscht, so dass durch die Doppelbesetzung Jupiters (einmal Signifikator der Fragestellerin, einmal Signifikator für eine Affäre des Schwiegersohns) die Frage klar enthalten war.

Einer ausführlichen Deutung dieses Fragehoroskops wollte jedoch auch der Himmel einen Riegel vorschieben. Der Mond

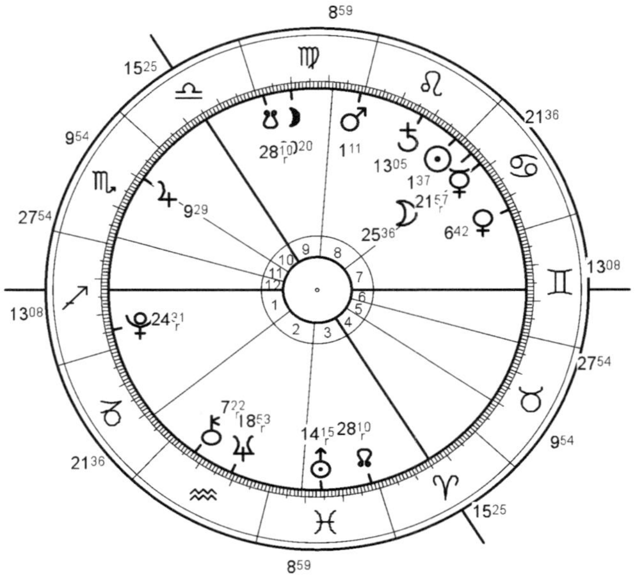

Abb. 17: Frage gestellt am: 24.7.2006,
17.55 Uhr MESZ, Berlin-Charlottenburg

steht im Leerlauf, was eine Deutungseinschränkung darstellt und signalisiert, dass bei dieser Frage zumindest Vorsicht geboten ist. Zwar kann man annehmen, dass bei Mond im Leerlauf die Befürchtung der Klientin unbegründet ist, eine Beantwortung meinerseits stand aber sowieso nicht zur Debatte. Interessant ist aber, dass durch die Stellung Plutos im 1. Haus sowie der starken Besetzung des 8. Hauses zusätzlich angezeigt wird, dass die Fragestellung ein Tabu berührt und es weder der Fragestellerin noch mir zusteht, sich eingehender mit der Thematik zu befassen.

Beruf und Arbeitsplatz

Fragen zu Beruf und Arbeitsplatz sind fast genauso häufig wie Fragen zum Thema Liebe. Auch hier gilt es, vor der Beantwortung zu klären, welchem «Berufshaus» die Frage zuzuordnen ist, nämlich dem 6. oder dem 10. Haus.

Ist jemand angestellt, ist das 6. Haus relevant. Ist jemand selbständig, im eigenen Betrieb/Gewerbe oder als Freiberufler tätig, muss das 10. Haus betrachtet werden. Eventuelle Angestellte sind dem 6. Haus zuzuordnen, gleichrangige Geschäftspartner dem 7. Haus.

Kollegen werden ebenfalls dem 6. Haus zugeordnet. Ein bestimmter Kollege, auf den sich die Frage bezieht, wird meist vom Herrscher des 6. Hauses symbolisiert. Weitere Planeten in 6 können andere, beispielweise in die Frage involvierte Kollegen darstellen. Steht die Sonne in 6, ist dies nicht selten ein Vorgesetzter, etwa ein Abteilungsleiter. Sollte es sowohl einen Firmenchef als auch einen direkten Vorgesetzten geben, muss anhand des Fragehoroskops entschieden werden, wer wer ist. Erfahrungsgemäß wird der Firmenchef eher vom Herrscher des 10. Hauses dargestellt und der direkte Vorgesetzte von der Sonne.

Ist das Thema Mobbing Gegenstand der Frage, findet sich nicht selten Pluto im 6. Haus. Ein Herrscher von 6 in Konjunktion zu Pluto oder in Konjunktion zu Lilith kann einen mobbenden Kollegen symbolisieren. Handelt es sich um einen Vorgesetzten, sieht man diese Pluto- oder Lilith-Verbindungen eher beim Herrscher von 10 oder bei der Sonne.

Fragen, von denen man selbst nicht direkt betroffen ist, jedoch die eigene Firma oder die Firma, bei der man arbeitet, sind dem 10. Haus zuzuordnen. Das Fragehoroskop muss in diesem Fall gedreht werden, so dass aus der Spitze 10 (MC) der Aszendent der Firma wird. Der Herrscher von 10, bzw. nach Drehung der Herrscher von 1 der Firma, symbolisiert den Chef. Mitunter ist aber auch der natürliche Herrscher Sonne Symbolträger für den Kopf der Firma oder die so genannte «Chefetage».

Stellt jemand, der arbeitslos ist, die Frage, ob er im nächsten halben Jahr wieder eine Festanstellung findet, geben das 6. Haus, der Herrscher von 6 sowie eventuelle Planeten in 6 Auskunft. Hat man jedoch einen Arbeitsplatz und möchte sich um eine neue Stelle bewerben, muss das 6. vom 6. Haus, also das 11. Haus gedeutet werden.

Alles in allem geht es beim 6. Haus eher um jene Bereiche, in denen man «seine Brötchen» verdient. Eine Berufung im klassischen Sinne findet sich im Stundenhoroskop wie auch im Radix im 10. Haus. Fragt also jemand: *Ist die Malerei wirklich meine Berufung?*, könnte es sein, dass im Fragehoroskop die Venus am MC steht und damit recht eindringlich auf ein Ja hindeutet.

«Werde ich meinen Arbeitsplatz verlieren?»

Ausgangspunkt der Frage
Der Klient arbeitet als Disponent bei einem großen Konzern. Als dieser Entlassungen im großen Stil ankündigt, beschleicht ihn die Sorge, dass auch sein Arbeitsplatz in Gefahr sein könnte. Zudem hat er Schwierigkeiten mit einem seiner Vorgesetzten, weshalb er in Erwägung zieht, sich selbst eine neue Arbeitsstelle zu suchen. Einige Bewerbungen sind jedoch ohne Resonanz geblieben.

Deutung

1. AC befindet sich auf 20°52‘ Jungfrau. **Keine Deutungseinschränkung.**

2. **Frage im Horoskop enthalten?** Ja! Bei der Frage geht es um das 6. Haus (= Arbeitsplatz) und der AC-Herrscher Merkur steht in 6.

3. **Was «erzählen» der Signifikator des Fragenden = Merkur und der Mitherrscher Mond über seine aktuelle Situation?**
   Merkur: Auf 27°46‘ Wassermann im 6. Haus.
   Merkur ist rückläufig und somit in keiner guten Position. Im Wassermann ist die aktuelle Situation zudem alles andere als

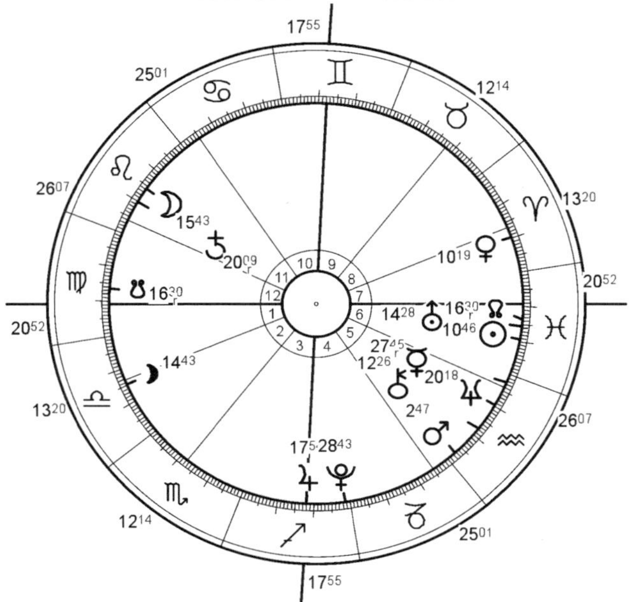

Abb. 18: Frage gestellt am: 1.3.2007,
18.38 Uhr MEZ, Berlin-Charlottenburg

stabil. Es rumort und könnte jederzeit zu Erschütterungen kommen. Ereignisse sind durchaus zu erwarten, die Merkur (und damit den Fragesteller) in eine Freiheit katapultieren, nach der es ihn unbewusst auch verlangt. Zwar zeigt der Jungfrau-AC, dass er sich ein sicheres Arbeitsverhältnis wünscht, aber sein uranisch geprägter Signifikator dürfte ihn zuweilen etwas zu provokant oder rebellisch auftreten lassen. Hierfür steht Merkur allerdings zu schwach, der Schuss könnte also durchaus auch nach hinten losgehen.

Mond: Auf 15°43‘ Löwe im 11. Haus.

Auch in emotionaler Hinsicht verlangt es den Fragesteller nach Veränderung. Mit Mond im 11. Haus ist auch der Nebensignifikator uranisch gefärbt, und im Löwen wünscht er sich zudem mehr Selbständigkeit.

Das 11. Haus ist das 6. vom 6., so dass diese Mondstellung auch Hinweise auf einen zukünftigen Arbeitsplatz geben kann. Gefühlsmäßig hat der Fragesteller sich im Grunde genommen schon auf eine neue Arbeitsstelle eingestimmt, so dass es nur eine Frage der Zeit ist, bis er diese findet.

4. **Deutung des erfragten Hauses.**
   Arbeitsplatz = 6. Haus.
   Spitze des 6. Hauses in Wassermann, Herrscher Saturn in 11. Nebensignifikatoren Sonne und Uranus im 6. Haus.
   Was die unsichere Stellung des Merkurs schon andeutet, bestätigt sich bei näherer Betrachtung des 6. Hauses. Saturn, sein Herrscher, steht in Löwe im Exil und ist zudem rückläufig. Einen deutlicheren Hinweis darauf, dass der Arbeitsplatz gefährdet ist, kann es kaum geben! Auch Uranus in 6, der erst eine Konjunktion mit der Sonne (Vorgesetzter) und später auch mit Merkur (Fragesteller) haben wird, symbolisiert, dass es hier kein Halten mehr gibt. Vermutlich wird nicht nur der Fragesteller seinen Arbeitsplatz verlieren, sondern auch sein Vorgesetzter.
   Einziger Lichtblick bei dieser Frage ist, dass Saturn als Herrscher von 6 in 11 steht und damit auf einen zukünftigen Arbeitsplatz verweist. Da der Mond in Konjunktion zu Saturn läuft, besteht Aussicht, nach einer etwas unsicheren Zeit einen neuen Arbeitsplatz zu finden.

5. **Weiterer Verlauf der Angelegenheit.**
   Merkur-Verlauf im Zeichen Wassermann nach Fragestellung
   - Merkur wieder direktläufig = Es geht voran
   - Merkur Sextil Pluto = Intensive Gespräche führen
   - Merkur Sextil Venus = Kontakte knüpfen
   - Merkur in Fische am 18.3. = Unsicheres Terrain betreten

   Mond-Verlauf im Zeichen Löwe
   - Mond Trigon Jupiter (+2°) = Erfreuliches Ereignis

- Mond Konjunktion Saturn (+5°) = Sich trennen, Ablehnung erfahren
- Mond Opposition Neptun (+5°) = Unsichere Zeit, Auflösung
- Mond Opposition Merkur (+12°) = Innere Zerrissenheit, Spaltung
- Mond Trigon Pluto (+13°) = Wandlung, positive Veränderungen. **Letzter Aspekt!**

Fazit: Die Antwort ist Ja. Der Fragesteller wird seinen bisherigen Arbeitsplatz verlieren. Eine neue Stelle ist im Fragehoroskop schon in Sicht, allerdings wird es vorher vermutlich eine Zeit der Arbeitslosigkeit geben.

Was weiter geschah: Es dauerte nicht lange, bis der Klient die Kündigung erhielt. Seine ganze Abteilung wurde aufgelöst. Bis zum Ende des Jahres 2007 war er arbeitslos, doch ab 1.1.2008 hatte er einen neuen Arbeitsvertrag in der Tasche. Durch den Tipp eines früheren Kollegen erfuhr er, dass eine Stelle in seiner ehemaligen Firma frei werden würde. Um diese bewarb er sich und wurde genommen.

Resümee: Mit einem geübten Blick ist bei diesem Fragehoroskop recht schnell zu erkennen, dass der Fragesteller seinen Arbeitsplatz verlieren wird. Seine aktuelle Situation ist mehr als schwierig konstelliert. Weder Merkur und Mond (Signifikatoren des Fragestellers), noch Saturn (Herrscher von 6) sind stark gestellt. Alle Zeichen stehen auf Veränderung, und die Tatsache, dass der Mond noch die Saturn-Neptun-Opposition passieren muss, ist ein sicheres Indiz für die Auflösung der bisherigen Arbeitssituation.

Doch so wirklich kalt erwischt es den Fragesteller nicht. Sein Unbewusstes ist längst auf diese Veränderung eingestimmt und wünscht sie sich auch. Unschön mag für ihn lediglich sein, dass er das Heft nicht selbst in die Hand nehmen kann. Die Rückläufigkeit seines Hauptsignifikators zeigt leider an, dass er auf die weiteren Entwicklungen keinen großen Einfluss hat.

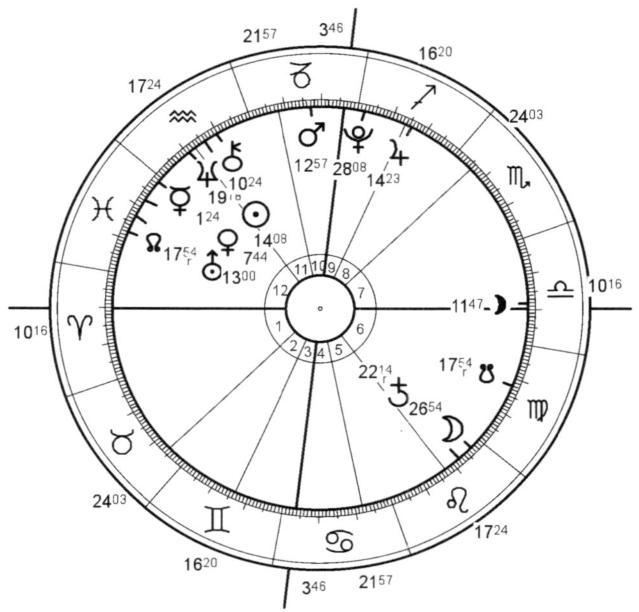

Abb. 19: Frage gestellt am: 3.2.2007, 9.31 Uhr MESZ, Berlin-Charlottenburg

«Muss die GmbH Insolvenz anmelden?»

Ausgangspunkt der Frage

Eine leitende Angestellte einer GmbH stellte diese Frage, nachdem ihre Firma in große Zahlungsschwierigkeiten geraten war. Der wichtigste Auftraggeber war mit der Bezahlung größerer Rechnungen im Rückstand. Es war völlig unklar, ob das Geld von ihm überhaupt noch kommen würde und, wenn ja, wann.

Der Geschäftsführer der Firma, ihr Chef, hatte insgesamt nur drei Wochen Zeit, den Insolvenzantrag zu stellen. Eine Woche war zum Zeitpunkt der Fragestellung schon verstrichen. Sie selbst befürchtete, dass der Insolvenzantrag unumgänglich wäre, der Geschäftsführer hoffte, dass das Geld des Auftraggebers noch rechtzeitig eingehen würde.

Deutung

1. AC befindet sich auf 10°16‘ Widder. **Keine Deutungseinschränkung.**
2. **Frage im Horoskop enthalten?** Ja! Bei der Frage geht es um die Firma, bei der die Fragestellerin tätig ist. Ihr Signifikator Mars steht im 10. Haus (= Firma, Arbeitgeber). Mond steht im 6. Haus = Arbeitsplatz.
3. **Was «erzählt» der Signifikator der Fragenden (= Mars) und der Nebensignifikator Mond über ihre aktuelle Situation?**
   Mars: Auf 12°56‘ Steinbock im 10. Haus.
   Die Stellung ihres Signifikators im 1. Haus der Firma macht Sinn, da sich die Fragestellerin um den Bestand der Firma sorgt und nicht «nur» um die ausstehenden Finanzen. Mars ist in Steinbock erhöht und somit stark gestellt. Die Misere der Firma trifft sie nicht persönlich, wenngleich sie Auswirkungen auf ihre Tätigkeit haben würde und einen Wechsel des Arbeitsplatzes nach sich ziehen könnte.

   Mond: Auf 26°54‘ Löwe im 6. Haus.
   Auf der Gefühlsebene setzt sich die Fragestellerin durchaus mit einem möglichen Ende ihres Beschäftigungsverhältnisses auseinander. Der Mond stand kurz vor Fragestellung in Konjunktion zu Saturn in 6. Mit Mars in 10 und Löwe-Mond in 6 wird ihre leitende Position beschrieben. Mit Mond ganz am Ende des Zeichens Löwe fühlt sie, dass diese Position zu Ende gehen wird.
4. **Deutung des erfragten Hauses.**
   Die Firma = 10. Haus. Das Fragehoroskop muss gedreht werden, so dass aus Spitze 10 (= Steinbock) der Aszendent der Firma wird. Saturn ist der Signifikator der Firma und des Firmeninhabers.
   Saturn steht (nach Drehung) im 9. Haus der Firma. Er ist

rückläufig, steht in Löwe im Exil und wird noch zweimal in exakte Opposition zu Neptun laufen. Saturn ist zudem Herrscher des 2. und des 3. Hauses der Firma.

Dass ein derart schwach gestellter Saturn dieser geballten Ladung von Neptun nichts entgegen zu setzen hat und deshalb aufgelöst wird, liegt auf der Hand. Dies betrifft die Firma an sich (1. Haus), ihre Finanzen (2. Haus) und ihre Kommunikationsfähigkeit (3. Haus).

Die Insolvenz und die anschließende Löschung der GmbH ist, laut Fragehoroskop, längst «beschlossene Sache», und zwar seit 5-6 Zeiteinheiten (Tage, Wochen) vor Fragestellung, nämlich als der Mond durch die Saturn-Neptun-Opposition wanderte.

5. **Weiterer Verlauf der Angelegenheit.**

   Saturn-Verlauf im Zeichen Löwe nach Fragestellung
   - Saturn Opposition Sonne in 2 = Zunehmende Geldschwierigkeiten
   - Saturn Opposition Neptun = Drohende Insolvenz
   - Saturn Trigon Jupiter = Hoffnung schöpfen auf Erhalt der Firma
   - Saturn wieder direktläufig = Handlungsfähigkeit zurückerlangen
   - Saturn Opposition Neptun = Auflösung der Firma
   - Saturn Trigon Pluto = Abschließende Tätigkeit des Insolvenzverwalters
   - Saturn verlässt das Zeichen Löwe am 2.9. = Löschung der Firma

   Mond-Verlauf im Zeichen Löwe
   - Mond Trigon Pluto (+1,5°) = Klarheit nach unguten Machenschaften. Letzter Aspekt!

Fazit: Die Antwort ist Ja! Es muss Insolvenz angemeldet werden. Die Firma ist nicht mehr zu retten.

Was weiter geschah: Nachdem ich der Fragestellerin meine Einschätzung mitgeteilt hatte, hörte ich längere Zeit nichts mehr von ihr. Ende April jedoch rief sie an und teilte mir mit, dass ihr Chef Insolvenz angemeldet habe, jedoch erst wenige Tage zuvor, da er noch wochenlang auf eigene Faust versucht hätte, den säumigen Auftraggeber ausfindig zu machen. Da es sich bei dem Auftrag wohl um ein Auslandsgeschäft handelte, musste ihr Chef im Ausland suchen, fand den Auftraggeber jedoch nicht, wohl aber andere Firmen, die von derselben Firma um ihr Geld geprellt worden waren.

Die Firma wurde im September 2007, als Saturn das Zeichen Löwe verließ, aus dem Handelsregister gelöscht. Die Fragestellerin fand relativ schnell eine neue Arbeitsstelle.

Resümee: Saturn im 9. Haus der Firma stand vor Fragestellung in Konjunktion mit Mond und damit beide in Opposition zu Neptun. Aus Sicht der Firma ist Mond Herrscher von 7 und damit Signifikator des ausländischen Geschäftspartners. Der Kontrakt zwischen Auftraggeber (Mond) und ausführender Firma (Saturn) kam also unter neptunischen Einflüssen zustande, was die Betrugsgeschichte erklärt. Von August 2006 bis Juni 2007 wirkte sich die Saturn-Neptun-Opposition in vielen Fragehoroskopen äußerst negativ aus, vor allem dann, wenn Saturn (im Exil und oft rückläufig) Signifikator des Fragestellers oder der gefragten Angelegenheit war. Lug, Trug, Irrtum, Auflösung, Zerfall bestehender Strukturen sowie Krankheiten waren in diesen Fällen an der Tagesordnung. Auch bei Fragehoroskopen mit Wassermann- oder Löwe-Mond war meist ein negativer Verlauf festzustellen. Ein positiver letzter Mondaspekt zu Pluto ging zwar nicht selten mit einer regenerativen oder transformierenden Schlussphase einher, aber Verluste mussten dennoch verschmerzt werden. Der letzte Aspekt Mond Trigon Pluto im 12. Haus der Firma hatte in diesem Fall wohl eher aufdeckenden Charakter, so dass der Firmeninhaber zumindest Klarheit darüber bekam, dass er einem Betrüger aufgesessen war. Diese Klarheit konnte offensichtlich erst eintreten, als Saturn wieder direktläufig war!

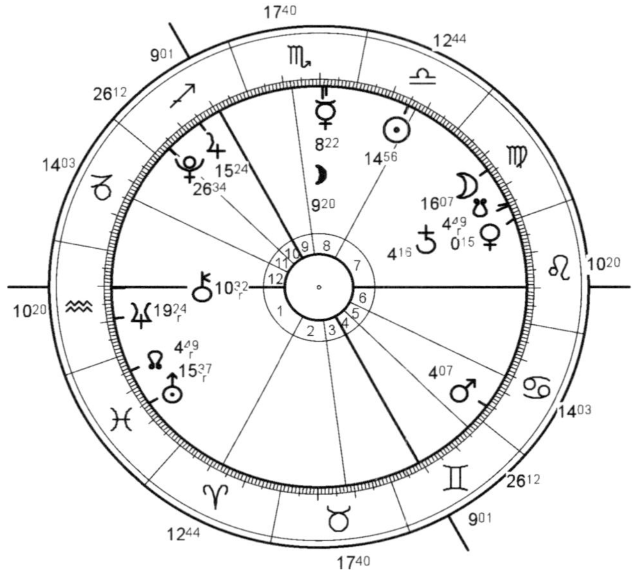

Abb. 20: Frage gestellt am: 8.10.2007,
16.29 Uhr MESZ, Berlin-Charlottenburg

«Mir wurde die Stelle einer Leitenden Oberärztin angeboten. Soll ich sie annehmen?»

Ausgangspunkt der Frage

Die Klientin arbeitet als Ärztin in einer Klinik. Als eine Oberarztstelle in einer anderen Abteilung frei wurde, bot man ihr an, sich darum zu bewerben. Sie besaß alle Voraussetzungen für diese Stelle und damit auch alle Chancen, sie zu bekommen. Dennoch war sie unsicher und stellte mir die Frage per E-Mail.

Deutung

1. AC befindet sich auf 10°20‘ Wassermann. **Deutungseinschränkung**!

   Neptun in 1, Saturn in 7, allerdings nicht relevant, da sie inhaltlich zur Frage passen.

2. **Frage im Horoskop enthalten?** Ja! Bei der Frage geht es um das 10. Haus (= Leitende Position) und Jupiter, ihr Mitsignifikator (als Herrscher des in 1 eingeschlossenen Zeichens Fische) steht im 10. Haus. Mond ist Herrscher von 6 (= Arbeitsplatz).

3. **Was «erzählen» die Signifikatoren der Fragenden und ihr Mitherrscher Mond über die aktuelle Situation?**
   Chiron am AC, Neptun und Uranus im 1. Haus:
   Der Aszendent, sein Herrscher und Planeten im 1. Haus beschreiben die Fragestellerin. Könnte man hier Chiron, dominant am AC, als durchaus passend zum Arztberuf deuten, so zeigt er im Stundenhoroskop dennoch, dass es im Zusammenhang mit der Frage einen Wermutstropfen gibt. Vielleicht fühlt sich die Fragestellerin nicht kompetent genug für die Aufgabe oder – was beim Wassermann-AC vielleicht noch wahrscheinlicher ist – sie könnte durch die Annahme der Stelle ihre bisherige Form der Freiheit und Unabhängigkeit verlieren. Dass sie im Stundenhoroskop nicht wirklich bindungswillig im Hinblick auf eine leitende Stelle dargestellt wird, zeigen auch Neptun und Uranus im 1. Haus sowie Jupiter gradgenau im Quadrat zu Uranus. Ihr Wunsch nach Unabhängigkeit (Uranus) lässt sich mit ihren Karrierewünschen (Jupiter in 10) nur schwer vereinbaren.

   Saturn: Auf 4°16‘ Jungfrau im 7. Haus.
   Ihr Hauptsignifikator Saturn steht eingeschlossen in Jungfrau im 7. Haus. Sie fühlt sich gefangen und unfrei. Irgendetwas hindert sie, sich für das Neue zu öffnen. Auch wenn Saturn eine Zunahme an Verantwortung symbolisieren kann, wirkt er bei Fragen, in denen es um einen Wechsel oder Neuanfang geht, zumeist eher bleifüßig und unbeweglich. Von Veränderungsfreude ist hier nichts zu sehen, ein von Saturn symbolisierter Fragesteller möchte in den meisten Fällen den Status quo bewahren. Mit Saturn im 7. Haus kann eine belastende Beziehungssituation eine Rolle spielen.

Saturn steht kurz vor einer Konjunktion mit dem absteigenden Mondknoten. Es wird also in Kürze etwas geschehen, was die Situation für die Fragestellerin verändert. Gute zwei Monate später wird Saturn rückläufig, auch dies ein Hinweis, dass es nicht zu einem Stellenwechsel kommen wird.

Jupiter: Auf 15°24' Schütze im 10. Haus.
Jupiter ist Mitherrscher von 1 und spiegelt – stark gestellt im eigenen Zeichen und im 10. Haus – jenen Anteil in ihr wider, der nach höheren Würden strebt. Einen Tag nach Fragestellung wird jedoch das Quadrat Jupiters zu Uranus exakt. Ein Durchkreuzen ihrer Pläne bzw. ein schneller «Abschied vom Ruhm» ist hier die wahrscheinlichste Variante.

Mond: Auf 16°07' Jungfrau im 7. Haus.
Der Mond ist nicht nur Nebensignifikator der Fragestellerin, sondern auch Herrscher des 6. Hauses und somit auch Signifikator für den jetzigen Arbeitsplatz. Eingeschlossen im Zeichen Jungfrau signalisiert er ebenfalls wenig Veränderungswillen. *Schuster, bleib bei deinen Leisten*, ist hier die Devise! Zudem stand der Mond – kurz vor Fragestellung – im Quadrat zu Jupiter und in Opposition zu Uranus. Einerseits wird hierdurch das überraschende Stellen- bzw. Veränderungsangebot (Uranus) angezeigt, andererseits eine berufliche Verlockung (Jupiter), der sie sich emotional vielleicht doch nicht ganz gewachsen fühlt (Quadrat). Im weiteren Verlauf überträgt der Mond das Licht und damit das Thema auf Pluto. Das Quadrat zwischen Mond und Pluto als letzter Aspekt zeigt ein klares Nein und letztlich auch eine innere Abkehr von der für möglich gehaltenen Oberarztposition.

4. **Deutung des gefragten Hauses.**
Neuer Arbeitsplatz = 6. vom 6. = 11. Haus, Herrscher Jupiter.
Mitherrscher Pluto, Spitze 11.
Leitende Position = 10. Haus, Herrscher Jupiter.
Die Signifikatoren der Fragestellerin, Saturn und Mond, wer-

den weder einen harmonischen Aspekt zu Jupiter noch zu Pluto bilden. Der letzte Aspekt des Mondes ist ein Quadrat zu Pluto und zeigt, dass sie das Angebot der neuen Stelle nicht wahrnehmen wird.

5. **Weiterer Verlauf der Angelegenheit.**
   Saturn-Verlauf im Zeichen Jungfrau nach Fragestellung
   - Saturn Konjunktion absteigender Mondknoten = Alles wird anders
   - Saturn rückläufig = Schwächung, Trennung, Abschied

   Mond-Verlauf im Zeichen Löwe
   - Mond Quadrat Pluto (+10°) = Loslassen. **Letzter Aspekt.**

Fazit: Die Antwort ist Nein! Sie wird die angebotene Oberarztstelle nicht antreten.

Was danach geschah: Die Klientin hatte mir die Frage per E-Mail gestellt. Noch vor unserem Telefonat, bei dem ich ihr die Antwort «Nein» mitteilen wollte, bekam ich ein weiteres Mail von ihr, in dem sie mir schrieb, dass sie sich gegen die Stelle entschieden habe. Im Moment hätte sie eine 30-Stunden-Stelle, was sie sehr genieße, da ihr hierdurch noch etwas Freizeit bliebe. Als Leitende Oberärztin wäre diese auf ein Minimum reduziert, so dass mit großer Wahrscheinlichkeit ihre Partnerschaft darunter leiden würde. Sie habe die Stelle deshalb abgesagt.

Resümee: Dass die Fragestellerin die Stelle nicht antreten würde, war mit wenigen Blicken im Fragehoroskop zu erkennen. Ich habe die Deutung dennoch so ausführlich gestaltet, damit auch Ungeübtere die Schritte zur Antwortfindung leicht nachvollziehen können.

Ein paar Worte noch zur doppelten Deutungseinschränkung: Bei Fragehoroskopen mit Neptun in Wassermann und Saturn in Löwe oder Jungfrau kommt es vor, dass sich Neptun in 1 und Saturn in 7 befindet. Dies bedeutet jedoch nicht zwangsläufig, dass das Fragehoroskop nicht deutbar wäre. Auch hat Neptun in 1 nicht immer zur Folge, dass Fragesteller etwas verheimlichen oder eigentlich etwas ganz anderes wissen wollen, genauso wenig, wie ein Saturn in 7 stets ausdrückt, dass sich der gefragte Astrologe irrt oder in jedem Fall eine negative Antwort geben muss.

In Zeiten der Saturn-Neptun-Opposition (2006/2007) ist mir aber in vielen Fragehoroskopen aufgefallen, dass bei einer Besetzung der Häuser 1/7 meist auch eine Partnerschaftsproblematik mitschwang. Selbst wenn es eigentlich um ganz andere Themen ging, stellte sich heraus, dass die Fragesteller zu allem anderen auch noch gerne etwas zu ihrer Partnerschaft gefragt hätten. Von daher war die Überlegung, ob die Fragesteller (bei Neptun in 1) nicht etwas ganz Anderes wissen möchten, durchaus berechtigt.

Auch die Fragestellerin bei obigem Beispiel hatte Probleme in ihrer Partnerschaft. Diese beschäftigte sie im Grunde mehr als das plötzliche Angebot der Oberarztstelle. Ihre Signifikatoren Saturn und Mond stehen also nicht zufällig im 7. Haus! Vielleicht hätte die Frage eher lauten sollen: Werde ich mich demnächst trennen? Und wenn ja, wäre dann die Mehrarbeit, die die Oberarztstelle mit sich bringt, nicht die geeignete Therapie, um darüber hinweg zu kommen?

Die Beziehung der Klientin fand tatsächlich kurze Zeit später ein Ende (Saturn Konjunktion absteigender Mondknoten). Allerdings gab es eine Art «Trennung auf Zeit», was nicht verwundert, denn Saturn wurde ja im Dezember wieder rückläufig!

«Werde ich die Aufnahmeprüfung zur Fachhochschule bestehen?»

Ausgangspunkt der Frage

Eine junge Frau möchte Mode-Design an einer Fachhochschule studieren. Mode-Designerin ist ihr Traumberuf, den sie sich – aus finanziellen Gründen – aber nur erfüllen kann, wenn sie an einer staatlichen Fachhochschule angenommen wird. Eine Privatschule könnte sie sich nicht leisten.

Das Aufnahmeverfahren für die FH setzt jedoch eine große

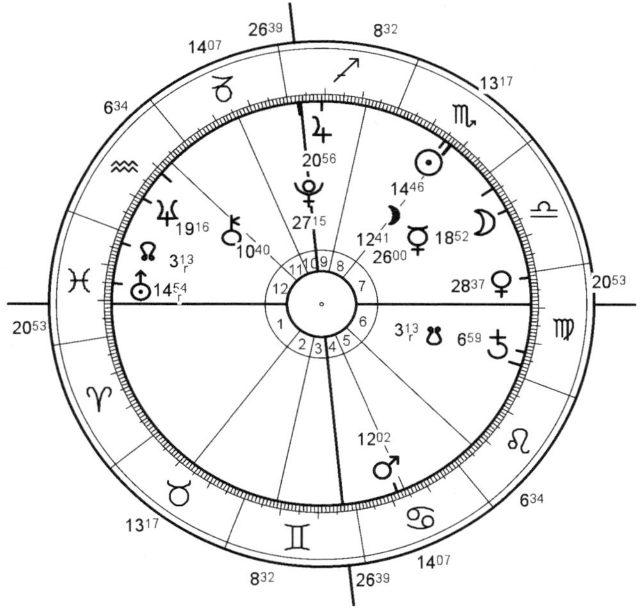

Abb. 21: Frage gestellt am: 7.11.2007, 14.47 Uhr MEZ, Berlin-Charlottenburg

künstlerische Begabung voraus, die zweitägigen Aufnahmeprüfungen sind schwer, der Prozentsatz derer, die aufgenommen werden, ist gering.

Nachdem die Klientin zur Prüfung zugelassen wurde, überkam sie eine große Angst, sie letztlich doch nicht zu bestehen. Auf Anraten ihrer Mutter stellte sie mir die stundenastrologische Frage: Werde ich die Prüfung bestehen?

Deutung

1. AC befindet sich auf 20°53' Fische. **Keine Deutungseinschränkung.**
2. **Frage im Horoskop enthalten?** Ja! Bei der Frage geht es um

das 9. Haus (= Höhere Bildung, Studium), und der AC-Herrscher Jupiter steht in 9. Der Signifikator der Fragestellerin und der des gefragten Hauses sind identisch.

3. **Was «erzählen» der Signifikator der Fragenden (= Jupiter) und der Mitherrscher Mond über ihre aktuelle Situation?**
   Jupiter: Auf 20°56' Schütze im 9. Haus.
   Der Fische-AC spiegelt die Angst und Unsicherheit der Fragestellerin wider. Das im 1. Haus eingeschlossene Zeichen Widder bzw. der Mitsignifikator Mars in Krebs in 4, dürfte den Einfluss der Mutter (4. Haus) anzeigen, die ihrer Tochter Mut macht. Jupiter, der Signifikator der Tochter, steht jedoch äußerst stark (im eigenen Zeichen und eigenen Haus), so dass die Befürchtung, bei der Prüfung zu versagen, unbegründet ist. Ein derart stark gestellter Signifikator, noch dazu in dem Haus, das der Prüfung zugeordnet wird, symbolisiert Durchsetzungskraft, Kompetenz und sicher auch das nötige Quäntchen Glück.

   Mond: Auf 18°52' Waage im 7. Haus.
   Der Mond, im von der Venus regierten Zeichen Waage, betont die künstlerische Ausrichtung der Prüfung. Er beschreibt, dass sich die Fragestellerin für die venusische Welt der Ästhetik, Kunst oder Mode interessiert. Im 7. Haus sucht sie die Begegnung mit Menschen, die ähnlich empfinden. Die Aspekte, die der Mond im weiteren Verlauf noch bilden wird, sind durchweg positiv, so dass ein gutes Gelingen sehr wahrscheinlich ist.

4. **Deutung des gefragten Hauses.**
   Studium = 9. Haus. Spitze des 9. Hauses in Schütze, Herrscher Jupiter in 9.
   Ein stark gestellter Jupiter im Haus des Studiums, der auch gleichzeitig Signifikator der Fragestellerin ist, lässt keinen Zweifel daran, dass sie dieses Studium beginnen wird. Die «Eintrittskarte», nämlich das Bestehen der Prüfung, wird im Fragehoroskop als nicht problematisch dargestellt.

5. Weiterer Verlauf der Angelegenheit.

Jupiter-Verlauf im Zeichen Schütze nach Fragestellung

- Jupiter Sextil Mond = Zuversicht, Glücksgefühl
- Jupiter Konjunktion Pluto = Glückliche Wende, Überzeugungsfähigkeit:

Mond-Verlauf im Zeichen Waage

- Mond Sextil Jupiter (+2°) = Erfreuliches Ereignis, Glücksgefühl
- Mond Konjunktion Merkur (+8°) = Verstand und Gefühl in Einklang
- Mond Sextil Pluto (+9°) = Seelische Kraft. **Letzter Aspekt.**

Fazit: Die Antwort ist Ja! Sie wird die Aufnahmeprüfung bestehen.

Was danach geschah: Die junge Frau hat die Aufnahmeprüfung mit Bravour bestanden und das Studium begonnen.

Resümee: Die Beantwortung dieses Fragehoroskops ist vom Schwierigkeitsgrad her sicher in die Kategorie «sehr einfach» einzustufen. Dennoch fällt auf, dass das Thema «Prüfung» nicht sonderlich stark betont ist. Erfahrungsgemäß spielt bei Prüfungssituationen Saturn eine herausragende Rolle, sei es als Signifikator des/der Fragenden oder als Herrscher bzw. Nebensignifikator in 3 oder 9. Auch die Verbindung von Merkur und Saturn findet sich bei Prüfungen häufig an dominanter Stelle im Stundenhoroskop.

Bei obigem Fallbeispiel fehlen diese Komponenten, wenn auch nicht gänzlich, denn bei genauerem Hinsehen kann durchaus ein Zusammenspiel von Mond, Merkur, Venus und Saturn erkannt werden und damit auch ein Prüfungsthema im künstlerischen Bereich. Merkur und Venus stehen in einer Zeichen-Rezeption, Mond steht im Domizil der Venus und Saturn im Zeichen- und Hausdomizil des Merkurs.

Nach einer schwierigen Prüfungssituation sieht dieses Zusammenspiel jedoch nicht aus. – Vielleicht lag dies daran, dass die Fragestellerin während der zweitägigen Prüfung anscheinend nur Aufgaben zu bewältigen hatte, die ihr Spaß machten und die sie sehr gut lösen konnte. Im Fragehoroskop wird sie – mit Jupiter in Schütze und im 9. Haus – jedenfalls schon als Studierende und nicht mehr als Prüfling dargestellt.

«Soll ich meinen Beamtenstatus aufgeben?»

Ausgangspunkt der Frage
Die Fragestellerin ist Lehrerin und Beamtin auf Lebenszeit. Nach der Geburt ihrer Kinder war sie vom Dienst beurlaubt, nach 15 Jahren sollte sie nun aber in den Schuldienst zurückkehren. In der Zwischenzeit hatte sie jedoch begonnen, in ihrem Haus Yoga für Kinder anzubieten. Dies machte ihr sehr viel Freude und eröffnete nach und nach auch Verdienstmöglichkeiten. Doch ob sie als selbständige Yogalehrerin genügend zum Familieneinkommen beitragen konnte, war fraglich. Sie steckte in einem Dilemma: entweder zurück in den Schuldienst oder kündigen und damit den Beamtenstatus auf Lebenszeit für immer aufgeben.

Deutung
1. AC befindet sich auf 22°29‘ Löwe. **Keine Deutungseinschränkung.**
2. **Frage im Horoskop enthalten?** Ja! Bei der Frage geht es einerseits um berufliche Selbständigkeit (= Löwe-AC, Signifikator Sonne) und andererseits um das Aufgeben eines saturnischen Status, der im Zusammenhang mit dem Arbeitsplatz steht. Spitze 6. Haus = Steinbock, Signifikator Saturn in 12, Neptun in 6.
3. **Was «erzählen» der Signifikator der Fragenden (= Sonne) und der Nebensignifikator Mond über ihre aktuelle Situation?**
   Sonne: Auf 5°31‘ Krebs im 11. Haus.
   Die Fragestellerin hat sich unbewusst längst entschieden, ein

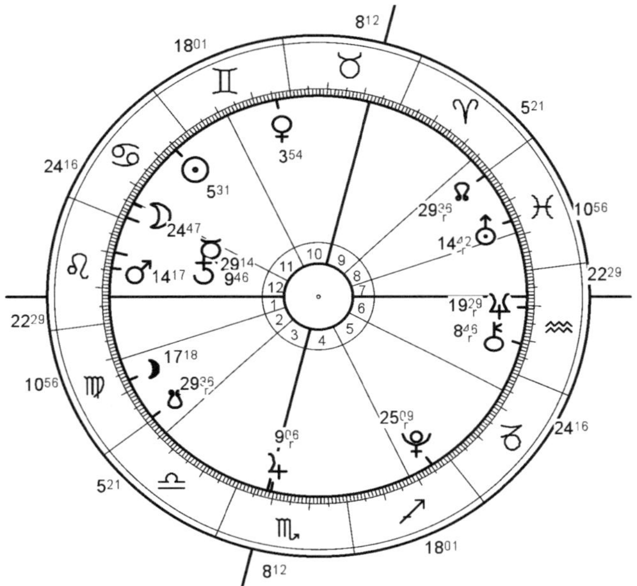

Abb. 22: Frage gestellt am: 27.6.2006, 09.09 Uhr MESZ, Berlin-Charlottenburg

selbständiges Leben zu führen, bei dem es um das Entwickeln und Zeigen ihrer individuellen Fähigkeiten und Potentiale geht (= Löwe-AC). Ihr Signifikator Sonne steht im 11. Haus, das heißt, dass sie dies im Rahmen frei gewählter Gruppen und mit Gleichgesinnten verwirklichen möchte, ohne Vorgesetzte, ohne hierarchische Strukturen oder staatliche Reglementierungen. Mit Sonne in 11 ist sie selbst Leiterin/Chefin einer Gruppe; mit Sonne in Krebs möchte sie auch ihre emotionalen, fürsorglichen Anteile dort einbringen, und zwar als inspirierende Kraft, die andere richtungsweisend anleitet und dies vor allem im Bereich der Gefühle, der Frauen, der Kinder, der Familie und der geistigen Wahlverwandten (Haus 11).

Mond: Auf 24°47‘ Krebs im 12. Haus.
Der in seinem Domizilzeichen stark gestellte Mond in 12 kann sich «hinter den Kulissen» am besten entfalten. Auf emotionaler Ebene braucht sie Rückzug und Ruhe, Kontemplation und Spiritualität. Aber auch die Gesundheit, bzw. das emotionale Gleichgewicht ihrer Mitmenschen liegt ihr mit Mond in 12 am Herzen, denn das 12. Haus ist das 6. Haus vom 7. Haus aus gerechnet.

4. **Deutung der erfragten Angelegenheit.**
Beamtenstatus: Saturn (= Herrscher von 6), Chiron und Neptun im 6. Haus.
Nichts deutet in diesem Fragehoroskop darauf hin, dass die Frau an ihren alten Arbeitsplatz im Schuldienst zurückkehrt. Doch nur so könnte sie ihren Beamtenstatus (Saturn) erhalten. Das Aufgeben dieses Status entspricht der Konstellation Saturn/Neptun, und diese Entsprechung findet sich gleich mehrmals im Stundenhoroskop wieder: Saturn steht in 12 und wird in eine Opposition zu Neptun laufen, Neptun steht im vom Saturn beherrschten Haus 6 (= Arbeitsplatz). Zudem steht Saturn in Löwe im Exil, was einen sehr schwach gestellten Beamtenstatus anzeigt.
Umgekehrt steht Venus, als Herrscherin des 10. Hauses (Selbständigkeit), dominant im 10. Haus. Das MC in Stier «erzählt» von einer Berufung, die mit einer körperlich-sinnlichen Arbeit einhergeht, mit auf die Natur bezogenen Elementen. Auch der Wunsch nach existenzieller Sicherheit ist hier zu finden. Die Stellung der Venus zeigt weiter, auf welche Weise diese Sicherheit erlangt werden soll. In Zwillinge soll sie eine große Flexibilität ermöglichen und sich eventuell auf zwei Bereiche erstrecken. Sie möchte bei ihrer beruflichen Tätigkeit auch Wissen weitergeben, schreiben, kommunizieren, kurze Reisen unternehmen und ihren Aktionsradius flexibel verändern können.

5. **Weiterer Verlauf der Angelegenheit.**
Sonnen-Verlauf im Zeichen Krebs nach Fragestellung

- Sonne Trigon Jupiter = Positive Entwicklung
- Sonne Trigon Uranus = Freiheit und Unabhängigkeit

Mond-Verlauf im Zeichen Krebs

- Mond Konjunktion Merkur (+2°) = Vernunft und Gefühl in Einklang. **Letzter Aspekt!**

Fazit: Die Antwort ist Ja! Sie wird ihren Beamtenstatus aufgeben.

Was danach geschah: Die Antwort des Stundenhoroskops war für die Klientin sehr hilfreich. Sie entsprach zwar genau dem, was sie für sich als stimmig empfand, dennoch gab es letzte Zweifel in ihr, sich damit möglicherweise ihrer Existenzgrundlage zu berauben. Nachdem sie der Schulbehörde mitgeteilt hatte, dass sie nicht mehr zurückkehre und ihren Beamtenstatus aufgebe, erlebte sie eine stetig steigende Anmeldezahl für ihre Yoga-Schule. Inzwischen hat sie damit ein sicheres Einkommen und große Freude an ihrer Arbeit, über die sie vor kurzem auch ein Buch geschrieben hat.

Resümee: Auch die Beantwortung dieser Frage war nicht allzu schwierig. Das Stundenhoroskop spricht eine eindeutige Sprache, auch dort, wo man bei einer schematischen Schritt-für-Schritt-Deutung vielleicht gar nicht sucht. Allein die Tatsache, dass der Mond gleich nach Eintritt ins Zeichen Krebs in Konjunktion zur Sonne lief und damit der Frage eine Neumondstellung vorausging, zeigt, dass längst vorher etwas zu Ende gegangen war bzw. etwas Neues begonnen hatte.

Ein Neumond – nach Fragestellung und als letzter Aspekt – hätte dagegen angezeigt, dass es noch nicht soweit ist, etwas Neues zu beginnen. In diesen Fällen muss man oft erst etwas Altes zu Ende bringen, unter Umständen auch noch einmal zu etwas zurückkehren, bis man es wirklich abschließen kann.

Auch Uranus im 8. Haus «erzählt», dass es hier um Befreiung von alten Abhängigkeiten geht, und Jupiter in 4 «verspricht» Glücks- und Erfolgspotenzial in den eigenen vier Wänden.

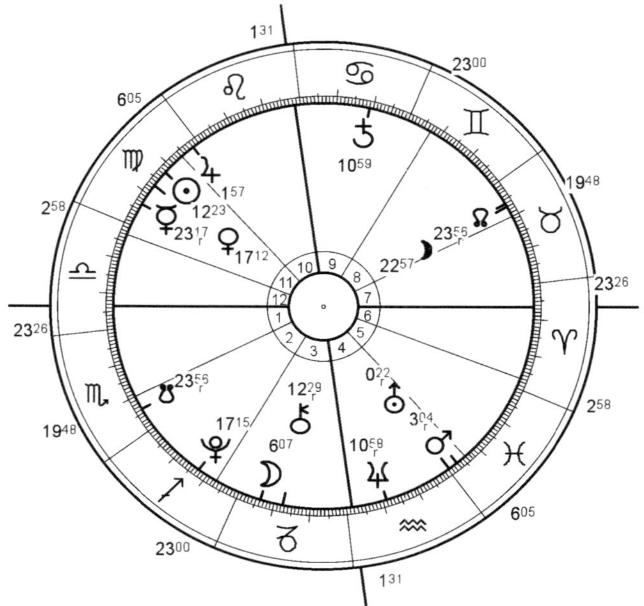

Abb. 23: Frage gestellt am: 5.9.2003, 10.26 Uhr MESZ, Berlin-Charlottenburg

«Wird das Buch veröffentlicht?»

Ausgangspunkt der Frage

Eine Klientin hat ein Buch über eine bisher wenig bekannte Maltechnik geschrieben. Sie verschickte das Manuskript an diverse Verlage, bekam aber leider nur Absagen. Während einer Beratungssituation erzählte sie mir von ihrer Enttäuschung und stellte dabei die Frage: Wird das Buch dennoch veröffentlicht?

Deutung

1. AC befindet sich auf 23°26‘ Waage. Keine Deutungseinschränkung.

2. **Frage im Horoskop enthalten?** Ja! Der Waage-AC und ihr Si-

gnifikator Venus in Jungfrau verweisen auf das Thema «Maltechnik». Jupiter ist Herrscher von 3 (= Buch) im 10. Haus (=Veröffentlichung). Mond in 3 (= Buch).

3. **Was «erzählen» der Signifikator der Fragenden (= Venus) und der Nebensignifikator Mond über ihre aktuelle Situation?**
   Venus: Auf 17°12‘ Jungfrau im 11. Haus.
   Die Position der Fragestellerin ist mit ihrem Signifikator Venus – in Jungfrau im Fall stehend – schwach. Sie weiß im Moment nicht weiter, ist ratlos und enttäuscht, dass sich kein Verlag für ihr Buch interessiert. Zudem steht die Venus fast minutengenau im Quadrat zu Pluto. Die Frau ist in einer ernsten Krise, es plagen sie zudem heftige Geldprobleme. Pluto steht in 2 und der Herrscher von 2 (Mars) ist rückläufig in Fische.

   Mond: Auf 6°07‘ Steinbock im 3. Haus.
   Der Mond steht im Steinbock sehr schwach im Exil und ist zudem im 3. Haus eingeschlossen. Es geht ihr emotional nicht gut. Der Mond ist Mitherrscher des Buches, so dass ihre Bedrückung wohl auch daher rührt, dass ihre Versuche, einen Verlag zu finden, nur Absagen nach sich ziehen.
   Die weiteren Aspekte des Mondes zeigen, dass sie noch eine schwierige Zeit vor sich hat, denn als nächstes wird der Mond durch die Saturn-Chiron-Opposition wandern. Erst danach könnten die guten Aspekte zu Venus und Merkur eine positive Wende bringen.

4. **Deutung des erfragten Hauses.**
   Veröffentlichung eines Buches = 10. Haus. Spitze des 10. Hauses in Löwe, Herrscher Sonne in 11.
   Jupiter, Signifikator des Buches, im 10. Haus.
   Dass Jupiter (= Buch) im 10. Haus steht, zeigt, dass eine Veröffentlichung nicht ausgeschlossen ist. Ein finanzieller Erfolg wird es aber sicher nicht, denn Jupiter steht erstens schwach gestellt im Exil und zweitens wandert der rückläufige Mars (Herrscher von 2) in eine Opposition zu Jupiter.

Der Herrscher von 10 (Sonne) steht im 11. Haus und beschreibt damit, dass sich eine Veröffentlichung des Buches nur an eine bestimmte, durchaus überschaubare Zielgruppe richtet und kaum an eine breite Öffentlichkeit.

Auf die Sonne bewegt sich der rückläufige Merkur zu, der als Herrscher von 9 (= Verleger) in Konjunktion zur Sonne geht und später stationär (und dann direktläufig) wird. Zuvor dürfte die Konjunktion Merkurs mit Venus einen Kontakt der Fragestellerin mit einem Verleger zustande bringen, der aber kaum Hoffnung verspricht, da Merkur noch rückläufig ist. Der letzte Aspekt der Sonne ist ein Quadrat zu Pluto, was hinsichtlich einer Veröffentlichung des Buches ebenfalls nichts Gutes verspricht.

Zweites wichtiges Haus

Verleger, Verlag (= 9. Haus). Spitze des 9. Hauses in Zwillinge, Herrscher Merkur. Krebs eingeschlossen (Mitherrscher Mond in 3); Saturn in 9.

Im Stundenhoroskop ist das Thema «Verlag/Verleger» nicht sonderlich gut gestellt. Merkur steht zwar in Jungfrau stark, weil im eigenen Zeichen, aber rückläufig und damit wenig hilfreich.

Saturn in 9 mag die Absagen von Verlagen symbolisieren, zudem bilden Jupiter (= Buch) und Merkur (= Verleger) im weiteren Verlauf keinen Aspekt miteinander. Sie kommen nicht zusammen, genauso wenig wie Mond (= Mitsignifikator des Buches) und Saturn (= Mitsignifikator eines Verlegers). Sie laufen zwar in Opposition zueinander, doch auch dies gibt keinen Anlass zur Hoffnung.

5. Weiterer Verlauf der Angelegenheit.

Venus-Verlauf im Zeichen Waage nach Fragestellung

- Venus Quadrat Pluto = Krise, Loslassen
- Venus Trigon Mond = Positive Haltung zum Buch einnehmen
- Venus Konjunktion Merkur = Gründung Eigenverlag

Mond-Verlauf im Zeichen Steinbock

- Mond Opposition Saturn (+4°) = Frustration, Absage
- Mond Trigon Sonne (+6°) = Neue Möglichkeit der Veröffentlichung
- Mond Konjunktion Chiron (+6°) = Schmerzliche Erfahrung
- Mond Trigon Venus (+11°) = Entscheidung für das Buch
- Mond Trigon Merkur (+17°) = Das Buch hat einen Verlag. **Letzter Aspekt!**

Fazit: Die Antwort ist «Ja, aber»! Das Buch wird veröffentlicht, aber ein Verleger findet sich nicht.

Was danach geschah: Nachdem die Fragestellerin – trotz vieler Versuche – letztlich keinen Verlag fand, entschloss sie sich, zusammen mit Familienangehörigen einen Eigenverlag zu gründen. Das Buch ließen sie in Polen drucken, um die Kosten gering zu halten, allerdings deckte der Verkauf des Buches gerade mal die Herstellungskosten. Wann genau die Eigenverlagsgründung und Veröffentlichung des Buches war, ist mir leider nicht bekannt. Die Klientin schrieb mir lediglich eine E-Mail, dass das Buch – mit Hilfe und Finanzierung durch ihre Familie – schließlich im Selbstverlag erschienen sei.

Resümee: Egal um welches Buch es sich handelt, sowohl ein Roman als auch ein Sachbuch brauchen, um veröffentlicht zu werden, normalerweise einen Verlag. Da Verlage bzw. ein Verleger dem 9. Haus zugeordnet werden, hätte ein einziger Blick ins 9. Haus genügt, um zu sehen, dass es mit einem rückläufigen Merkur als Herrscher von 9 und einem mehr als schwach gestellten Saturn (Exil, eingeschlossen) im 9. Haus für eine Veröffentlichung nicht gut aussieht. Allerdings sind die letzten beiden Mondaspekte durchaus positiv zu werten, so dass letztlich ein Ja als Antwort nicht ganz ausgeschlossen schien.

Die Wende im Geschehen könnte die Rezeption von Mond und Saturn anzeigen. Eine Rezeption zwischen Signifikatoren deutet oft auf einen «dritten Weg» hin, der sich dann eröffnet, wenn man die Rezeptionsplaneten austauscht. Saturn wird an die Stelle des Mondes, der Mond an die Stelle von Saturn gesetzt. Beide Planeten stehen danach stark in ihren Domizilzeichen. Aus dem ablehnenden «Saturn»-Verleger wird ein fürsorglicher Krebs-Mond, im speziellen Fall wohl eher ein Familien-Verlag. Zwar wird das Buch am Ende dennoch kein Verkaufsschlager, aber immerhin veröffentlicht. Und auf nichts weiter antwortete das Fragehoroskop mit Ja!

«Findet mein Mann in diesem Jahr noch Arbeit?»

Ausgangspunkt der Frage
Der Ehemann der Fragestellerin ist seit zwei Jahren arbeitslos. Von Beruf ist er Physiotherapeut, kann diese Tätigkeit aber wegen eines Rückenleidens nicht mehr ausüben. Er bewarb sich für alle möglichen Tätigkeiten, die er im Sitzen ausüben könnte, doch bisher ohne Erfolg. Seine Ehefrau leidet sehr mit ihm und wünscht sich nichts sehnlicher, als dass er endlich eine Arbeit findet, bei der er sich wieder gebraucht fühlt.

Deutung

1. AC befindet sich auf 25°45‘ Skorpion. **Keine Deutungseinschränkung.**
2. **Frage im Horoskop enthalten?** Ja! Bei der Frage geht es um den Ehemann der Fragestellerin, und ihr Signifikator Mars steht im 7. Haus (= 1. Haus des Mannes). Mars ist zudem Herrscher von 12 (= Arbeitsplatz des Ehemannes), und Mond steht in dessen 6. Haus.
3. **Was «erzählen» der Signifikator des Ehemannes (= Venus), sein Nebensignifikator Mars und der Mond über die aktuelle Situation?**
   Das Horoskop muss um 180 Grad gedreht werden, damit man die Erfahrungsebene des Ehemannes deuten kann.
   Venus: Auf 23°23‘ Löwe im 3. Haus.
   Die Löwe-Venus zeigt durch ihre Rückläufigkeit an, dass sich

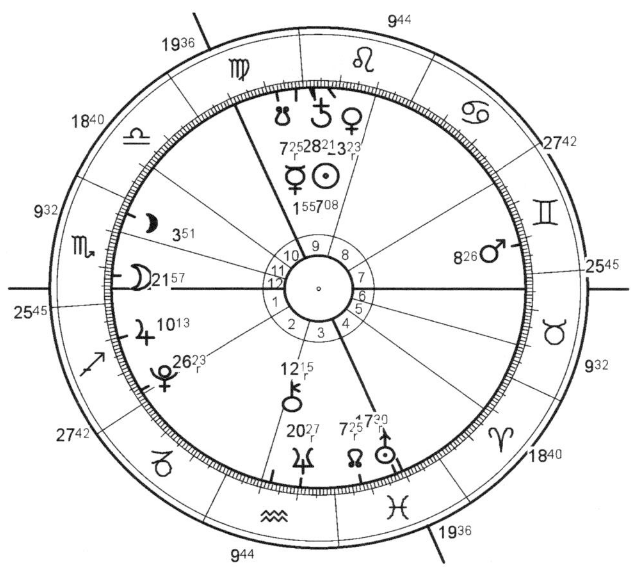

Abb. 24: Frage gestellt am: 20.8.2007, 14.35 Uhr MESZ, Berlin-Charlottenburg

der Ehemann in einer «geschwächten» Situation befindet, unter der auch sein Selbstbewusstsein leidet. Das 3. Haus zeigt an, dass sich sein Handlungsspektrum derzeit darauf reduziert, Zeitungsanzeigen zu studieren, Bewerbungen zu schreiben, Telefonate zu führen sowie auf Besuche und Gespräche beim Arbeitsamt etc.

Mars: Auf 8°26' Zwillinge im 1. Haus.

Auch der Mars in Zwillinge «erzählt» von vielen schriftlichen und verbalen Aktivitäten bei der Suche nach einem neuen Arbeitsplatz (Mars ist Herrscher von 6). Von Untätigkeit kann bei dieser Mars-Stellung sicher nicht die Rede sein.

Mond: Auf 21°57' Skorpion im 6. Haus.

Im Zusammenhang mit der Suche nach einer Tätigkeit gibt es emotionale Krisen und heftige Gefühlsschwankungen. Der Mond ist im Skorpion schwach gestellt (im Fall) und deutet in 6 darauf hin, dass auch das Familienleben unter der dauernden Anspannung leiden könnte.

4. **Deutung des erfragten Hauses.**
   Arbeitsplatz = 6. Haus des Ehemannes = 12. Haus des Fragehoroskops. Spitze des 6. Hauses in Skorpion, Herrscher Mars in 1. Mond in 6.
   Bei Mars, als Herrscher von 6 in 1, liegt der Gedanke nahe, dass der neue Arbeitsplatz unter Umständen nicht im Außen zu suchen ist. Möglicherweise muss der Ehemann der Fragestellerin sich mit dem Gedanken vertraut machen, dass ihm keine Stelle angeboten wird, die zu ihm passt. Vielleicht muss er sich seine neue Tätigkeit selbst erschaffen. Diese könnte eine beratende oder vermittelnde Tätigkeit sein, bei der die Zwillinge-Eigenschaften des Mars und die fürsorglichen Seiten des Mondes zum Tragen kommen.

5. **Weiterer Verlauf der Angelegenheit.**
   Venus-Verlauf im Zeichen Löwe nach Fragestellung
   - Venus Quadrat Mond = Absage erhalten
   - Venus Opposition Neptun = Enttäuschung
   - Venus Sextil Mars = Arbeitsplatzangebot
   - Venus wieder direktläufig am 8.9. = Es geht voran
   - Venus Opposition Neptun = Enttäuschung
   - Venus Trigon Pluto = Loslassen

   Mond-Verlauf im Zeichen Skorpion
   - Mond Quadrat Venus (+2°) = Absage erhalten
   - Mond Quadrat Sonne (+5°) = Absage erhalten
   - Mond Quadrat Saturn (+6°) = Frustration, Absage. **Letzter Aspekt.**

Fazit: Die Antwort ist Nein! Der Ehemann wird im Jahre 2007 keinen Arbeitsplatz mehr finden.

Was danach geschah: Im März 2008 teilte mir die Fragestellerin mit, dass ihr Mann immer noch arbeitslos sei. Zwar habe er bei zwei Stellen jeweils eine Woche zur Probe gearbeitet, letztlich sei aber kein Arbeitsvertrag geschlossen worden. Ihr Mann hätte inzwischen jede Hoffnung auf eine Anstellung verloren und versuche jetzt eine Umschulung zum Webdesigner vom Arbeitsamt bewilligt zu bekommen. Wenn dies klappen würde, überlegt er, sich später als Webdesigner selbständig zu machen.

Resümee: Diese Idee fand ich in Anbetracht des Stundenhoroskops nicht abwegig. Der Zwillinge-Mars im 1. Haus des Mannes kann mit Medien in Verbindung gebracht werden, und seinem Signifikator (Löwe-Venus in 3) käme eine kreative und selbständige Tätigkeit entgegen.

Dass im Jahre 2007 aber noch Frust und Ablehnungserfahrungen vorherrschen würden, zeigen die ausnahmslos schwierigen Aspekte des Mondes und vor allem sein letzter Aspekt, Mond Quadrat Saturn.

«Soll ich mich mit der Kollegin, die mich mobbt, aussprechen?»

Ausgangspunkt der Frage

Während einer Beratungssituation erzählte mir eine Klientin, dass sie an ihrem Arbeitsplatz einen Art «kalten Krieg» erlebe. Sie würde von einer Kollegin gemobbt und könne sich inzwischen nur noch mit Mühe zur Arbeit schleppen. Die Situation sei sehr vertrackt, da sie mit dieser Kollegin (und noch vier weiteren) auch in der Freizeit zu tun habe. Sie spielten gemeinsam Tennis und nun sei auch das Verhältnis zu den anderen Kolleginnen sehr belastet. Die mobbende Kollegin vergifte mit ihren Intrigen nicht nur die Arbeitsatmosphäre, sondern auch die Gemeinschaft im Tennisclub. Dann stellte sie mir die Frage: Soll ich die Flucht nach vorn wagen und mich mit der Kollegin aussprechen?

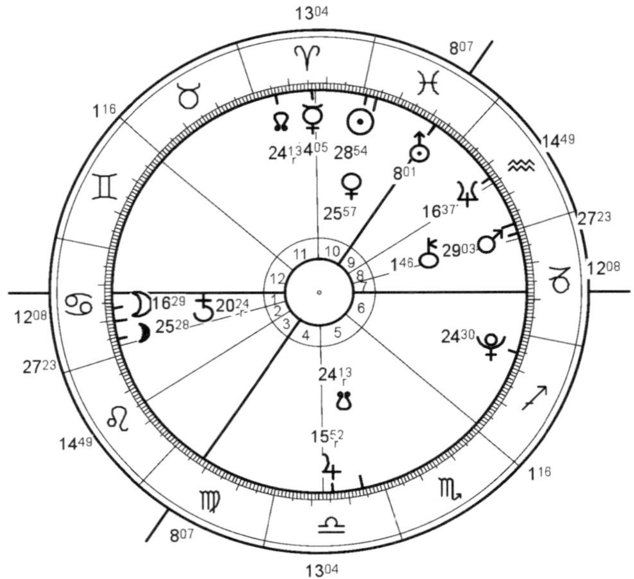

Abb. 25: Frage gestellt am: 19.3.2005, 11.58 Uhr MESZ, Berlin-Charlottenburg

Deutung

1. AC befindet sich auf 12°08‘ Krebs. **Keine Deutungseinschränkung.**
2. **Frage im Horoskop enthalten?** Ja! Bei der Frage geht es um eine emotionale Notlage. Krebs-AC mit Mond, Saturn und Lilith in 1. Pluto steht in 6 (= Mobbing am Arbeitsplatz).
3. **Was «erzählen» die Signifikatoren der Fragenden (= Mond) und Mitherrscher Saturn und Lilith?**
   Mond: Auf 16°29‘ Krebs im 1. Haus. Saturn und Lilith im 1. Haus.
   Durch den Krebs-AC und Mond im 1. Haus wird die Fragestellerin als im Moment sehr gefühlsbetont beschrieben. Sie

fragt in einer emotionalen Bedrängnis, da auch Saturn und Lilith im 1. Haus stehen.

Mit ihrem Signifikator im 1. Haus geht es ihr im Grunde aber nur um sich selbst. Von dem Wunsch, auf jemanden zuzugehen, um sich auszusprechen, kann bei dieser Stellung eigentlich keine Rede sein. Sie ist verletzt, fühlt sich abgelehnt (Krebs-Saturn in 1) und hegt vielleicht auch Hass- oder Rachegefühle (Krebs-Lilith in 1).

Krebs-Saturn in 1 symbolisiert ihre emotionale Blockade und die Hemmung ihrer Durchsetzungskraft. Im Moment ist sie also weder emotional noch physisch in der Lage, auf jemanden zuzugehen. Auch von einer «Flucht nach vorn» kann bei den Gegebenheiten im 1. Haus keine Rede sein.

4. **Deutung des erfragten Hauses.**

   Kollegin = 6. Haus. Spitze des 6. Hauses in Schütze, Herrscher Jupiter im 5. Haus. Pluto im 6. Haus.

   Bei Mobbing ist fast immer Pluto (Macht und Ohnmacht) mit im Spiel. Es wundert also nicht, dass er – zum Zeitpunkt der Frage – im 6. Haus (= Arbeitsplatz) steht.

   Die Kollegin wird vom rückläufigen Waage-Jupiter symbolisiert, der der Herrscher des 6. Hauses ist. Er steht interessanterweise in 5 (= Freizeit und Hobby) und verknüpft somit die beiden «Problemherde» Arbeitsplatz und Tennisclub.

   Jupiter ist rückläufig und damit schwach gestellt. Ein schwacher Jupiter kann einen arroganten, aufgeblasenen Menschen symbolisieren, der andere schlechtmachen muss, um sich selbst zu erhöhen. In der Waage dürfte er zudem sehr auf Äußerlichkeiten bedacht sein, Glanz und Status sind hier wichtig.

   Jupiter wird im weiteren Verlauf durch die Knotenachse wandern, was signalisiert, dass in Sachen Kollegin und Arbeitsplatz «alles anders kommt, als man denkt».

5. **Weiterer Verlauf der Angelegenheit.**

   Mond-Verlauf im Zeichen Krebs

- Mond Konjunktion Saturn (+4°) = Gefühlsverschlechterung
- Mond Konjunktion Lilith (+9°) = Wut, Hass, Rache
- Mond Trigon Venus (+9°) = Kontakt, Vermittlung
- Mond Trigon Sonne (+12°) = evtl. Kontakt mit dem Chef
- Mond Opposition Mars (+13°) = Streit, Zerwürfnis

Fazit: Die Antwort ist Nein! Sie wird nicht auf die Kollegin zugehen und sich mit ihr aussprechen.

Was danach geschah: Uranus am MC und Pluto in 6 deuteten es schon an! Mit der Firma, bzw. dem Arbeitsplatz, stand es nicht zum Besten. Ein Gespräch mit dem Chef brachte zutage, dass die Firma plane, ihren Geschäftssitz ins Ausland zu verlegen.

Daraufhin suchte sich die Fragestellerin einen neuen Arbeitsplatz, fand ihn auch und verließ die Firma. Mit der mobbenden Kollegin gab es keinen Kontakt mehr. Nach kurzer Zeit war diese Frau auch nicht mehr im Tennisclub zu sehen. Sie zog mit der Firma ins Ausland.

Resümee: Der Mond, als Signifikator der Fragestellerin, wird keinen Aspekt mehr zu Jupiter (= Kollegin) bilden. Kurz vor Fragestellung gab es ein Mond-Jupiter-Quadrat, das die Unvereinbarkeit der beiden Kontrahentinnen verdeutlicht. Nun überträgt der Mond das Licht von Jupiter auf Saturn. Hierdurch wird das Jupiter-Saturn-Quadrat noch einmal belebt, was die Trennung manifestiert.

Die Trigone von Mond zur Venus und zur Sonne zeigen, dass es einen Vermittlungsversuch geben könnte. (Venus ist zudem Herrscher von 5 = Tennisclub). Letztlich dürfte dieser aber scheitern, denn Mond Opposition Mars, als letzter Aspekt, stellt keinen Frieden in Aussicht.

Kinder

Bei Fragen zum Thema «Kinder» gibt es eigentlich nur zwei Möglichkeiten, die jedoch beide das 5. Haus (= Kind) zum erfragten Haus machen:

1. Die Frage bezieht sich auf ein Kind, das noch nicht geboren ist, d.h. auf die Möglichkeit, schwanger zu sein, oder generell auf den Wunsch nach einem Kind.
2. Die Frage bezieht sich auf ein bestimmtes Kind. In diesem Fall muss das Stundenhoroskop meist gedreht werden, so dass aus der Spitze des 5. Hauses der Aszendent des Kindes wird.

Stellt jemand eine Frage, die sich auf mehrere Kinder bezieht, könnte es nötig werden, jedes einzelne im Stundenhoroskop zu bestimmen. Gesetzt den Fall, eine Mutter mit drei Kindern fragt, ob der Umzug in eine andere Stadt ihren Kindern Probleme bereiten würde. Im Fragehoroskop kann es dann keine eindeutige Antwort mit Ja oder Nein geben, wenn zum Beispiel bei einem ihrer Kinder tatsächlich Schwierigkeiten zu erwarten sind, während die anderen beiden problemlos damit fertig werden. In diesen Fällen findet sich meist eine Deutungseinschränkung, da das Fragehoroskop nicht eindeutig antworten kann. Es gibt zwar eine Regel, mehrere Kinder in einem Fragehoroskop gesondert zu deuten, diese funktioniert aber meiner Erfahrung nach nicht immer. Manchmal ist sie hilfreich, manchmal nicht. Sie sollte deshalb nur unter Vorbehalt angewandt werden.

Nach dieser Regel wird das älteste Kind dem 5. Haus zugeordnet, das zweitgeborene dem 5. vom 5. Haus, also dem 9. Haus; das dritte Kind dem 5. vom 5. vom 5. Haus, also dem 1. Haus usw. Stehen bei der Umzugsfrage der Mutter nun etwa Saturn oder Pluto im 9. Haus, könnte dies ein Hinweis darauf sein, dass das mittlere Kind Probleme mit dem Umzug haben wird.

Stellt jemand eine Frage zu einem Enkelkind, wird dieses dem 9. Haus (dem 5. vom 5. Haus) zugeordnet, da es das Kind des eigenen Kindes ist. Die Spitze des 9. Hauses wird dann zum

Aszendenten des Enkelkindes, eine Freundin des Enkelkindes ließe sich im 11. vom 9. Haus, als im 7. Haus finden.

Bei der Frage *Bleibt es beim gemeinsamen Sorgerecht?* geht es nicht primär um das Kind. Hier steht vielmehr eine Auseinandersetzung zwischen Eltern im Vordergrund und die Frage, ob einer von beiden das Tauziehen gewinnt. Das ist ein klarer Fall für die Achse 1/7! Dass ich ein Fallbeispiel hierzu nachfolgend dennoch bespreche, liegt daran, dass Fragen zum Sorgerecht häufiger vorkommen.

«Hat es diesmal geklappt, bin ich schwanger?»

Ausgangspunkt der Frage

Die Fragestellerin kann auf natürliche Weise nicht schwanger werden. Ihr Mann und sie entschieden sich deshalb für eine In-vitro-Fertilisation. Beim ersten Versuch hatte es nicht geklappt, nun – beim zweiten Versuch – hoffte die Klientin sehr, dass sie schwanger sei. Noch bevor eine Schwangerschaft ärztlicherseits festgestellt wurde, stellte sie mir die Frage *Hat es diesmal geklappt, bin ich schwanger?*

Deutung

1. AC befindet sich auf 5°06‘ Waage. **Keine Deutungseinschränkung.**

2. **Frage im Horoskop enthalten?** Ja! Bei der Frage geht es um das 5. Haus (= Kinder) und Venus, der Signifikator der Frau steht in 5. Auch der Mond steht im 5. Haus.
3. **Was «erzählen» der Signifikator der Fragenden (= Venus) und der Nebensignifikator Mond über ihre aktuelle Situation?**

   Venus: Auf 22°22‘ Wassermann im 5. Haus.

   Die Venus ist in Wassermann weder schwach noch stark gestellt. Allerdings steht sie hier in keinem ausgesprochen «fruchtbaren» oder «empfangenden» Zeichen, wie etwa in Stier oder Krebs. Gegen eine Schwangerschaft spricht die fast

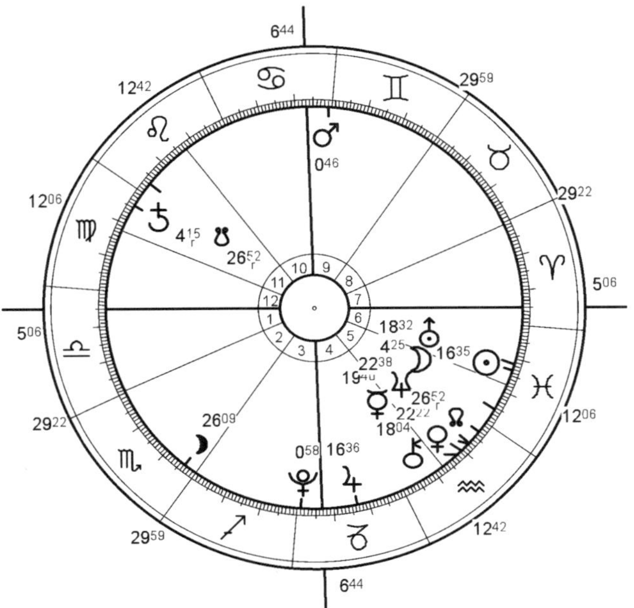

Abb. 26: Frage gestellt am: 6.3.2008,
19.37 Uhr MEZ, Berlin-Charlottenburg

exakte Konjunktion von Venus zu Neptun. Auch die bevorstehende Konjunktion mit dem aufsteigenden Mondknoten verspricht kein erhofftes Ergebnis.

Mond: Auf 4°25' Fische im 5. Haus.

Der Mond steht gradgenau in einer separativen Opposition zu Saturn. Dass sich die befruchtete Eizelle in der Gebärmutter eingenistet hat, ist bei dieser Konstellation äußerst unwahrscheinlich, denn Saturn fungiert hier als Verhinderer der Mutterschaft. Auch die Tatsache, dass der Mond kurz vor einem Neumond in Konjunktion zu Uranus steht, lässt keinesfalls auf Familienzuwachs schließen.

4. **Deutung des gefragten Hauses.**
   Schwangerschaft/Kind = 5. Haus.
   Spitze des 5. Hauses in Wassermann, Herrscher Saturn. Nebensignifikatoren

   Chiron, Merkur, Neptun im 5. Haus.
   Das 5. Haus jetzt noch vertiefter zu analysieren, ergibt eigentlich keinen Sinn mehr. Die Fakten, die gegen eine Schwangerschaft sprechen, sind so zahlreich, dass die Antwort zweifelsohne «Nein» lauten muss. Der rückläufige Saturn, als Herrscher von 5, rundet das Bild nur noch ab.
   Chiron in 5 deutet hier wohl das körperliche Unvermögen an, auf natürlichem Wege schwanger zu werden. Neptun in 5 zeigt zum einen die Sehnsucht nach einem Kind, zum anderen die akut zu erwartende Auflösung des «Traums vom Kind».

5. **Weiterer Verlauf der Angelegenheit.**
   Venus-Verlauf im Zeichen Wassermann nach Fragestellung
   - Venus Konjunktion Neptun = Enttäuschung, Auflösung
   - Venus Konjunktion absteigender Mondknoten = Alles wird anders

   Mond-Verlauf im Zeichen Fische nach Fragestellung
   - Mond Sextil Jupiter (+12°) = Optimismus, Hoffnung auf Mutterglück
   - Mond Konjunktion Sonne (+12°) = Es geht etwas zu Ende
   - Mond Konjunktion Uranus (+14°) = Abbruch, Erschütterung. **Letzter Aspekt.**

Fazit: Die Antwort ist Nein! Sie ist nicht schwanger!

Was weiter geschah: Die Frau wurde aufgrund dieses Eingriffs nicht schwanger, will es aber weiter versuchen.

Resümee: Fragen nach einer möglichen Schwangerschaft sind natürlich nicht immer so einfach zu beantworten. Hier gab es jedoch keinen Zweifel, und die Antwort war mit wenigen Blicken auf die Signifikatoren klar.

«Soll mein Kind die Schule wechseln?»

Ausgangspunkt der Frage

Eine Mutter klagte über die chaotischen Zustände in der Schule ihres Kindes. Das neue Schuljahr habe kaum begonnen, schon gebe es ständig Unterrichtsausfall, kranke Lehrer, keine Vertretungspläne, keine Ansprechpartner. Einen neuen Klassenlehrer, mit dem sich ihr Kind überhaupt nicht verstehe, gebe es überdies. Ihr Kind leide sehr unter diesen Zuständen, und sie spiele nun ernsthaft mit dem Gedanken, das Kind so schnell wie möglich aus dieser Schule zu nehmen. Eine neue habe sie schon im Auge. Telefonisch stellte sie mir die Frage: Soll mein Kind die Schule wechseln?

Deutung

1. AC befindet sich auf 14°22‘ Waage. **Keine Deutungseinschränkung.**
2. **Frage im Horoskop enthalten?** Ja! Bei der Frage geht es um das 5. Haus (= Kind), und der Mond steht im 5. Haus des Kindes. Dies ist das 3. vom 3. Haus des Kindes und symbolisiert somit die neue Schule.
   Das Horoskop muss gedreht werden. Aus der Spitze 5 (= 24°23' Wassermann) wird der Aszendent des Kindes.
3. **Was «erzählen» der Signifikator des Kindes (= Saturn) und Mitherrscher Uranus über die aktuelle Situation?**
   Saturn: Auf 8°18‘ Löwe im 6. Haus des Kindes
   Das Kind wird von einem schwach gestellten Saturn (im Exil) beschrieben. Es geht ihm nicht besonders gut, sein Alltag (6. Haus) ist belastet. Ein Mensch, der von Saturn symbolisiert wird, ist jedoch nicht sonderlich flexibel und scheut Veränderungen. Vermutlich hat das Kind Ängste, entweder in der jetzigen Schule oder vor dem Wechsel in eine neue Schule.

   Uranus: Auf 7°54' Fische im 1. Haus des Kindes.
   Mit Uranus im 1. Haus ist das Kind schon «auf dem Sprung».

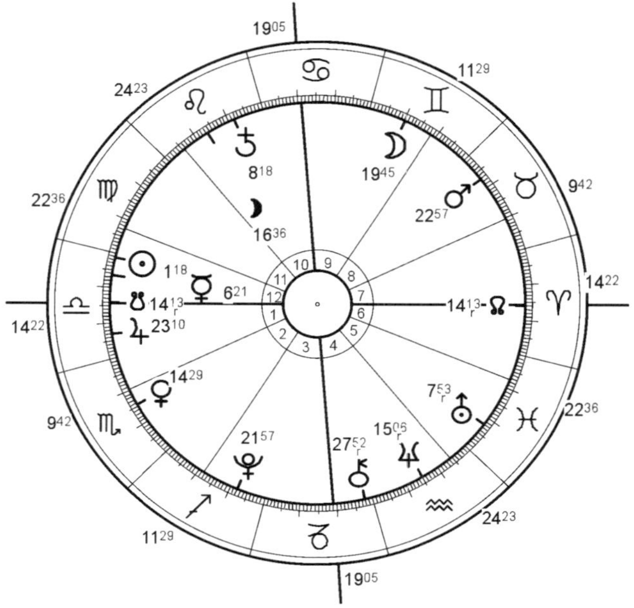

Abb. 27: Frage gestellt am: 24.9.2005, 8.17 Uhr MESZ, Berlin-Charlottenburg

Es herrscht Unruhe und Aufruhr, das Kind kommt nicht zur Ruhe. Eine Veränderung steht bevor.

4. **Deutung des erfragten Hauses.**
   Jetzige Schule = 3. Haus
   Die jetzige Schule wird vom 3. Haus des Kindes (= 7. Haus) symbolisiert. Mars ist Herrscher der Schule und steht in Stier sehr schwach im Exil. Zudem wird Mars rückläufig und läuft in eine Opposition zur Venus (= Fragestellerin). Dies sind Hinweise, dass es in der jetzigen Schule in nächster Zeit nicht besser wird.

   Neue Schule = 3. vom 3. Haus = 5. Haus des Kindes. Spitze auf

11°29' Zwillinge, Herrscher Merkur. Mond auf 19°45' Zwillinge im 5. Haus.

Merkur, der Signifikator der neuen Schule, läuft in ein Sextil zu Saturn, dem Signifikator des Kindes. Dies ist ein deutlicher Hinweis, dass das Kind in eine neue Schule wechseln wird. Im weiteren Verlauf wird Merkur eine Konjunktion mit Jupiter bilden, der im 1. Haus der Mutter steht und im 9. Haus des Kindes. Dies sind gute Voraussetzungen für Lernerfolge in der neuen Schule.

Mond in Zwillinge (im Haus der neuen Schule) zeigt, dass sich die Mutter gefühlsmäßig schon für einen Wechsel entschieden hat.

3. Weiterer Verlauf der Angelegenheit.

Mond-Verlauf im Zeichen Zwillinge nach Fragestellung

4. Mond Opposition Pluto (+2°) = Krise, Loslassen
- Mond Trigon Jupiter (+4°) = Verbesserung, Zuversicht. **Letzter Aspekt.**

Fazit: Die Antwort ist Ja! Das Kind soll/wird die Schule wechseln.

Was weiter geschah: Das Kind musste das erste Schulhalbjahr noch in der alten Schule bleiben, obwohl die Mutter es gerne sofort abgemeldet hätte. Ende Januar 2006 wechselte es dann in die neue Schule, in der es sich sofort wohl fühlte.

Resümee: Die Krise unter Mond Opposition Pluto ging mit dem Umstand einher, dass das Kind nicht sofort wechseln konnte. Weder die alte Schule noch die neue gaben grünes Licht dafür. Erst zum Halbjahreszeugnis – vier Monate später – war es dann soweit. Der letzte Aspekt Mond Trigon Jupiter, der nach vier Zeiteinheiten exakt wurde, brachte die positive Wende.

«Kriegt mein Sohn noch die Kurve?»

Ausgangspunkt der Frage

Bei diesem Fallbeispiel fand ich die Wortwahl der Mutter recht witzig. Der «Himmel» zeigte bei seiner Antwort gleichfalls Humor, denn «Kurven» gibt es ja bekanntlich auch bei Planetenbahnen.

Die Frage entstand während einer Beratungssituation. Die alleinerziehende Mutter sorgte sich um ihren 16-jährigen Sohn, mit dem sie seit geraumer Zeit Probleme hatte. Mit einem Wassermann-Aszendenten und einer Wassermann-Sonne im 1. Haus, über die damals gerade der laufende Neptun transitierte, brauchte man im Geburtshoroskop des Sohnes nicht lange nach Hinweisen zu suchen, warum er der Mutter mehr und mehr entglitt. Er weigerte sich standhaft, die Schule zu besuchen, blieb tagsüber im Bett und hing nachts mit seinen Freunden aus der Punkszene ab. Die Mutter fand außerdem Drogen in seinem Zimmer und befürchtete, dass ihr Sohn – wie seine Freunde – auf der Straße landen könnte, falls sie den Druck auf ihn erhöhen oder gar das Jugendamt einschalten würde.

Von mir wollte sie nun wissen, ob ihr Sohn «die Kurve kriegt», was in ihren Augen wohl bedeutete: einen Schulabschluss machen, eine Berufsausbildung beginnen, den Drogen abschwören und sich andere Freunde suchen.

Deutung

1. AC befindet sich auf 15°07‘ Waage. **Keine Deutungseinschränkung.**
2. **Frage im Horoskop enthalten?** Ja! Venus und Mond, die Signifikatoren der Mutter, stehen im 6. und im 10. Haus des Sohnes. Genau um diese Bereiche geht es der Mutter. Alltagsgestaltung (6) und berufliche Zielsetzung (10) des Sohnes.
3. **Was «erzählen» der Signifikator des Sohnes (= Saturn) und die Nebensignifikatoren Mars und Uranus über seine aktuelle Situation?**

   Es ist eine Frage zum Sohn, daher muss das Horoskop gedreht werden. Aus der Spitze des 5. Hauses (25°21' Wassermann) wird der Aszendent des Sohnes. Saturn wird sein Signifikator und Mars und Uranus stehen in seinem 1. Haus.

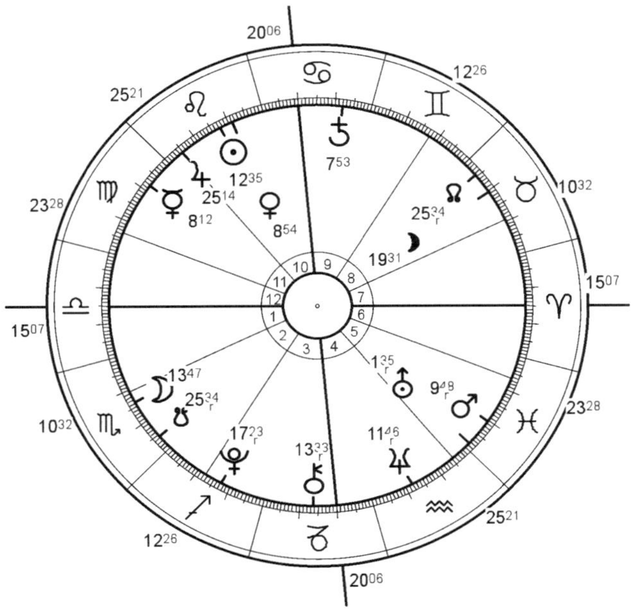

Abb. 28: Frage gestellt am: 5.8.2003, 11.40 Uhr MESZ, Berlin-Charlottenburg

Saturn: Auf 7°52' Krebs im 5. Haus.
Saturn ist im Krebs im Exil und damit schwach gestellt. Auch der Zeichenherrscher des Krebses und Mitherrscher der Mutter, Mond, steht schwach im Skorpion (Fall). Die familiäre Situation ist desolat, dem Sohn fehlt es an Halt und Struktur, die Mutter kann im häuslichen Bereich (Saturn auch Herrscher von 4) nichts ausrichten.
Im 5. Haus geht es dem Sohn in erster Linie um Freizeit, Spiel und Spaß, wobei sich das Vergnügen in Grenzen halten dürfte, da er auf innere oder äußere Widerstände stößt (Saturn).

Mars und Uranus, beide rückläufig, in Fische im 1. Haus:
Uranus in 1 symbolisiert seine Verweigerung, sich schuli-

schen oder beruflichen Pflichten zu stellen. Er rebelliert, will frei und unabhängig sein und seine Zeit mit Gleichgesinnten verbringen. Der rückläufige Fische-Mars zeigt die Inaktivität des Sohnes, seine Ziellosigkeit und seinen Hang zu Drogen.

4. **Deutung des erfragten Angelegenheit.**
   «Die Kurve kriegen» = wieder in ein geregeltes Leben zurückfinden.
   Die Fragestellung kann mit der Hoffnung der Mutter assoziiert werden, dass der Sohn wieder in ein geregeltes Leben zurückfindet. Die Häuser 6 (Alltagsroutine) und 10 (Zielsetzung im Leben) spielen dabei eine Rolle. In erster Linie geht es aber um eine Stabilisierung der Persönlichkeit des Sohnes, denn allzu schnell wird sich vermutlich nichts ändern. Saturn, der Signifikator des Sohnes, aber auch die Rückläufigkeit der Mitsignifikatoren Mars und Uranus deuten darauf hin, dass mit einer Veränderung der Lage noch längere Zeit nicht zu rechnen ist.
   Die Bahn eines rückläufigen Planeten kann man – bildlich gesehen – als Kurve bezeichnen. Mars und Uranus sind rückläufig und befinden sich daher zum Zeitpunkt der Fragestellung in einer Rückwärtsschleife. Aber auch Saturn, der Hauptsignifikator des Sohnes, wird im Zeichen Krebs rückläufig. Erst am 18.4.2004, also acht Monate später, wird Saturn wieder an der Stelle stehen, an der er zum Fragezeitpunkt stand. Dann wird der Sohn bzw. wird Saturn, eine «Kurve» hinter sich haben, und auch Mars und Uranus sind dann wieder direktläufig. Ab dann besteht zumindest Hoffnung, dass der Sohn «die Kurve kriegt».
5. **Weiterer Verlauf der Angelegenheit.**
   Mond-Verlauf im Zeichen Skorpion
   - Mond Quadrat Jupiter (+12°) = Getrübte Hoffnung. **Letzter Aspekt.**

Fazit: Eine Antwort mit Ja oder Nein ist nicht möglich, da auch die Fragestellung nicht klar und eindeutig ist.

Resümee: Eine Frage mit der Wortwahl «Kurve kriegen», ist

stundenastrologisch eigentlich nicht zu beantworten. Obwohl man weiß, was damit gemeint sein dürfte, ist der Interpretationsspielraum zu groß. Eine E-Mailanfrage oder eine telefonische Fragestellung hätte ich in dieser Form abgelehnt bzw. den Fragesteller gebeten, die Frage anders zu formulieren. Bei einer solch komplexen Problemstellung ist zudem eine Radixbesprechung - am besten im Beisein des Sohnes - am sinnvollsten.

Dennoch findet sich die Problematik im Fragehoroskop wieder. Da die Venus, der Signifikator der Mutter, in applikativer Konjunktion zur Sonne steht, fragte ich sie nach der Rolle des Vaters (natürlicher Herrscher = Sonne) ihres Sohnes. Sie erzählte, dass dieser von den Problemen keine Ahnung und sich so gut wie nie um den Sohn gekümmert habe. Aufgrund der Konjunktion riet ich ihr aber, den Vater zu kontaktieren und ihn um Unterstützung zu bitten. Zwar könnte die Sonne im 10. Haus auch eine Amtsperson sein, die der Mutter beisteht, aber im Zeichen Löwe ist die Wahrscheinlichkeit höher, dass damit der leibliche Vater des Sohnes gemeint ist.

Im weiteren Verlauf wandert die Venus zwar noch in Opposition zu Neptun in 4 (familiäre Enttäuschung), aber danach ins Trigon zu Pluto und zuletzt in eine Konjunktion mit Jupiter. Dieser steht am DC des Sohnes, so dass Hilfe und Unterstützung (von außen = DC) zu erwarten ist.

Was weiter geschah: Bei einem weiteren Beratungsgespräch (ca. ein halbes Jahr später) berichtete die Mutter, dass sie tatsächlich den Vater des Sohnes kontaktiert habe. Er kümmere sich nun etwas mehr um den Sohn, aber wirklich gebessert habe sich nichts.

Im Jahre 2007 kam der Sohn allein zu mir in die Beratung. Er hatte eine Ausbildung als Mechatroniker begonnen, wollte diese aber gerade wieder abbrechen, da ihm der Beruf keinen Spaß mache. Insgesamt gesehen schien er sich aber etwas gefangen zu haben.

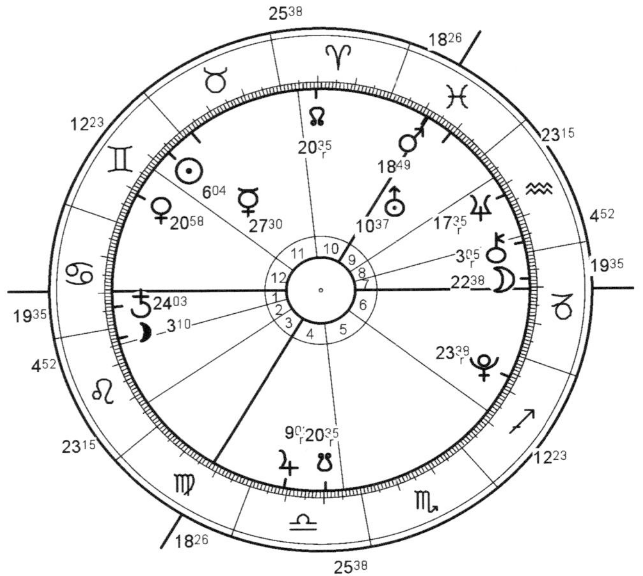

Abb. 29: Frage gestellt am: 27.5.2005, 8.05 Uhr MESZ, Berlin-Charlottenburg

«Bleibt es beim gemeinsamen Sorgerecht?»

Ausgangspunkt der Frage
Nach der Scheidung eines Ehepaares bekamen beide automatisch das Sorgerecht für den gemeinsamen Sohn zugesprochen. Der Sohn lebte jedoch hauptsächlich beim Vater, die Mutter war beruflich viel unterwegs, zahlte nur selten Unterhalt und war auch sonst nicht ansprechbar, wenn es um Entscheidungen ging, die der Vater nur mit Einwilligung der Mutter treffen konnte. Nach einem heftigen Streit beantragte der Vater das alleinige Sorgerecht, doch sein Anwalt machte ihm wenig Hoffnung. Die Gründe seien nicht ausreichend, um der Mutter das Sorgerecht zu entziehen. In dieser Situation stellte er mir die Frage: Bleibt es beim gemeinsamen Sorgerecht?

Deutung
Eine ausführliche Deutung ist bei diesem Fragehoroskop nicht nötig. Schon mit wenigen Blicken ist zu erkennen, dass die Antwort Ja lauten muss. Es bleibt beim gemeinsamen Sorgerecht!

Der Vater (Fragesteller) wird von Mond symbolisiert, die Mutter von Saturn. Beide Signifikatoren sind schwach gestellt im Exil, in gegenseitiger Zeichen- und Häuserrezeption. Das Stundenhoroskop bestätigt hiermit ihre gegenseitige Abhängigkeit bei Entscheidungen, drückt aber auch aus, dass die Frustration darüber noch steigen wird. Die Opposition zwischen Mond und Saturn wird – nach 1,5 Zeiteinheiten – erst noch exakt, danach aber bildet Mond – als letzten Aspekt – ein Trigon zu Merkur. Vermutlich wird hierdurch ein Vermittler (Anwalt, Jugendamt, etc.) beschrieben.

Bei einer Rezeption der Signifikatoren bietet sich jedoch nicht selten ein dritter Weg an. In diesem Fall würden beide Planeten ausgetauscht, so dass jeder in seinem Domizilzeichen und damit stark gestellt steht. Dass diese Möglichkeit über einen gerichtlichen Klageweg zustande kommt, erscheint mir mit Uranus im 9. Haus (Gerichtsbarkeit) unwahrscheinlich. Naheliegender wäre eine Einigung, die durch eine vermittelnde Person (Merkur) zustande käme.

Was weiter geschah: Der Vater zog seine Klage auf alleiniges Sorgerecht zurück. Die Mutter übersiedelte ein Jahr später ins Ausland und heiratete erneut. Durch die ständige Abwesenheit der Mutter und aufgrund einer Vollmacht ihrerseits erhielt der Vater dann doch größtmögliche Entscheidungsfreiheit in der Erziehung des Sohnes.

Haustiere

Was die Zuordnung von Haustieren betrifft, höre ich in meinen Seminaren immer wieder Erstaunliches. Zum Teil haben die Teilnehmer schon bei anderen Stundenastrologen und Stundenastrologinnen Seminare besucht und dort gelernt, dass Haustiere mal dem 3. Haus, dann wieder dem 5. Haus, ein anderes Mal dem 6. Haus oder auch dem 12. Haus zugeordnet würden. Auch kursierte die Meinung, dass kleine Haustiere ins 6. und große Haustiere ins 12. Haus gehören.

Fragen zu Milchkühen, Mastschweinen oder Legehennen wurden mir persönlich noch nie gestellt, wobei hier der Begriff «Nutztiere» und ihre Zuordnung zum 6. Haus wohl am ehesten einleuchtet. Dass aber Katzen, die nicht **im**, sondern **vor** dem Haus leben und von einem möglichen Fragesteller oder Fragestellerin lediglich gefüttert werden, dem 3. Haus (= Nachbarn) zuzuordnen seien, erscheint mir mehr als abwegig. Auch die Annahme, dass große Tiere ins 12. Haus gehören, hat sich in meiner Praxis nicht bewährt.

Ich ordne deshalb generell **alle** Haustiere dem 6. Haus zu, es sei denn, es handelt sich ganz offensichtlich um ein kleines Schmusekätzchen oder ein Schoßhündchen, die überwiegend als Kind-Ersatz dienen. In diesen Fällen findet sich das Tier im 5. Haus.

Auch bei Fragen zu einem Tier muss das Stundenhoroskop gedreht werden, so dass aus der Spitze des 6. Hauses der Aszendent des Tieres wird. Häufig gestellte Fragen zur Gesundheit eines Tieres werden dem 6. vom 6. Haus, also dem 11. Haus, zugeordnet.

«Kommt meine entlaufene Katze zurück?»

Ausgangspunkt der Frage

Die Fragestellerin ist eine Bekannte von mir. Sie rief mich sehr aufgeregt an, nachdem ihre Katze seit dem Vortag nicht nach Hause gekommen war und sie sie – trotz intensiver Suche – nirgendwo finden konnte.

Da ich Katzenmutter und Katze kenne, war ich mir in diesem speziellen Fall über die Zuordnung der Katze nicht ganz sicher. Für mein Empfinden hatte diese Katze durchaus eine Art Kind-Ersatzfunktion und müsste daher eigentlich dem 5. Haus zugeord-

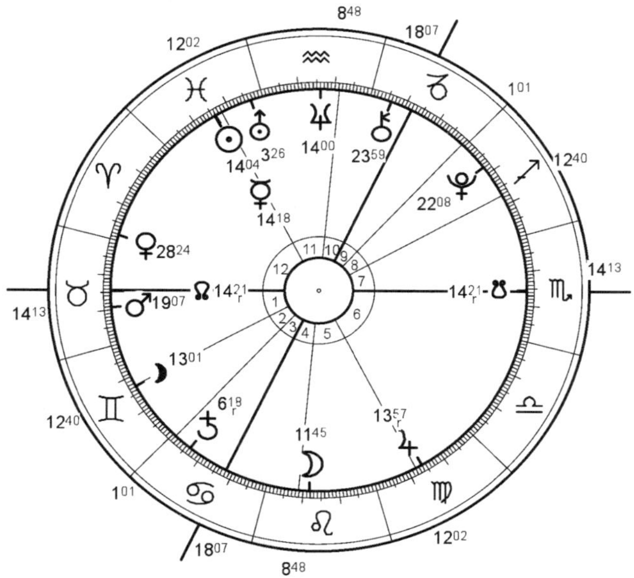

Abb. 30: Frage gestellt am: 4.3.2004,
8.36 Uhr MEZ, Berlin-Charlottenburg

net werden. Ich entscheide mich dennoch für eine Zuordnung zu Haus 6, doch meine Überlegungen sind auch im Fragehoroskop thematisiert: Die Signifikatoren von Haus 5 (Sonne) und Haus 6 (Merkur) stehen in Konjunktion!

Deutung

1. AC befindet sich auf 14°13' Stier. **Keine Deutungseinschränkung.**

2. **Frage im Horoskop enthalten?** Ja! Venus ist Herrscher von 1 sowie Mitherrscher von 6 und steht im 12. Haus. Merkur, als Herrscher von 6 und Sonne (Herrscher von 5) stehen ebenfalls im 12. Haus. Hier geht es u.a. um Nichtsichtbares, Verschwundenes oder Verlorenes.

3. **Was «erzählen» der Signifikator der Fragenden (= Venus), und die Nebensignifikatoren Mars und Mond über ihre aktuelle Situation?**
   Venus: Auf 28°24' Widder im 12. Haus.
   Die Venus ist in ihrem Exilzeichen Widder sehr schwach gestellt. Zudem steht sie eingeschlossen im 12. Haus und beschreibt die Fragestellerin in einer Situation, in der sie nicht viel ausrichten kann. Sie ist ratlos, ängstlich, konfus und durch die Widder- und Marsbetonung wohl auch etwas wütend und aufgebracht. Sie rennt hektisch durch die Straßen, sucht ihre Katze, doch auch die Katze (Merkur) befindet sich im 12. Haus und somit nicht im sichtbaren Bereich.

   Mars: Auf 19°06' Stier im 1. Haus.
   Auch der Mars steht im Exil, bekommt aber durch die Stellung am AC etwas mehr Power und Tatendrang. Die Fragestellerin möchte etwas tun und nicht nur wartend zuhause sitzen. Da der Mars Herrscher von 7 ist und somit auch mein Signifikator, als befragte Astrologin, übernehme ich die Rolle, die Frau zu motivieren und ihr Mut zu machen.

   Mond: Auf 11°45' Löwe im 5. Haus.
   Mit dem Mond im 5. Haus wird jener mütterliche Anteil symbolisiert, den ich – in Bezug auf ihre Katze – stets an der Fragestellerin wahrnahm. Im Moment sorgt sie sich um das Kätzchen wie eine Mutter um ihr Kind und reagiert mit recht dramatischen Gefühlsausbrüchen (Löwe) auf das Verschwinden ihres Katzenkindes.

4. **Deutung des gefragten Hauses.**
   Haustier = 6. Haus.
   Spitze des 6. Hauses in Jungfrau, Herrscher Merkur im 12. Haus. Waage in 6 eingeschlossen, Mitherrscherin Venus in 12, rückläufiger Jupiter im 6. Haus.
   Der Hauptsignifikator der Katze, Merkur, ist schwach gestellt in Fische im Exil. Er steht zudem im 12. Haus der Fragestellerin und im 7. Haus der Katze. Für die Katzenmutter ist

sie verschwunden (12), aus Sicht der Katze (nach Drehung des Horoskops), dürfte sie sich aber eher auf «Freiersfüßen» befinden (7). Die sehr enge Konjunktion des Merkurs mit der Sonne (knapp 14 Bogenminuten Orbis!) zeigt ihn «im Herzen der Sonne» (Cazimi) und verleiht ihm somit - trotz Exilstellung - etwas mehr Stärke. Der Katze scheint es also nicht ganz so schlecht zu gehen.

Venus, Signifikator der Fragestellerin und Mitherrscher der Katze, steht ganz am Ende des Zeichens Widder. Es fehlen ihr noch 1,5 Grad zum Zeichenwechsel. Dies ist als Hinweis zu werten, dass sich die aktuelle Situation in Kürze verändern wird.

Jupiter, Nebensignifikator der Katze, ist rückläufig. Das ist ein hoffnungsvolles Indiz dafür, dass die Katze zurückkommt!

5. **Weiterer Verlauf der Angelegenheit.**

   Mond-Verlauf im Zeichen Löwe nach Fragestellung

   - Mond Opposition Neptun (+2,5°) = Verwirrung, Unklarheit
   - Mond Trigon Pluto (+11°) = Veränderung, emotionale Stabilität
   - Mond Trigon Venus (+17°) = Katzenmutter und -kind wieder vereint. Letzter Aspekt.

Fazit: Die Antwort ist Ja. Die Katze wird zurückkommen.

Was weiter geschah: Zwei Tage später war die Katze wieder da! Allerdings fand sie den Weg nicht allein zurück. Die Fragestellerin hatte am Nachmittag der Fragestellung Zettel mit einem Foto der Katze an Bäumen und in Supermärkten aufgehängt. Daraufhin meldete sich eine Frau, der die Katze zugelaufen war und die sie mit Futter versorgt hatte. In der Nachbarschaft dieser Frau lebte ein Kater, so dass die Vermutung nahe lag, dass die Katze deshalb das «Domizil» gewechselt hatte.

Resümee: Bei diesem Fragehoroskop fällt auf, dass fünf von zehn Planeten in ihren Exilzeichen stehen. Also insgesamt eine schwierige Zeitqualität, in der generell mit weniger Erfreulichem zu rechnen war. Einzig Merkur, der Hauptsignifikator der Katze, wird durch die sehr enge Konjunktion zur Sonne ein wenig gestärkt.

Ein Planet in Konjunktion zur Sonne (Orbis ca. 8 Grad) gilt in der klassischen Astrologie als «verbrannt», was einer totalen Vernichtung seiner Energie gleichkommt. Ein Planet «im Herzen der Sonne» (Orbis ca. 16 Bogenminuten) adaptiert dagegen die Kraft der Sonne und gewinnt hierdurch an Stärke. Die stärkste Wirkung soll einem Planet in Konjunktion zur Sonne aber nur dann zukommen, wenn auch seine ekliptikale Breite 16 Bogenminuten nicht überschreitet. Dies ist im vorliegenden Fall nicht gegeben. Dennoch ließen die beiden letzten positiven Aspekte des Mondes, der rückläufige Jupiter sowie die Tatsache, dass Merkur (Katze) ins Sextil zu Mars (Mitherrscher der Fragestellerin) lief, auf einen guten Ausgang schließen.

«Muss mein Pferd eingeschläfert werden?»

Ausgangspunkt der Frage

Eine Frau ist sehr besorgt um ihr Pferd. Es hat offensichtlich Schmerzen und wird seit einer Woche von Tag zu Tag immer schwächer. Die Tierärzte sind ratlos. Keine Therapie schlägt an, und sie befürchten das Schlimmste: dass das Tier eingeschläfert werden muss. In dieser Situation stellt sie mir die Frage: Muss mein Pferd eingeschläfert werden?

Deutung

1. AC befindet sich auf 4°39‘ Stier. **Keine Deutungseinschränkung.**
2. **Frage im Horoskop enthalten?** Ja! Bei der Frage geht es u.a. um das 8. Haus (= Tod, Verlust). Die Venus als Signifikator der Fragestellerin steht im 8. Haus. Auch der Mond im Skorpion spiegelt die Angst vor einem Verlust wider. Zudem ist der Aszendent die Spitze des 8. Hauses des Pferdes.
3. **Was «erzählen» der Signifikator der Fragestellerin (= Ve-**

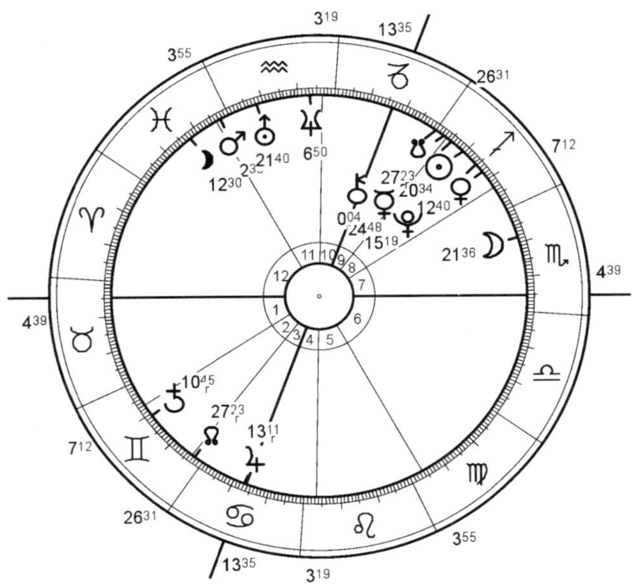

Abb. 31: Frage gestellt am: 12.12.2001, 13.41 Uhr MEZ, Berlin-Charlottenburg

nus) und ihr Nebensignifikator Mond über die aktuelle Situation?

Venus: Auf 12°39‘ Schütze im 8. Haus.

Die Venus steht in Schütze weder stark noch schwach. Als natürlicher Herrscher des 2. Hauses (Stier), steht die Venus im 8. Haus allerdings auf «feindlichem Terrain». Im Haus des Todes und des Verlustes spiegelt diese Stellung daher die Sorge, dass das Pferd sterben könnte. Venus ist zudem Mitherrscher des Pferdes (Waage eingeschlossen in 6) und Herrscher des 8. Hauses des Pferdes. Sie kommt aus einer Opposition zu Saturn im 2. Haus (Trennung, in 2 auch Geldmangel) und läuft in eine Konjunktion zu Pluto (Verlust,

Tod). Dies sieht weder für die Fragestellerin noch für das Pferd gut aus.

Mond: Auf 21°36' Skorpion im 7. Haus.
Im schwach gestellten Skorpion-Mond (Fall) spiegelt sich die Ohnmacht wider, die die Fragestellerin derzeit empfindet. Weder sie selbst noch ihre Mitmenschen (7. Haus) können etwas tun, um der Krise Herr zu werden und einen möglichen Verlust abzuwenden. Dem Mond fehlen nur noch gute drei Bogenminuten bis zum Quadrat zu Uranus. Eine emotionale Erschütterung steht also kurz bevor.

4. **Deutung des erfragten Hauses.**
Pferd (= 6. Haus), Spitze 6 in Jungfrau, Signifikator Merkur. Mitherrscher Venus (Waage in 6 eingeschlossen).

Merkur: Auf 24°47' Schütze im 8. Haus = 3. Haus des Pferdes.
Merkur wurde eine Woche zuvor von der Sonne verbrannt (Konjunktion). Seitdem lahmt das Tier und scheut jede Bewegung (3. Haus). Merkur steht in seinem Exilzeichen Schütze, also sehr schwach und wird zudem noch durch die Mondknotenachse wandern. Es kommt also anders, als man denkt und da die Fragestellerin daran denkt, dass das Pferd eingeschläfert werden muss, ist dies zumindest ein Hinweis, dass es anders kommt. Doch im 8. Haus der Frau und im Hinblick auf die anderen Konstellationen signalisiert auch Merkur keinen Hoffnungsschimmer.

Gesundheitszustand des Pferdes (= 6. vom 6. Haus = 11. Haus). Spitze 11 in Wassermann, Herrscher Saturn. Neptun, Uranus und Mars im 6. Haus des Pferdes.
Saturn, als Herrscher des 6. Hauses des Pferdes, ist rückläufig und lässt somit nicht auf eine schnelle Heilung schließen. Im 2. Haus der Fragestellerin verweist er zudem auf die finanzielle Belastung durch die Krankheit des Tieres. Sie kann sich die Tierarzt-Kosten derzeit kaum leisten.
Neptun spiegelt die Ratlosigkeit im Hinblick auf die Diag-

nose wider, und Uranus steht für plötzliche Veränderungen. Der Fische-Mars ist kurz vor Fragestellung ins 6. Haus des Pferdes «gefallen». Er könnte entzündliche Prozesse an den Füßen (Fische) anzeigen.

5. **Weiterer Verlauf der Angelegenheit.**
   Mond-Verlauf im Zeichen Zwillinge nach Fragestellung.
   - Mond Quadrat Uranus (+0°) = Erschütterung, Loslassen. **Letzter Aspekt.**

Fazit: Eigentlich ein Nein, denn dass das Pferd aktiv eingeschläfert werden würde, ist nicht ersichtlich. Dass es dennoch zum Verlust des Pferdes kommt, ist aber anhand des Fragehoroskops wahrscheinlich.

Was danach geschah: Es kam nach drei Tagen ganz anders. Das Pferd lag – ohne ärztliches Eingreifen – morgens tot in seiner Box. Für eine Klärung der genauen Todesursache hatte die Fragestellerin kein Geld. Allerdings ist es mit Neptun im 6. Haus des Pferdes durchaus möglich, dass man die eigentliche Ursache auch bei einer Obduktion nicht hätte feststellen können.

Resümee: Dass nach einer Zeiteinheit von drei Stunden oder Tagen etwas Einschneidendes geschehen würde, war anzunehmen. Merkur (Pferd) wanderte nach **drei** Graden durch die Mondknotenachse, Venus (Fragestellerin und Mitherrscher Pferd) fehlten noch **drei** Grad zur Konjunktion mit Pluto und der Mond stand nur noch **drei** Bogenminuten vom exakten Quadrat zu Uranus entfernt.

Jupiter gilt als natürlicher Herrscher für Pferde und analog hierzu auch das Zeichen Schütze. Dass sich im Fragehoroskop gleich vier Planeten im Zeichen Schütze in ein durchaus kleines 8. Haus «zwängen» und der Herrscher von 8, Jupiter, rückläufig am IC steht, kann als weiteres Indiz dafür gesehen werden, dass das Pferd stirbt. Das IC symbolisiert u.a. auch «das Ende aller Dinge», so dass auch der natürliche Signifikator für «Pferde», mit seiner Achsendominanz am IC, den Verlust des Pferdes auszudrücken vermag.

Gesundheit

Es liegt in der Natur der Sache, dass stundenastrologische Fragen meist aus einer inneren Not heraus gestellt werden. Manchmal ist die Not größer, manchmal kleiner, doch wer einen Stundenastrologen oder eine Stundenastrologin beauftragt und bereit ist, für die Antwort zu bezahlen, fragt selten aus reiner Neugier. Bei Fragen, die die Gesundheit betreffen, ist jedoch nicht selten auch Angst mit im Spiel. Dies mag an dem Gefühl des Ausgeliefertseins liegen, das schnell aufkommen kann, wenn jemand krank ist und sich in Folge dessen mit Ärzten, Krankenkassen und/oder unterschiedlichen Therapie- und Heilmethoden auseinandersetzen muss. In solchen Situationen liegt nahe, dass man nach Entscheidungshilfen sucht und deshalb auch die Möglichkeit einer stundenastrologischen Fragestellung in Betracht zieht.

Es versteht sich aber von selbst, dass ein Fragehoroskop niemals einen Arzt ersetzen kann. Die Beantwortung von Fragen wie *Bin ich ernsthaft krank?* oder *Habe ich einen Tumor in der linken Brust?* sollte für jeden ernsthaft arbeitenden Stundenastrologen tabu sein. Wer Klienten und Klientinnen, die sich mit derlei Ängsten plagen, nicht an einen Arzt oder Therapeuten verweist, handelt schlichtweg verantwortungslos. Auch für astromedizinische Diagnosen mittels eines Fragehoroskops sollte die astrologische Kunst nicht missbraucht werden. Die Erfahrung zeigt zwar, dass die Zuordnung von Körperregionen und Organen zu Tierkreiszeichen und Planeten durchaus stimmige Erkenntnisse bringen kann, allerdings sollten solche Fragen nur beantwortet werden, wenn sich Fragesteller schon in medizinischer Betreuung befinden.

In meiner Praxis kommt es häufiger vor, dass sich Klienten zwischen einer eher schulmedizinisch ausgerichteten Behandlungsform oder alternativen Heilweisen, wie Homöopathie oder Chinesische Medizin, entscheiden müssen. Hier kann ein Fragehoroskop durchaus gute Dienste leisten. Die Alternativmedizin wird erfahrungsgemäß von Neptun und Uranus (auch

Fische und Wassermann) symbolisiert, die Schulmedizin eher von Saturn (auch Steinbock) oder, für Chirurgie, Skorpion. Bei notwendigen Operationen ist meist Mars, das «astrologische Skalpell», mit im Spiel, und bei unumgänglichen Krankenhausaufenthalten gibt es in der Regel starke Bezüge zum 12. Haus.

Auch Chiron steht nicht selten an prominenter Stelle, wenn es um Krankheiten und ihre verschiedenen Heilweisen geht. Er kann allerdings sowohl einen Arzt bzw. Heiler symbolisieren als auch einen Kranken oder die Krankheit an sich.

Steht die Sonne im 6. Haus, wird hierdurch sehr häufig ein Arzt oder eine Ärztin beschrieben, der bzw. die in der betreffenden Angelegenheit eine wichtige Rolle spielt.

Alle Fragen zum Thema Gesundheit und Krankheit sind grundsätzlich dem 6. Haus zugeordnet. Der Herrscher des 6. Hauses und mögliche Planeten in 6 geben Auskunft über das, was der Fragesteller unbewusst für sich entschieden hat oder was eine unbewusste Instanz in ihm oder ihr schon weiß. Wenn ich nachfolgend eine Darstellung der Zuordnungen von Zeichen und Planeten zu Körperregionen bzw. Organen aufliste, so geschieht dies ohne Anspruch auf Vollständigkeit. Ich führe sowohl die astromedizinisch gängigen Zuordnungen als auch Erfahrungswerte aus meiner Praxis an.

Zuordnungen von Zeichen und Planeten zu Körperregionen

Widder	Entspricht der Kopfregion bzw. Problemen am Kopf
Mars	Astrologisches Skalpell. Zähne. Muskeln. Entzündungen. Fieber.
Stier	Entspricht der Halsregion bzw. Problemen an Hals und Nacken, Schilddrüse, Kehlkopf, Stimmbänder, etc.
Venus	Verspannungen und Ungleichgewicht im Halsbereich

Zwillinge	Entspricht der Schulter- bis Lungenregion bzw. Problemen an Schulter, Schlüsselbein, Armen, Hände, Lungen, Bronchien
Merkur	Beweglichkeit, Flexibilität, Bandscheiben (in Verbindung mit Saturn), Ausdrucksfähigkeit, Sinneswahrnehmung
Krebs	Entspricht der Brust- bis Magenregion bzw. Problemen mit Brust, Magen, Bauchspeicheldrüse
Mond	Probleme in der Schwangerschaft, mit dem Stillen, evtl. auch Gebärmutter. Lymphsystem
Löwe	Entspricht der Solarplexus-Region bzw. Problemen mit Herz, Kreislauf, Rückgrat
Sonne	Herz
Jungfrau	Entspricht der Bauchregion bzw. Problemen mit der Verdauung, Darm, Bauchfell
Merkur	Abdominale Bewegungsabläufe beim Verdauungsvorgang
Waage	Entspricht der Lendenregion bzw. Problemen mit den Lenden, Nieren, obere Hüfte
Venus	Haut (als Kontaktorgan), Niere, Blase
Skorpion	Entspricht der Unterleibsregion bzw. Problemen mit Ausscheidungs- und Sexualorganen, Nierenbecken, Unterleib
Pluto	Immunsystem, Zellwachstum
Schütze	Entspricht der Hüft- und Oberschenkelregion bzw. Problemen mit Hüftgelenken, Schenkel, Gesäß
Jupiter	Leber, Galle
Steinbock	Entspricht der Knieregion bzw. Problemen mit Knochensystem, Knien, Gelenken

Saturn	Knochen, Wirbel, Knorpel, Bandscheiben (eher Merkur/Saturn), Alterserscheinungen
Wassermann	Entspricht der Wadenregion bzw. Problemen mit Unterschenkeln und Waden, Krampfadern
Uranus	Nervensystem, Krämpfe, Ticks

Tab. 5: Zuordnungen von Zeichen und Planeten zu Körperregionen

«Bandscheiben-Operation, ja oder nein?»

Ausgangspunkt der Frage

Die Klientin stellte mir ihre Frage kurz und knapp per E-Mail, so dass ich über ihre aktuelle Situation nur wusste, dass sie sich in einer Entscheidungssituation befand. Diese Entscheidung stellte man ihr ärztlicherseits offensichtlich frei, und sie hatte diese nun – mit allem Für und Wider – allein zu treffen.

Nicht nur, weil ich gesehen hatte, dass das Fragehoroskop eine Deutungseinschränkung beinhaltete (AC auf 0°59' Jungfrau = zu früh), sondern auch, weil ich über die Hindergründe der Frage rein gar nichts wusste, vereinbarte ich mit ihr einen telefonischen Gesprächstermin. Die Frage war so nicht zu beantworten, für eine OP schien es aber «zu früh» zu sein. Nachfolgend dennoch die wichtigsten Hinweise aus dem Stundenhoroskop.

Deutung

1. AC befindet sich auf 0°59' Jungfrau. **Deutungseinschränkung!**
   Aszendent in den ersten drei Graden: Es ist zu früh!
2. **Frage im Horoskop enthalten?** Ja! Herrscher von 6 = Saturn am AC.
3. **Was «erzählen» der Signifikator der Fragenden (= Merkur),**

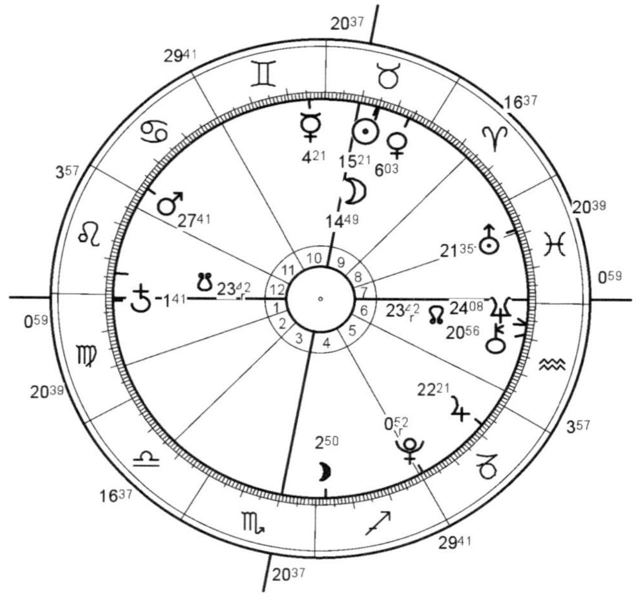

Abb. 32: Frage gestellt am: 5.5.2008,
13.25 Uhr MEZ, Berlin-Charlottenburg

und die Nebensignifikatoren Saturn in 1 und Mond über ihre aktuelle Situation?

Merkur: Auf 4°20‘ Zwillinge im 10. Haus.

Merkur steht zwar stark im eigenen Zeichen, allerdings hat er soeben ein Quadrat zu Saturn und eine Opposition zu Lilith hinter sich gebracht. Die Fragestellerin ist in ihrer Beweglichkeit eingeschränkt, das starke Merkur-Saturn-Thema im Fragehoroskop (Saturn in Jungfrau, Merkur im 10. Haus, Saturn, Herrscher von 6, Merkur-Saturn-Quadrat) verweist auf das Bandscheiben-Problem.

Merkur in Zwillinge symbolisiert zudem ihre Entscheidungsschwierigkeiten, denn das Zeichen Zwillinge geht meist mit zwei Möglichkeiten einher.

Saturn: Auf 1°41' Jungfrau im 1. Haus.
Saturn am AC zeigt, dass die Fragestellerin starken Belastungen ausgesetzt ist. Saturn ist stationär, er wurde erst drei Tage zuvor wieder direktläufig. Im Moment bewegt er sich noch nicht nach vorn, allerdings ist eine Vorwärtsbewegung in Sicht.

Mond: Auf 14°49' Stier im 9. Haus.
Auch der Nebensignifikator Mond in Stier ist stark gestellt (erhöht), allerdings kurz vor einer Konjunktion mit Sonne. Die Neumondstellung zeigt an, dass etwas zu Ende geht. Eine aktuelle Situation muss erst abgeschlossen werden, damit etwas Neues beginnen kann. Letzter Aspekt des Mondes ist ein Sextil zu Mars. Eine Operation (Mars) ist also durchaus noch im Rahmen des Möglichen, allerdings nicht jetzt. Derzeit liegt der Fokus auf Abschluss eines Klärungsprozesses, und hierbei unterstützen die stark gestellten Signifikatoren Merkur und Mond der Fragestellerin.

4. **Deutung der erfragten Angelegenheit.**
   Operation (= Mars), 6. Haus (= Gesundheit), Chiron und Neptun in 6.

   Mars: Auf 27°40' Krebs im 11. Haus.
   Was der zu frühe Aszendent schon anzeigt, spiegelt sich auch in der Mars-Stellung wider. Er steht schwach im Fall und hat keinen Bezug zum 6. Haus oder zum Signifikator der Fragestellerin. Für eine akut bevorstehende Operation gibt es somit keinen Anhaltspunkt. Das bestätigt die Antwort des Aszendenten: Es ist zu früh!

   Chiron und Neptun im 6. Haus:
   Mit dieser Konstellation könnte Ungeklärtes im Bereich der Gesundheit angezeigt sein. Neptun in 6 deutet nicht selten auf Vergiftungen hin, die mit einer Abwehrschwäche einhergehen.
   Auch eine alternative, eventuell homöopathische Behandlungsform kann durch Neptun angezeigt werden.

5. Weiterer Verlauf der Angelegenheit.

Mond-Verlauf im Zeichen Stier nach Fragestellung

- Mond Konjunktion Sonne (+ 0,5°) = Abschluss von Altem.
- Mond Quadrat Chiron (+6°) = Schmerzliche Erfahrung
- Mond Sextil Uranus (+7°) = Veränderung der Lage, neue Sichtweise
- Mond Trigon Jupiter (+8°) = Positive Entwicklung, Glücksgefühl
- Mond Quadrat Neptun (+10°) = Verunsicherung, Enttäuschung
- Mond Sextil Mars (+13°) = Aktivität, evtl. Operation. **Letzter Aspekt.**

Fazit: Die Antwort ist Nein, ganz akut steht keine Operation bevor. Ansonsten ist es für die Beantwortung der Frage zu früh.

Was weiter geschah: Beim Telefongespräch mit der Klientin stellte sich heraus, dass sie tatsächlich schon seit längerem in homöopathischer und schulmedizinischer Behandlung ist. Ich fragte sie dennoch, ob ihre Behandler Hinweise auf Vergiftungen gefunden hätten. Dies war ihr neu, sie wollte sich aber um Abklärung bemühen. Dass das Stundenhoroskop für eine Bandscheiben-Operation ein «zu früh» signalisierte, war für die Fragestellerin beruhigend, aber auch nachvollziehbar. Im Moment stünden, nach ihrer Aussage, tatsächlich andere Therapiemaßnahmen zuerst an. Einige Wochen später bekam ich von ihr ein kurzes Feedback per E-Mail: «Komme kurz auf unser Gespräch zurück. Vergiftung, wie vermutet, vorhanden, und zwar ist die Leber überfordert wegen einer Darm-Entfernung vor einigen Jahren. Sanfter Ausleitungsprozess hat begonnen, dauert aber, wie alles Homöopathische.»

Resümee: Stundenastrologische Fragen speichere ich in meinem Astro-Programm-Archiv unter ihren jeweiligen Themen wie z.B. «Gesundheit und Krankheit» ab. Bei der Auswahl geeigneter Fallbeispiele für dieses Buch fiel mir auf, dass überdurchschnittlich viele Fragehoroskope im Archiv «Gesundheit und Krankheit» eine Deutungseinschränkung aufwiesen. Wie sich zeigt, kann man diese Horoskope zwar deuten, die Einschränkung sollte aber immer im Auge behalten werden. Ich werte sie als Hinweis, eine Antwort – wenn überhaupt – nur unter größter Zurückhaltung zu geben. Gerade weil bei Gesundheitsfragen Ängste und Unklarheiten häufiger im Spiel sind und vielleicht auch so manches Untersuchungsergebnis noch nicht auf dem Tisch liegt, ist die Deutungseinschränkung eher als «Sicherheitsaspekt» und Hilfe für Astrologen und Astrologinnen zu sehen, denn als Ärgernis für die Fragesteller.

In obigem Fallbeispiel war es der Klientin – zumindest unbewusst – klar, dass eine Operation nicht akut bevorsteht. Meine Antwort an sie, dass das Fragehoroskop eine Deutungseinschränkung enthält und es «zu früh» sei, hat sie daher auch nicht sonderlich überrascht.

«Wird mein Sohn eine Spenderniere bekommen?»

Ausgangspunkt der Frage

Diese Frage hat sich die Mutter selbst gestellt. Sie nahm an einem meiner Wochenend-Seminare in Wien teil und fragte mich am nächsten Tag, ob wir dieses Fragehoroskop während des Seminars besprechen könnten. Es läge ihr sehr viel daran, denn ihr erwachsener Sohn hätte nicht mehr lange zu leben, sollte es mit einer Spenderniere nicht klappen.

Nachdem am Sonntagnachmittag alle Regeln der Vorgehensweise beim Deuten eines Stundenhoroskops besprochen waren und es ans gemeinsame Deuten von Fallbeispielen ging, wagten wir uns an dieses Fragehoroskop, auch wenn das – für eine Seminarsituation mit ca. 40 Teilnehmern – thematisch ein «heißes Eisen» war. Es gibt wohl nichts Schlimmeres für eine Mutter, als sich mit dem möglichen Tod ihres Kindes zu konfrontieren und dann vielleicht in einem Seminar erfahren zu müssen, dass keine Spenderniere für ihren Sohn in Sicht ist.

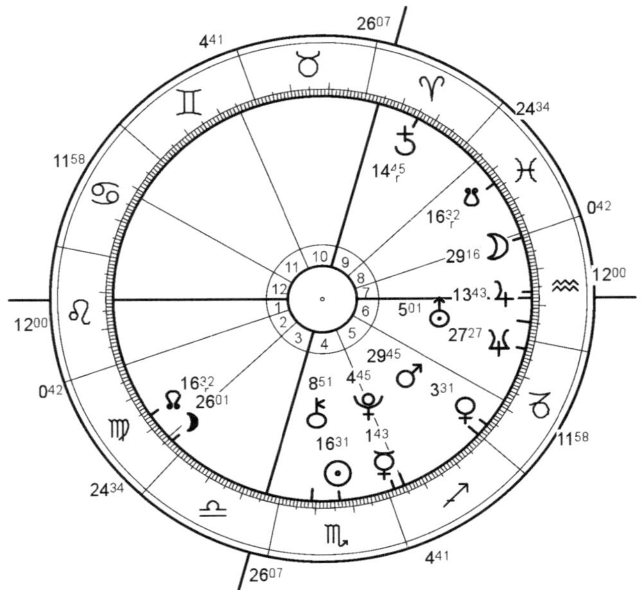

Abb. 33: Frage gestellt am: 8.11.1997, 22.19 Uhr MEZ, Wien

Um es gleich vorweg zu nehmen: Zum Glück sah ich sofort, dass die Antwort «Ja» lauten würde! Ansonsten hätte ich es – in diesem speziellen Fall – abgelehnt, das Horoskop in großem Kreise zu besprechen.

Deutung

1. AC befindet sich auf 12°00' Löwe. **Keine Deutungseinschränkung.**

2. **Frage im Horoskop enthalten?** Ja! Bei der Frage geht es um die Gesundheit des Sohnes der Fragestellerin. Das 6. Haus des Sohnes ist das 10. Haus des Stundenhoroskops. Die Herrscher sind Mars und Venus und sie stehen im 1. Haus des Sohnes. Pluto am AC des Sohnes symbolisiert seine lebensbedrohliche Situation.

Die Mutter (und ihr im Skorpion eingeschlossener Signifikator Sonne in 4) fühlt sich ohnmächtig und in einer krisenhaften, familiären Situation wie gefangen.
Das Horoskop muss gedreht werden, so dass aus der Spitze des 5. Hauses (= 4°41' Schütze) der Aszendent des Sohnes wird.

3. **Was «erzählen» die Signifikatoren des Sohnes über die aktuelle Situation?**

Pluto am Aszendenten des Sohnes.
Die fast minutengenaue Konjunktion von Pluto und der Spitze des 5. Hauses zeigt deutlich, wie ernst es um den Sohn der Fragestellerin steht. Er befindet sich in einer lebensbedrohlichen Krise, die – gemäß der Extreme, die Pluto verkörpert – entweder zum Tode führen kann oder aber zu einer enormen Verbesserung seines Gesundheitszustandes. Der aktuellen Situation haftet etwas Schicksalhaftes an, er ist einem Geschehen ausgeliefert, in das er selbst nicht aktiv eingreifen kann.

Jupiter: Auf 13°43' Wassermann im 3. Haus.
Der Hauptsignifikator des Sohnes, Jupiter, steht in Wassermann weder stark noch schwach. Allerdings ist allein die Tatsache, dass der Sohn von einem direktläufigen Jupiter symbolisiert wird, ein gutes Zeichen. Jupiter, der Wohltäter, der in der Antike das große Glück *(fortuna major)* darstellte, kann im uranischen Zeichen Wassermann auf eine plötzliche, glückliche Wende hindeuten.
Im 3. Haus des Sohnes kommt dieses plötzliche Glück vermutlich über eine Nachricht oder einen Anruf zu ihm. Auch ist dieser Konstellation zu entnehmen, dass «das Glück» nicht allzu weit entfernt von ihm zu suchen ist. Es liegt sozusagen in seiner Nachbarschaft (= 3. Haus). Zehn Tage später würde Merkur im Sextil zu Jupiter stehen, was die Möglichkeit einer «frohen Botschaft» zusätzlich unterstreicht.

Mars und Venus im 1. Haus.
Mars und Venus sind Herrscher des 6. Hauses des Sohnes.

In seinem 1. Haus werden sie zu Mitsignifikatoren und im Zusammenhang mit der Frage dürfte Mars hier die Operation und Venus die ersehnte Spenderniere anzeigen.

4. **Deutung der erfragten Angelegenheit.**
   Gesundheit des Sohnes (= 6. vom 5. Haus = 10. Haus), im Widder, Herrscher Mars, eingeschlossener Stier in 6, Mitherrscher Venus.
   Spenderniere = Venus.
   Mars, als Herrscher des 6. Hauses, steht auf 29°45' Schütze. Im Domizil Jupiters und im 1. Haus des Sohnes ist diese Stellung als durchaus positiv zu werten. Auch die Tatsache, dass Mars ganz am Ende des Zeichens steht, zeigt, dass sich die gesundheitliche Situation in Kürze ändern wird. Es geht etwas zu Ende, und kaum dass Mars Neuland, nämlich das Zeichen Steinbock betreten hat, ist die Venus (= Niere) in Sicht.
   Der Mond steht nur noch ein halbes Grad von seinem letzten Aspekt im Zeichen Fische entfernt. Es ist sozusagen «fünf vor zwölf», aber der Sextil-Aspekt zwischen Mond und Mars kommt noch zustande, bevor beide das Zeichen wechseln. Zu allem anderen ist dies ein deutlicher Hinweis, dass die Antwort «Ja» lauten muss und dass die Spenderniere quasi «in letzter Minute» gefunden wird.
5. **Weiterer Verlauf der Angelegenheit.**
   Mond-Verlauf im Zeichen Fische nach Fragestellung.
   - Mond Sextil Mars (+0,5°) = Operation, gutes Gelingen. Letzter Aspekt.

Fazit: Die Antwort ist Ja! Der Sohn wird eine Spenderniere erhalten.

Was weiter geschah: Nicht nur die Fragestellerin, sondern auch alle anderen Teilnehmer des Seminars und ich selbst natürlich auch, waren sehr erleichtert, dass die gemeinsam erarbeitete Antwort des Stundenhoroskops positiv ausfiel. Da es eher Hinweise darauf gab, dass die Spenderniere nicht von weit her und anonym zu ihm kam, sondern im Umfeld des Sohnes «lag», fragte ich die Mutter, ob es nicht sein könne, dass jemand aus der Familie als Spender in Frage käme. Sie verneinte dies. Alle blutsverwandten Familienmitglieder seien getestet worden, es käme leider niemand als Spender in Frage.

Etwa ein halbes Jahr später bekam ich einen Brief von ihr. Die Mutter berichtete, dass alles so eingetreten sei, wie wir es im Seminar gedeutet hätten. Der Sohn habe kurze Zeit später eine Spenderniere bekommen, und zwar von seiner Ehefrau! Diese wäre damals noch nicht getestet gewesen. Nach dem Seminar hätte sie der Familie die Kassettenaufnahme unserer Deutung vorgespielt, und die Tatsache, dass im Seminar immer wieder erwähnt wurde, dass die Spenderniere «nicht weit weg liegen könne», habe dazu geführt, dass sich die Ehefrau – ohne große Hoffnung – testen ließ. Und siehe da, sie war als Spenderin geeignet! Sohn und Ehefrau hätten die Operationen gut überstanden, es ginge ihnen gut.

Resümee: An der aktuellen Zeitqualität dieses Wochenendes war, mit Sonne im Skorpion und einer Merkur-Pluto-Konjunktion im Quadrat zu Mond, unschwer zu erkennen, dass es in diesem Seminar wohl kaum um die leichten Themen des Daseins gehen würde. Auch die meisten anderen Fallbeispiele der Teilnehmer waren entsprechend «plutonisch» und die Erfahrungen für alle Anwesenden höchst intensiv.

Interessant war überdies, dass schon meine Abreise nach Wien, mit einer «Beinahe-Katastrophe» auf dem Flughafen Tegel in Berlin begann. Eine Maschine der «Air France» war beim Landeanflug über das Rollfeld hinausgeschossen und im Acker gelandet. Der Flughafen wurde geschlossen, alle Flüge – auch meiner nach Wien – wurden gestrichen. Mehr dazu jedoch im Kapitel «Abreise-Horoskope».

Wohnen

Die eigenen vier Wände werden traditionell dem 4. Haus zugeordnet. Fragen zum Thema «Wohnen» können jedoch auch andere Häuser betreffen, je nachdem, was genau gefragt wird. So muss unterschieden werden, ob sich eine Frage auf die jetzige Wohnung bezieht, die man zum Zeitpunkt der Fragestellung bewohnt oder um eine zukünftige Wohnung, die man eventuell mieten oder kaufen möchte. Auch ist es nicht unwichtig, ob man ein Haus oder eine Wohnung kauft, um darin zu wohnen, oder ob es sich um ein Objekt handelt, das man aus anderen Gründen erwerben möchte. Im letzteren Fall hat der Kauf nichts mit dem 4. Haus im Fragehoroskop zu tun, sondern mit der Achse 2/8. Generell kann man Fragen zum Thema Wohnen in zwei Bereiche unterteilen:

1. Es handelt sich um eine Frage, die lediglich die jetzige Wohnung betrifft. Dies kann sich um Themen handeln wie: Renovierung, Umbau, Schäden in der Wohnung, Mitbewohner, Umzug etc. Hier finden sich die Antworten stets im 4. Haus des Fragehoroskops. Die Signifikatoren sind der Herrscher von 4 und eventuelle Planeten in 4. Als natürlicher Signifikator gilt hier der Mond.
2. Handelt es sich um eine Frage zu einer zukünftigen Wohnung, muss das 4. Haus vom 4., also das 7. Haus betrachtet werden. Eine Frage wie, «Sollen wir die heute besichtigte Wohnung mieten?» betrifft stets das 7. Haus und die Herrscher von 7.

Auch ein Haus, das zu eigenen Wohnzwecken gekauft werden soll, gehört ins 7. Haus. Der natürliche Herrscher für Immobilien ist allerdings Saturn. Er sollte bei einer Haus- oder Wohnungsbesichtigung möglichst gut gestellt sein, wenn man das Objekt käuflich erwerben will. Ein Immobilienmakler wird meist von Merkur symbolisiert, dieser sollte ebenfalls «astrologische Würden» besitzen.

Bei Fragen, die sich auf die Wohnsituation oder den Umzug

einer anderen Person beziehen, muss das Horoskop – wie immer – entsprechend gedreht werden.

«Sollen wir diese Wohnung mieten?»

Ausgangspunkt der Frage

Ein Ehepaar ist auf der Suche nach einer schöneren Wohnung. Nachdem die beiden eine Wohnung besichtigt hatten, die ihnen wirklich gut gefiel, stellte mir die Ehefrau die Frage: Sollen wir diese Wohnung mieten?

Deutung

1. AC befindet sich auf 11°34‘ Stier. **Keine Deutungseinschränkung.**
2. **Frage im Horoskop enthalten?** Ja! Bei der Frage geht es um das 7. Haus (= zukünftige Wohnung), und Mars, der Signifikator der Wohnung, steht im 1. Haus.
3. **Was «erzählen» der Herrscher der Fragenden (= Venus) und ihr Nebensignifikator Mond über ihre aktuelle Situation?**
   Venus: Auf 26°12‘ Steinbock im 10. Haus.
   Bei einer so einfachen Frage wie der, ob die besichtigte Wohnung die zukünftige Wohnung der Fragesteller ist, ist eine tiefere Betrachtung der Signifikatoren nicht nötig. Es reicht in den meisten Fällen aus, das 7. Haus, seine Herrscher und die Aspekte zu betrachten.
   Interessant ist bei dieser Venus-Stellung aber, dass der Signifikator der Fragestellerin im 4. vom 4. vom 4. Haus, d.h. im 10. Haus steht. Somit befindet sich die Venus zwar nicht im Haus der zukünftigen Wohnung (7), sondern im Haus der übernächsten Wohnung!

   Mond: Auf 13°54’ Fische im 12. Haus.
   Auf emotionaler Ebene scheint den beiden noch nicht so recht klar zu sein, wie oder wo sie wohnen wollen. Der Mond in Fische im 12. Haus symbolisiert Unsicherheit und kaum klare Zielvorstellungen.

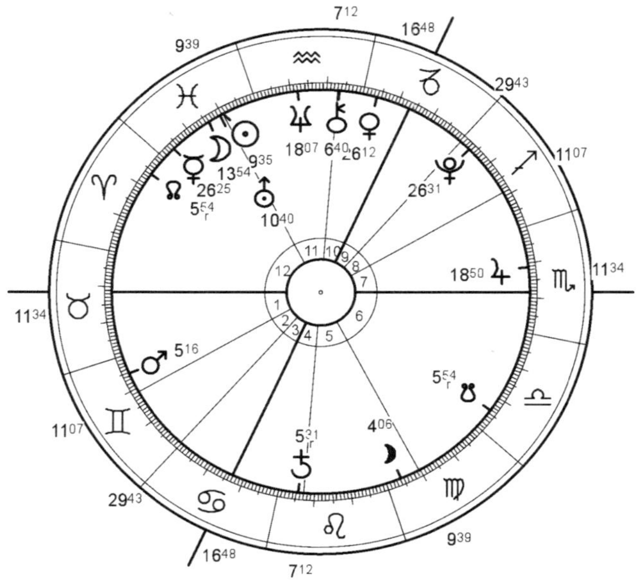

Abb. 34: Frage gestellt am: 28.2.2006, 8.48 Uhr MEZ, Berlin-Charlottenburg

Als Herrscher von 4 beschreibt der Mond aber auch die jetzige Wohnsituation. Im 12. Haus neigt sie sich dem Ende zu, was auch Saturn, der vor kurzem ins 4. Haus «gefallen» ist, anzeigt. Sehr lange werden sie sicher nicht mehr in dieser Wohnung wohnen.

4. **Deutung des gefragten Hauses.**
   Zukünftige Wohnung = 4. vom 4. Haus = 7. Haus.
   Spitze des 7. Hauses in Skorpion, Herrscher Mars. Jupiter im 7. Haus.
   Jupiter, als Mitsignifikator der potenziellen Wohnung, beschreibt diese als groß, weiträumig und vermutlich teuer (Jupiter ist auch Herrscher von 8 = Wert, Preis der neuen

Wohnung). Neptun im Quadrat zu Jupiter verspricht mehr Schein als Sein. Hier ist also höchste Vorsicht geboten.
Mars wird noch ins Quadrat zu Uranus und in Opposition zu Pluto laufen, was anzeigt, dass sich das Ehepaar gegen diese Wohnung entscheiden wird.
Venus, Signifikator der Fragenden, macht im weiteren Verlauf durch das Zeichen Steinbock weder einen Aspekt zu Mars noch zu Jupiter. Auch dies ein Hinweis, dass es diese Wohnung (noch) nicht ist.

5. **Weiterer Verlauf der Angelegenheit.**
Mond-Verlauf im Zeichen Fische nach Fragestellung
   - Mond Trigon Jupiter (+5°) = Erneuter Kontakt mit der Wohnung
   - Mond Konjunktion Merkur und Quadrat Pluto (+13°) = Absage. Letzter Aspekt.

Fazit: Die Antwort ist Nein! Das Ehepaar wird diese Wohnung nicht mieten!

Was weiter geschah: Aufgrund der Venus-Stellung im 10. Haus (= übernächste Wohnung), fragte ich die beiden, ob sie noch weitere Termine für Wohnungsbesichtigungen hätten. Sie verneinten zuerst, erzählten dann aber, dass ihnen der jetzige Makler noch eine andere Wohnung im selben Haus angeboten habe. Daraufhin riet ich ihnen, sich diese Wohnung auch noch anzusehen, denn interessanterweise stand Venus im 4. Haus der schon besichtigten Wohnung.

Von dieser weiteren Wohnung waren die beiden dann so begeistert, dass es keine Zweifel (und auch kein weiteres Fragehoroskop) mehr gab. Schon wenige Wochen später zogen sie dort ein.

Resümee: Das 4. Haus ist ein kardinales Haus und symbolisiert somit wichtige Grundbedürfnisse. Der Wunsch nach Heimat, Schutz, Privatsphäre, Geborgenheit und Zugehörigkeit spielt bei Fragen zum Themenbereich «Wohnen» stets eine Rolle. Die Entscheidung für eine neue Wohnung will wohlüberlegt sein, vor allem dann, wenn man vorhat, dort länger zu leben.

Im obigen Fallbeispiel zeigen der Stier-Aszendent und die Venus im Steinbock, dass das Paar in der zukünftigen Wohnung wirklich sesshaft werden will (Stier) und auch für eine lange Zeit (Steinbock) darin leben möchte. Die Wohnung, auf die sich die Frage bezog, wurde allerdings von einem unsteten, zur Zersplitterung neigenden Zwillinge-Mars symbolisiert und bot schon aus diesem Grund nicht wirklich das, was die beiden suchten.

«Werde ich in diesem Jahr noch in mein Elternhaus ziehen können?»

Ausgangspunkt der Frage
Der Fragesteller hatte gemeinsam mit seinen beiden Geschwistern das Haus der Eltern geerbt. Während die Geschwister das Haus verkaufen wollten, war er der einzige, der das Haus halten und dort mit seiner Familie einziehen wollte. Geld, um die Geschwister auszubezahlen, hatte er jedoch nicht.

Es kam zum Streit, der sich zu einer Pattsituation mit verhärteten Fronten entwickelte. Das Elternhaus stand leer, während der Fragesteller von seinem damaligen Vermieter eine Kündigung wegen Eigenbedarfs bekam. Bis zum Ende des Jahres musste er ausgezogen sein und sich so oder so eine neue Wohnung suchen. In dieser Situation stellte er mir die Frage, ob er in diesem Jahr vielleicht doch noch in sein Elternhaus einziehen könne.

Deutung

1. AC befindet sich auf 4°39‘ Skorpion. **Deutungseinschränkung: Saturn in 7.**
   Diese Deutungseinschränkung ist zu vernachlässigen, da es sich bei der Frage um eine Immobilie (= Saturn) handelt.
2. **Frage im Horoskop enthalten?** Ja! Bei der Frage geht es um das 7. Haus (= zukünftige Wohnung), und der Herrscher von 4 (= jetzige Wohnung) steht im 7. Haus. Auch die Erbschaftssituation ist durch Skorpion-AC und Signifikator Mars im 8. Haus angezeigt.

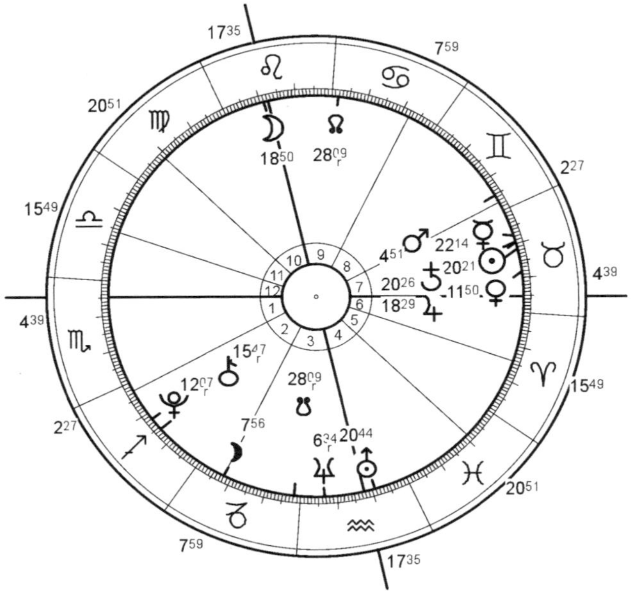

Abb. 35: Frage gestellt am: 10.5.2000, 19.12 Uhr MESZ, Berlin-Charlottenburg

3. **Was «erzählen» der Signifikator des Fragestellers (= Mars) und Nebensignifikator Mond über die aktuelle Situation?**
   Mars: Auf 4°50‘ Zwillinge im 8. Haus.
   Mars steht in Zwillinge weder stark noch schwach, allerdings sitzt er «zwischen zwei Stühlen». Er kann seine Ziele aus eigener Kraft nicht umsetzen, die Erbschaftsauseinandersetzung (8. Haus) bindet seine Energie. Verhandlungen und Gespräche (Zwillinge) haben bisher wenig Erfolg, stattdessen kommt es zu verletzenden Verbalschlachten mit den Geschwistern. Es geht um Geld, das der Fragesteller nicht hat, um seine Geschwister auszuzahlen (Herrscher von 3 = Saturn in Stier in 7).

Mond: Auf 18°50' Löwe im 10. Haus.
Mit Mond in Löwe am MC hat der Fragesteller das Bedürfnis nach Selbständigkeit. Er fühlt sich in der Abhängigkeit von seinen Geschwistern (Saturn) nicht wohl. Das in Kürze exakt werdende Mond-Saturn-Quadrat symbolisiert die Frustration und Unvereinbarkeit der Standpunkte. Uranus im Quadrat zu Saturn und in Opposition zu Mond spiegelt sowohl die starken Spannungen als auch die Pattsituation wider.

4. **Deutung des gefragten Hauses.**
   Zukünftige Wohnung = 4. vom 4. Haus = 7. Haus.
   Spitze des 7. Hauses in Stier, Herrscher Venus. Sonne, Merkur, Jupiter und Saturn im 7. Haus.
   Die starke Stier-Besetzung im 7. Haus unterstreicht die finanzielle Problematik. Der Fragesteller kann nur durch Auszahlung der Geschwister ins Elternhaus einziehen. Da auch Jupiter – Herrscher von 2 und damit Signifikator für seine Finanzen – im 7. Haus (= zukünftige Wohnung) steht, ist anzunehmen, dass er eine Möglichkeit findet, sich «einzukaufen». Der negative weitere Mondverlauf lässt aber keinesfalls auf ein «Ja» schließen. Nichts deutet darauf hin, dass eine baldige Wende zum Guten in Sicht ist und er in diesem Jahr noch in sein Elternhaus einziehen kann.

5. **Weiterer Verlauf der Angelegenheit.**
   Mond-Verlauf im Zeichen Löwe nach Fragestellung
   - Mond Quadrat Sonne (+2°) = Spannungen, evtl. rechtliche Schwierigkeiten
   - Mond Quadrat Saturn (+2°) = Frustration, Unvereinbarkeit mit Geschwistern
   - Mond Opposition Uranus (+2°) = Umzug, große Spannungen
   - Mond Quadrat Merkur (+4°) = Keine Einigung. **Letzter Aspekt.**

Fazit: Die Antwort ist Nein! Er wird in diesem Jahr nicht in sein Elternhaus einziehen können.

Was weiter geschah: Der Fragesteller konnte mit seinen Geschwistern keine Einigung erzielen. Er musste mit seiner Familie aus seiner jetzigen Wohnung ausziehen (Uranus in 4) und sich eine Mietwohnung nehmen. Das Elternhaus wurde zum Verkauf ausgeschrieben, allerdings hatte sich auch ein Jahr später noch kein Käufer gefunden. Im Herbst 2001 starb der Vater der Ehefrau des Fragestellers und hinterließ ihr eine größere Summe Geld. Mit diesem Geld und einer Bankfinanzierung gelang es ihm, seine Geschwister auszuzahlen und das Elternhaus doch noch zu beziehen. Im April 2002 war es soweit.

Resümee: Das T-Quadrat zwischen den Planeten im 4., 7. und 10. Haus spiegelt die spannungsgeladene Verbindung von jetziger Wohnung (4), gewünschter zukünftiger Wohnung (7) und unerwünschter übernächster Mietwohnung (10) wider. Die Herrscher von 4 (Saturn) und 10 (Sonne) sitzen allerdings in 7, ebenso wie Venus, der Herrscher von 7. Diese Konzentration auf das Elternhaus lässt zwar den Schluss zu, dass es letztlich doch noch klappen würde, da sich die Frage aber auf den Zeitpunkt « noch in diesem Jahr» bezog, musste die Antwort «Nein» lauten.

Im Nachhinein kann man sehen, dass auch die Erbschaft der Ehefrau schon im Fragehoroskop thematisiert war. Sie wird vom Deszendenten und seinem Herrscher Venus symbolisiert. In Stier steht sie in ihrem Domizil und daher sehr stark, zudem läuft sie in eine Konjunktion zu Jupiter, der Herrscher ihres 8. Hauses (= Erbschaft) ist.

«Soll ich ins Altersheim gehen?»

Ausgangspunkt der Frage

Kurz nach 11 Uhr rief mich an diesem Tag eine Frau an, die ich nicht kannte und die gleich zu Beginn des Gespräches erwähnte, dass sie 91 Jahre alt sei. Sie bat mich, mir eine stundenastrologische Frage stellen zu dürfen, denn sie wolle wissen, wie lange sie noch lebe.

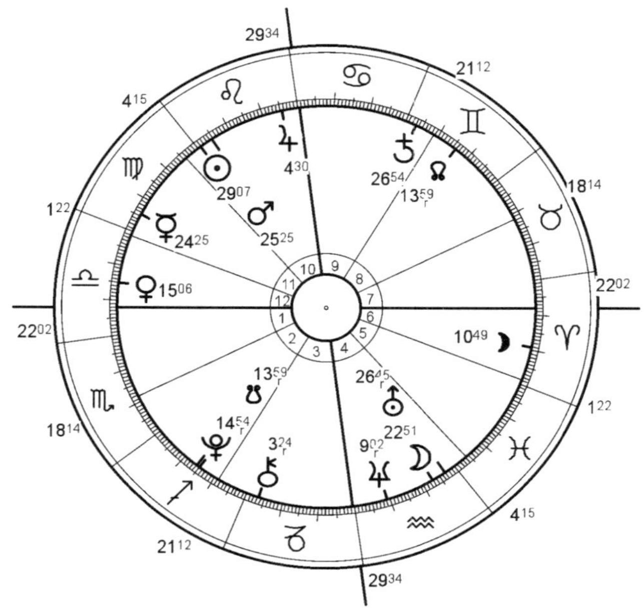

Abb. 36: Frage gestellt am: 22.8.2002, 11.12 Uhr MESZ, Berlin-Charlottenburg

Als ich ihr erklärte, dass, wenn überhaupt, dies nur der «liebe Gott» wisse und selbst er uns sicher aus gutem Grund bis zum Schluss im Ungewissen ließe, lachte sie. Ja, ja, das sei ihr schon klar, und sie würde jetzt nicht von mir erwarten, dass ich ihr ein Todesdatum nenne. Aber sie habe ein Problem, bei dessen Klärung ich ihr vielleicht dennoch behilflich sein könnte.

Dann erzählte sie, dass sie trotz ihres hohen Alters immer noch fit sei und sich selbst versorge. Sie wohne allein in einem großen Haus, ihr Sohn schaue täglich nach ihr, und für Besorgungen hätte sie Personal.

Wirklich schlimm sei aber, dass sie sich den ganzen Tag über nur langweilen würde. Sie habe keine Unterhaltung und könne nur am Fenster sitzen und den Vögeln beim Zwitschern zuhören. Sie habe keine Angst vor dem Tod; wenn er morgen käme, wäre es völlig in Ordnung. Nur die Langeweile, die könne sie nicht mehr ertragen!

Jetzt hätte sie sich ein Herz gefasst und einige Alterswohnsitze angesehen. Darunter sei einer gewesen, der sehr komfortabel war und in dem es lustig zugegangen sei. Sie habe dort gleich nette Leute kennengelernt, eine Wohnung wäre dort auch frei, so dass sie sofort einziehen und ihrem langweiligen Alltag ein Ende bereiten könne. Der Umzug, bei dem sie ja ein ganzes Haus räumen müsste, würde sich aber nur lohnen, wenn sie wirklich noch eine Weile zu leben habe. Wenn ich in ihrem Horoskop nun aber sehen würde, dass es in einem halben Jahr mit ihr zu Ende ginge, würde sie nicht mehr umziehen. Sie wolle also eigentlich von mir nur wissen, ob sie ihr Haus räumen und ins Altersheim gehen solle.

Deutung

1. AC befindet sich auf 22°02' Waage. **Keine Deutungseinschränkung.**

2. **Frage im Horoskop enthalten?** Ja! Bei der Frage geht es um das 12. Haus (= Altersheim), der AC-Herrscher Venus steht in 12, und Venus ist Signifikator der Fragestellerin und der erfragten Angelegenheit. Der Mond steht zudem in 4, in Konjunktion zu Uranus, was das Aufgeben der bisherigen Wohnsituation symbolisiert.

3. **Was «erzählen» der Signifikator der Fragenden (= Venus) und der Nebensignifikator Mond über die aktuelle Situation der Fragestellerin?**

   Venus: Auf 15°05' Waage im 12. Haus.

   Die Venus ist in ihrem Domizilzeichen stark gestellt, was die Handlungsbereitschaft der Frau unterstreicht. Sie befindet sich in einer Entscheidungssituation (Waage), obwohl die Stellung der Venus im 12. Haus anzeigt, dass sie sich – zumindest unbewusst – schon für einen Umzug ins Altersheim entschieden hat. Aktuell spiegelt diese Stellung aber auch ihre Einsamkeit wider, die sie in ihrem Haus empfindet. Die Venus wird im weiteren Verlauf nur noch positive Aspekte bilden, was anzeigt, dass auf die Entscheidung für das Altersheim eine gute Entwicklung folgen wird.

Mond: Auf 22°51‘ Wassermann im 4. Haus.
Auch der Mond in Wassermann symbolisiert Aufbruchstimmung! Innerlich ist sie dabei, sich von ihrem bisherigen Heim zu verabschieden. Zwar ist der Mond eingeschlossen in 4, so dass sie wahrscheinlich nicht sofort ihre «Zelte abbrechen» kann, aber die kommende Konjunktion zu Uranus (nach 4 Zeiteinheiten) zeigt den Umzug. Dass es unter Mond-Opposition-Mars aber vorher noch Aufregungen, vielleicht auch finanzielle Streitigkeiten, geben könnte (Mars ist Herrscher von 2), ist anzunehmen. Letztlich beschreibt aber auch Neptun in 4 die Auflösung ihres Hausstandes.

4. **Deutung des erfragten Hauses.**
Altersheim (= 12. Haus), Spitze in Waage, Herrscher Venus in 12.
Die Frau beschreibt das Altersheim, in das sie einziehen möchte, selbst als komfortabel. Dem ist anhand der stark gestellten Waage-Venus, als Signifikator des Altersheims, nichts hinzuzufügen. Es scheint nicht nur komfortabel, sondern auch ausgesprochen geschmackvoll und repräsentativ zu sein.

Aufgeben ihres Hauses = 4. Haus, Spitze in Steinbock, Herrscher Saturn. Mond, Uranus und Neptun in 4.
Wie weiter oben schon beschrieben, zeigen die Planeten in 4 und hier vor allem die applikative Konjunktion von Mond und Uranus, dass die Frau ihr Heim aufgeben wird.
Die Spitze des 4. Hauses steht auf 29°34’ Steinbock, auch dies ein Zeichen, dass ihre jetzige Wohnsituation zu Ende geht.

5. **Weiterer Verlauf der Angelegenheit.**
Mond-Verlauf im Zeichen Wassermann nach Fragestellung
- Mond Opposition Mars (+3°) = Aufregungen, Streit
- Mond Konjunktion Uranus (+4°) = Umzug, Aufbruch, Veränderung
- Mond Trigon Saturn (+4°) = Abschied nehmen
- Mond Opposition Sonne (+7°) = Höhepunkt einer Entwicklung. **Letzter Aspekt.**

Fazit: Die Antwort ist Ja! Die Frau wird ins Altersheim gehen.

Was danach geschah: Die Frau zog ins Altersheim, und von da an bekam ich jedes Jahr zu Weihnachten eine Karte mit Dankesgrüßen von ihr, weil es ihr sehr gut gehe und sie ein glückliches Jahr im Kreise von Freunden erlebt habe. Die letzte Karte kam zu Weihnachten 2006. Ob sie in der Zwischenzeit verstorben ist oder einfach keine Lust mehr hat, Karten zu schreiben, entzieht sich meiner Kenntnis.

Resümee: Das Telefonat mit der alten Dame hatte ja eigentlich mit der Frage begonnen, wie lange sie noch zu leben habe. Erst anschließend stellte sich heraus, dass es ihr nicht primär darum ging, ihren Todeszeitpunkt zu erfahren, sondern um eine Klärung, ob es sich zeitlich noch «lohnen» würde, den Umzug ins Altersheim auf sich zu nehmen.

Das Stundenhoroskop sprach eine deutliche Sprache und zeigte zweifelsfrei an, dass die Frau ins Altersheim gehen würde. Interessant ist aber, dass auch die Eingangsfrage thematisiert ist! Venus ist, als Herrscher des Aszendenten, nicht nur Signifikator für die Fragestellerin und, als Herrscher von 12, Signifikator für das Altersheim. Sie ist zudem auch Herrscher von 8 und damit Signifikator für Fragen, die das Thema Tod betreffen. Ganz kurz vor Fragestellung stand die Venus außerdem im Sextil zu Pluto, der in Konjunktion zur Mondknotenachse (in den Häusern 2/8) steht. Das Thema «Tod und Vergänglichkeit» lag also durchaus in der Luft! Für den Fall aber, dass kein Umzug ins Altersheim sichtbar gewesen wäre, hätte ich auch dies der alten Dame sagen müssen. Es liegt jedoch in der Natur der Sache, dass sie dann zu einem anderen Zeitpunkt angerufen hätte und erfahrungsgemäß findet sich bei offenen oder versteckten Fragen nach dem Tod meist eine Deutungseinschränkung. Wenn nicht, liegt es im Ermessen des Stundenastrologen, ob er oder sie darauf antwortet. Ich persönlich halte Aussagen zu Todeszeitpunkten für unverantwortliche Übergriffe in die Psyche eines Menschen. Sei es der eigene Tod oder der von Nahestehenden – die scheinbare Kenntnis eines solchen Zeitpunkts ist mit das Schwierigste, was ein Mensch zu bewältigen hat. Ihn zu kennen, ist von Natur aus nicht vorgesehen und dies sicher aus gutem Grund. Abgesehen davon, arbeitet die Astrologie mit Symbolen und jede Konstellation birgt stets mehrere, symbolhaft ausgedrückte, Möglichkeiten. Zweifelsfreie Hinweise auf nur **eine** Möglichkeit, nämlich den Tod, gibt es meiner Erfahrung nach weder im Radix noch im Stundenhoroskop. Auch noch so deutliche Hinweise auf Zeiträume lassen sich im Stundenhoroskop nicht auf nur eine Zeiteinheit, wie z.B. Tage oder Wochen, festlegen.

Generell drückt ein Stundenhoroskop Fragen nach «Wie lange?» in Gradzahlen = Zeiteinheiten aus. Im vorliegenden Fallbeispiel wird an verschiedenen Stellen die Zeiteinheit 7 angegeben. Gut möglich, dass es zum einen sieben Wochen dauerte, bis die Fragestellerin ins Altersheim umziehen konnte und es zum anderen vielleicht sieben Monate brauchte, bis sie sich dort eingelebt oder ihr Haus gänzlich geräumt hatte. Ob das Fragehoroskop damit auch symbolisierte, dass die alte Dame noch sieben Jahre zu leben hat, ist möglich, aber letztlich unwichtig. Seinen eigentlichen Zweck hatte das Fragehoroskop erfüllt.

Geld und Wertsachen

In der Astrologie werden Besitz und Werte traditionell dem 2. Haus bzw. dem Zeichen Stier zugeordnet. Auch in der Stundenastrologie wird das 2. Haus zum «erfragten Haus», wenn sich die Fragen auf Finanzen oder auf Wertsachen beziehen. Es muss aber unterschieden werden, ob es sich um Gelder und Besitztümer handelt, die dem Fragesteller gehören, weil er sie erarbeitet und gekauft hat, oder ob es sich um Werte handelt, die dem 8. Haus zugeordnet werden müssen. Auch das 8. Haus kann mit Finanzen in Verbindung gebracht werden, hier aber vor allem um jene, die einem nicht selbst gehören.

Während das 2. Haus symbolisch gesehen für eine «Schatztruhe» steht, in der all jene Schätze zu finden sind, die man aus eigener Kraft und Fähigkeit erwirtschaftet hat, ist das 8. Haus eher als «Gemeinschaftstopf» zu verstehen. In ihn fließen Gelder wie beispielsweise Steuern, die durch Umverteilung von 2 nach 8 oder von 8 nach 2 gelangen können, aber es bleiben dennoch «Fremdgelder». Sie werden somit dem 8. Haus zugeordnet.

Nachfolgend eine kleine Übersicht über die Häuserzuordnungen der Achse 2/8:

Zweites Haus:
Einkommen aus eigener Arbeit, Besitztümer, Wertsachen, Konto-Guthaben, Erspartes.
Achtes Haus:
Erbschaften, Steuern, Wertpapiere, Subventionen, Renten, Arbeitslosengeld, Sozialhilfe, Krankenkassenbeiträge, Lotteriegewinne, Finanzen des Partners.

Der natürliche Herrscher für das «große Geld» ist Jupiter, während die Venus eher das «kleine Geld», also die Ausgaben für Lebenshaltungskosten, Bekleidung, Kultur oder kleinere Anschaffungen symbolisiert.

«Sollen wir das Dachgeschoss kaufen?»

Ausgangspunkt der Frage
Die Fragestellerin wohnte zusammen mit ihrem Lebensgefährten in einer Mietwohnung. Ihr gemeinsamer Traum war ein Dachgeschoss über den Dächern von Berlin, die mitunter als

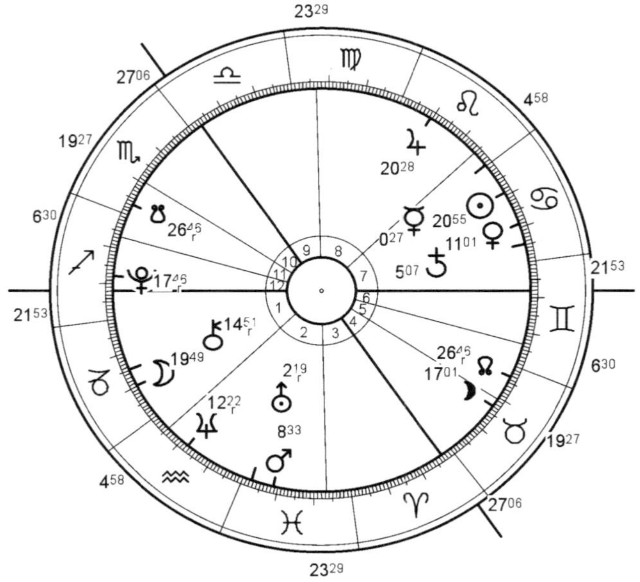

Abb. 37: Frage gestellt am: 13.7.2003, 19.23 Uhr MESZ, Berlin-Charlottenburg

«Dachrohling» (Dachgeschoss zum Selbstausbau) angeboten werden. Nachdem sie einige Objekte besichtigt hatten, fanden sie eines, das ihnen zusagte. Da es sich aber in einer begehrten und teuren Wohngegend befand und daher einen hohen Preis hatte, wurden sie unsicher. Daraufhin stellte mir die Frau die Frage *Sollen wir dieses Dachgeschoss kaufen?*

Deutung

1. **AC befindet sich auf 21°53‘ Schütze. Keine Deutungseinschränkung, obwohl Saturn in 7 steht.**

   Da es sich um eine Immobilien-Frage (= Saturn) handelt, kann diese Deutungseinschränkung vernachlässigt werden.

2. **Frage im Horoskop enthalten?** Ja! Bei der Frage geht es um viel Geld, was häufig mit Schütze-AC und / oder Jupiter in Verbindung steht. Jupiter steht zudem im 8. Haus (Geld der anderen, Banken, Finanzierung). Steinbock ist eingeschlossen in 1, Saturn ist also Mitherrscher. Mond steht in 1 (Wohnen).

3. **Was «erzählen» die Signifikatoren der Fragenden (= Jupiter, Saturn und Mond) über die aktuelle Situation?**

   Jupiter: Auf 20°27' Löwe im 8. Haus.

   Der Signifikator der Fragestellerin steht im 8. Haus. Mit Jupiter in Löwe will sie sich zwar etwas Repräsentatives leisten, aber sie benötigt hierfür Fremdgelder. Dies könnte eine Finanzierung durch die Bank sein, eine Erbschaft oder das Geld des Partners. Dass es um ihre eigenen Finanzen nicht gut steht, zeigt ein Blick ins 2. Haus. Dort symbolisieren Neptun, Uranus und Fische-Mars keine Reichtümer im irdischen Sinne.

   Saturn: Auf 5°07' Krebs, eingeschlossen im 7. Haus.

   Saturn ist Mitsignifikator der Fragenden, da Steinbock im 1. Haus eingeschlossen ist. Zudem ist Saturn «natürlicher Herrscher» für Immobilien. Er steht denkbar schlecht (Exil und eingeschlossen) und deutet im 7. Haus eventuell darauf hin, dass auch ein Partnerschaftsproblem eine Rolle spielen könnte.

   Mond: Auf 19°49 Steinbock im 1. Haus.

   Der Mond ist schwach gestellt im Exil. Er hat zudem einige schwierige Aspekte hinter sich (Opposition Saturn und Venus, Konjunktion zu Chiron), was anzeigt, dass es der Fragestellerin auf emotionaler Ebene nicht besonders gut geht. Es könnte sein, dass Gefühle des Ungeborgen- und Alleinseins mit dem Kauf des Dachgeschosses kompensiert werden sollen. Andererseits dürfte auch der Kauf eines «Dachrohlings» viele Schwierigkeiten und Entbehrungen (Steinbock) mit sich bringen, bis darin gewohnt werden kann.

4. **Deutung des erfragten Hauses.**
   Kauf einer Immobilie (= 2. Haus.) Spitze des 2. Hauses in Wassermann, Herrscher Saturn. Mitherrscher Uranus, Nebensignifikatoren Neptun, Mars im 2. Haus.
   Das Dachgeschoss wird zum einen durch Saturn, als natürlichen Signifikator für Immobilien symbolisiert, zum anderen durch den Herrscher von 2, da es in den Besitz der Fragestellerin übergehen soll. Auch hier ist Saturn Signifikator. Er ist jedoch zu schwach gestellt (eingeschlossen, im Exil), als dass dieses Objekt als «wertvoll» im eigentlichen Sinne betrachtet werden könnte.

   Mitherrscher Neptun, Nebensignifikatoren Uranus und Fische-Mars im 2. Haus.
   Der Kauf eines so teuren Objektes scheint hier mehr auf einem Traum bzw. einer Illusion zu basieren. Die finanziellen Möglichkeiten der Fragestellerin stehen in keinem Verhältnis zum Preis der Immobilie. Jupiter in 8 deutet es schon an: der Kauf ist nur mit einer kapitalintensiven Finanzierung durch die Bank möglich. Der Signifikator der Bank ist der Herrscher von 8 (= Sonne), dieser steht ebenfalls eingeschlossen in Krebs. Der Mond wird als letzten Aspekt eine Opposition zur Sonne bilden und zeigt damit an, dass aus der Finanzierung nichts wird.

5. **Weiterer Verlauf der Angelegenheit.**
   Jupiter-Verlauf im Zeichen Löwe nach Fragestellung
   - Merkur Konjunktion Jupiter = Glückliche Wende, Partner (= Merkur) kommt auf sie zu.

   Saturn-Verlauf im Zeichen Krebs
   Saturn erhält keine Aspekte mehr von schnelleren Planeten. Da er in Rezeption zum Mond steht, bestünde noch die Möglichkeit eines Herrscheraustausches, aber dann liefe der Mond in Opposition zu Saturn, was keine Verbesserung mit sich brächte.

   Mond-Verlauf im Zeichen Steinbock nach Fragestellung

- Mond Opposition Sonne (+1) = Sich gegen das Vorhaben entscheiden. **Letzter Aspekt.**

Fazit: Die Antwort ist Nein! Dieses Dachgeschoss werden sie nicht kaufen.

Was weiter geschah: Ein Beratungsgespräch, bei dem ich der Fragestellerin riet, das Dachgeschoss nicht zu kaufen, brachte zu Tage, dass sie sich von ihrem Partner eine größere Verbindlichkeit wünschte. Zwar wohnten sie zusammen, aber der Partner arbeitete in einer anderen Stadt und kam nur am Wochenende nach Hause. Mit dem gemeinsamen Kauf einer Immobilie wollte sie eigentlich ein stärkeres Band zwischen beiden knüpfen. Ich riet ihr, zuerst die Beziehung zu ihrem Lebensgefährten zu klären, bevor sie sich gemeinsam so hoch verschuldeten. Im Frühjahr 2004 heirateten die beiden dann plötzlich. Der Kauf einer Immobilie war kein Thema mehr.

Resümee: Bei diesem Fallbeispiel fiel besonders auf, dass das 2. Haus keine Ressourcen für den Kauf eines teuren Objektes zeigte. Auch war die favorisierte Immobilie mehr als schwach gestellt. Beides zusammen und darüber hinaus noch eine Opposition als letzten Mondaspekt ließ nur den Schluss zu, dass es hier zu keinem Kaufvertrag kommen würde.

«Sinken meine Aktien noch mehr?»

Ausgangspunkt der Frage

Der Fragesteller rief an und erzählte, dass er in Sorge sei, da seine Aktien immer mehr an Kurswert verlieren würden. Wenn er sie jetzt allerdings abstieße, wäre sein Verlust groß. Daraufhin stellte er mir die Frage: Sinken meine Aktien noch mehr?

Als ich mir das Fragehoroskop anschaute, hatte ich einige Mühe, das Thema im Horoskop zu erkennen. Mit Merkur, dem Signifikator des Fragestellers im 7. Haus und Mitherrscher Mond im 11. Haus, schien mir eine Frage nach Aktien – auf den ersten Blick – jedenfalls nicht enthalten. Zwar stand Ju-

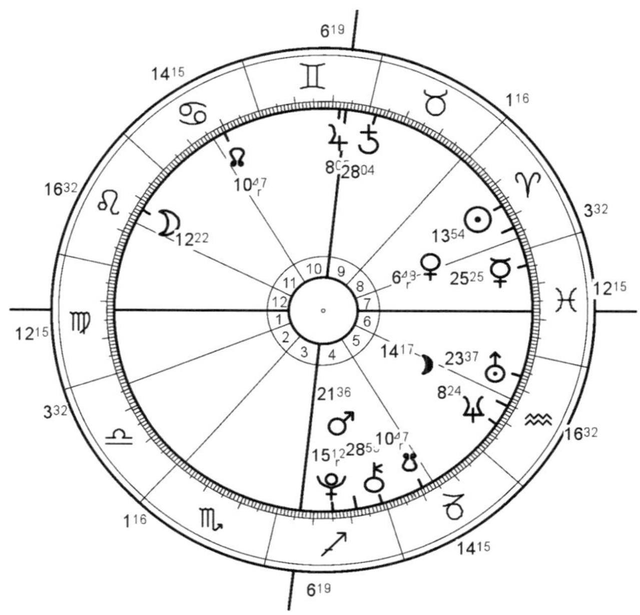

Abb. 38: Frage gestellt am 3.4.2001,
16.37 Uhr MESZ, Berlin-Charlottenburg

piter (= das große Geld) dominant am MC, und Venus, der Herrscher des 2. Hauses, befand sich im 8. Haus (= Aktien), aber was der Mars, als Herrscher von 8 und damit Signifikator der Aktien, im 4. Haus «zu suchen hatte», erschloss sich mir anfänglich nicht.

Ein gewohntes Vorgehen bei der Deutung ergab hier jedenfalls keinen Sinn. Deshalb versuchte ich mich auf die Fragestellung bzw. die Wortwahl des Fragestellers zu konzentrieren. Bei der Frage *Kriegt mein Sohn noch die Kurve?* waren mir zum Wort «Kurve» letztlich die Rückläufigkeitsschleifen der Planeten eingefallen, und nun blieb ich bei meinen Überlegungen am Wort «sinken» hängen. Auch in einem Horoskop «sinken» Planeten, wenn sie den Kulminationspunkt überschritten haben. Das MC ist der höchste Punkt im Horoskop, das IC der tiefste. Ein Mars im 4. Haus hat den tiefsten Punkt fast erreicht. Im Fragehoroskop war Mars (= Aktien) noch 15 Grad vom IC entfernt. Es ging also noch tiefer! Erst wenn Mars in Konjunktion zum IC stünde und danach ins 3. Haus «fiele», würde es langsam wieder aufwärts gehen.

Diese unorthodoxe Sicht- und Deutungsweise ließe also den Schluss zu, dass die Aktien noch eine kurze Zeit sinken, sich dann aber erholen und wieder steigen würden. Auch die letzten Aspekte des Mondes, mit Opposition Uranus und Quadrat Saturn, versprachen keine beruhigende Antwort. Sonne und Venus im 8. Haus sind Mitsignifikatoren der Aktien. Die in Widder erhöhte Sonne symbolisierte zumindest eine Aktie, die Gewinne abwerfen könnte, die Exil-Venus dürfte dagegen, auch nach ihrem «Sinkflug», nicht viel einbringen. Jupiter (= großes Geld) und Merkur, der Signifikator des Fragestellers, standen ebenfalls in ihren Exilzeichen.

In einem weiteren Telefonat teilte ich dem Fragesteller mit, was ich im Stundenhoroskop sah. Auch teilte ich ihm mit, dass ich das Fragehoroskop nicht in üblicher Manier deuten konnte und deshalb absolut nicht sicher sei, ob meine Vermutungen Hand und Fuß hätten. Er solle diese Deutung daher eher als Experiment werten und sich nicht allzu sehr darauf verlassen. Ich bat ihn aber um ein Feedback, wie es mit seinen Aktien weitergegangen sei.

Lange Zeit später stellte er mir wieder einmal eine Frage per E-Mail. Im P.S. vermerkte er: «*Wegen der Aktien hatten Sie übrigens recht. Es kam alles so, wie Sie gesagt haben*». Doch womit ich nun im Einzelnen recht hatte, erwähnte er leider nicht.

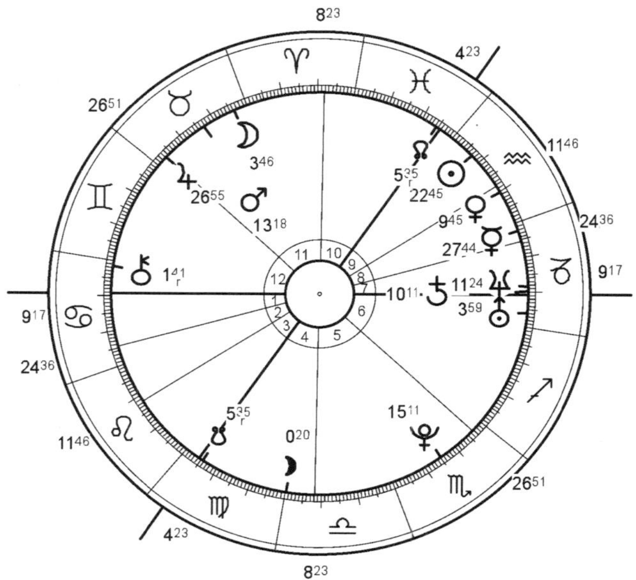

Abb. 39: Frage gestellt am 11.2.1989, 13.06 Uhr MEZ, Berlin-Charlottenburg

«Werde ich als Astrologin meine Familie ernähren können?»

Ausgangspunkt der Frage

Diese Frage habe ich mir selbst gestellt. Ich beschäftigte mich zum damaligen Zeitpunkt schon etliche Jahre mit der Stundenastrologie und wusste, dass solche selbstgestellten Fragen mit Vorsicht zu genießen waren. Sich mit einem Problem zu beschäftigen und dann zu entscheiden, sich hierzu einfach eine stundenastrologische Frage zu stellen, funktionierte nicht. Meist gab das Fragehoroskop dann wenig her, enthielt gleich mehrere Deutungseinschränkungen oder spiegelte die Frage nicht wider. Aus diesem Grund gab ich «Selbstversuche» in Sachen Stundenastrologie schon sehr früh wieder auf.

Den Moment jedoch, in dem diese Frage «zu mir kam», kann man durchaus als «magischen Moment» bezeichnen. Ich erinnere mich noch genau, dass ich zu diesem Zeitpunkt über nichts Besonderes nachdachte, sondern gerade dabei war, einen Berg Wäsche aus dem Trockner zu holen. Ganz plötzlich und wie aus dem Nichts, tauchte dann die Frage in mir auf. Ich wunderte mich, schaute aber instinktiv auf die Uhr und sah mir am Abend das Stundenhoroskop dazu an. Dabei staunte ich nicht schlecht, wie deutlich das Thema der Frage enthalten war.

Ich hatte zum damaligen Zeitpunkt drei kleine Kinder und arbeitete als selbständige Astrologin. Doch viel Zeit blieb mir nicht, so viel zu arbeiten, dass eine Familie davon ernährt werden konnte. Mein Mann studierte noch, so dass unser Familieneinkommen recht knapp war. Die Überlegung, auf welche Weise wir unsere fünfköpfige Familie über die Runden bringen sollten, stand also durchaus immer mal wieder im Raum.

Jeder, der sich mit Astrologie beschäftigt, kennt das: Im eigenen Horoskop oder in denen von Nahestehenden sieht man selbst nicht allzu viel. Die Befangenheit schafft «blinde Flecken», und man läuft Gefahr, nur das zu sehen, was man sehen will. So ging es auch mir mit diesem Fragehoroskop. Ich sah darin ein klares «Ja», traute meiner Deutung aber nicht, weil ich mir zum damaligen Zeitpunkt nicht vorstellen konnte, wie dieses Ja in der Realität aussehen sollte. Kurzerhand entschloss ich mich deshalb, das Fragehoroskop an Louise Kirsebom nach Dänemark zu schicken und sie um ihre Einschätzung zu bitten. Bei Louise Kirsebom und Johan Hjelmborg hatte ich einige Zeit zuvor ein Stundenastrologie-Seminar besucht, und sie waren mir beide als sehr kompetent und sympathisch in Erinnerung.

Es dauerte nicht lange, da erhielt ich von Louise einen langen, handgeschriebenen Brief, in dem sie mir das Stundenhoroskop ausführlich deutete. Zusammengefasst war ihre Antwort: «*Ja, du wirst als Astrologin deine Familie ernähren können! Dein Ehemann wird zwar nicht glücklich darüber sein, aber in knapp zwei Jahren ist es soweit (...)*». Sie sollte Recht behalten!

Nachfolgend nun meine Deutung des Stundenhoroskops, nach bewährter Vorgehensweise:

Deutung

1. AC befindet sich auf 9°17' Krebs. Die Deutungseinschränkung (Saturn in 7) kann vernachlässigt werden, da die Frage an niemanden gerichtet war.

2. **Frage im Horoskop enthalten?** Ja! Es wurde eine Frage zur «Ernährung der Familie» gestellt und Herrscher von 1 und 2 (= Mond) steht im Stier im 11. Haus. Astrologie kann mit dem 11. Haus assoziiert werden, zudem steht der Mond in gradgenauem Trigon zu Uranus in 6.

3. **Was «erzählt» der Signifikator der Fragenden (= Mond) über die aktuelle Situation?**
   Mond: Auf 3°46' Stier im 11. Haus.
   Der Mond ist in Stier erhöht und damit stark gestellt. Zudem symbolisiert das Zeichen Stier sowohl Finanzen und Werte als auch Ernährung und Lebenssicherung. Der Fragestellerin geht es um die finanzielle Sicherheit ihrer Familie (Krebs-AC), im 11. Haus könnten Gruppen und die Gemeinschaft mit Gleichgesinnten angezeigt sein. Auch Astrologie wird dem Zeichen Wassermann, dem Planeten Uranus und dem 11. Haus zugeordnet.

4. **Deutung der erfragten Häuser.**
   Finanzielle Sicherheit = 2. Haus, Arbeitsplatz = 6. Haus, Beruf/Berufung = 10. Haus.
   Die tiefere Bedeutung der Frage schließt mehrere Bereiche mit ein. In erster Linie geht es um die finanzielle Absicherung der Familie (2. Haus), aber auch die berufliche Ebene ist gefragt. Da ich zu diesem Zeitpunkt beruflich selbständig war, symbolisiert Jupiter, als Herrscher von 10, die Selbständigkeit. Er ist zudem Mitherrscher des 6. Hauses, das den Arbeitsplatz beschreibt.
   Mars, Herrscher von 6, ist schwach gestellt im Exil in Stier

und in 11. Er zeigt damit sehr zutreffend, dass es um den Arbeitsplatz nicht gut bestellt war. Zum einen unterrichtete ich Astrologie in ständig wechselnden Gruppenräumen (11), zum anderen beriet ich Klienten in einem kleinen Arbeitszimmer zuhause (6). Mit Uranus im 6. Haus wurde also nicht nur das astrologische Arbeiten als solches beschrieben, sondern auch der Wechsel der «Einsatzorte».

Jupiter an der Spitze des 12. Hauses symbolisiert zusammen mit dem Fische-MC aber auch die Unsicherheit, in der ich mich damals beruflich befand. Die Frage, ob es angesichts einer Familie, die ernährt werden musste, angesagt war, einer Berufung zu folgen, die weder gesellschaftliche Anerkennung noch ein berechenbares Einkommen versprach, beschäftigte mich zu dieser Zeit sehr. Insofern lag der Tenor der Frage auch auf der Betonung «als Astrologin», denn eine weitere Möglichkeit wäre gewesen, wieder eine feste Stelle in meinem erlernten «ordentlichen» Beruf anzunehmen. Kein Wunder also, dass Jupiter in 12 stand und somit meine damaligen beruflichen Ziele als nebulös und unklar beschrieben wurden.

5. **Weiterer Verlauf der Angelegenheit.**

   Mond-Verlauf im Zeichen Stier nach Fragestellung
   - Mond Trigon Uranus (+0°)
   - Mond Quadrat Venus (+6°)
   - Mond Trigon Saturn (+7°)
   - Mond Trigon Neptun (+8°)
   - Mond Konjunktion Mars (+10°)
   - Mond Opposition Pluto (+12°)
   - Mond Quadrat Sonne (+19°)
   - Mond Konjunktion Jupiter (+23°)
   - Mond Trigon Merkur (+24°)

Auch wenn der Mond noch schwierige Aspekte (nach 10-19 Zeiteinheiten) vor sich hatte, zeigten die letzten beiden Aspekte, und hier vor allem die Konjunktion des Mondes mit Stier-Jupiter, dass die Antwort klar «Ja» sein müsste. Rechnet man die

Zeiteinheiten in Monate, waren es ziemlich genau zwei Jahre, bis ich als Astrologin ein gesichertes Einkommen haben würde, um meine Familie zu ernähren.

Fazit: Die Antwort ist Ja!

Was danach geschah: Nach meiner Fragestellung waren knapp 10 Monate vergangen, als ich Anfang November 1989 auf einem Pluto-Seminar mit Howard Sasportas einen Kollegen kennenlernte. In Zeiteinheiten gerechnet, war der Mond des Fragehoroskops in Konjunktion zu Mars. Der Kollege und ich freundeten uns an, und schon relativ bald war klar, dass wir uns eine berufliche Zusammenarbeit vorstellen konnten.

Am 10.2.1990, zur Auslösung der Mond-Pluto-Opposition nach 12 Monaten, gab es einen Todesfall in meiner Familie. Meine Patentante, die Schwester meines Vaters, starb.

Während der Auslösung von Mond Quadrat Sonne (nach 19 Monaten) plante ich mit besagtem Kollegen ein Seminar, das jedoch nicht stattfinden konnte, da wir keine geeigneten Unterrichtsräume fanden. Aus dieser Erfahrung heraus entstand die Idee, gemeinsam eine Astrologieschule mit eigenen Räumlichkeiten zu gründen. Leider fehlte uns beiden das nötige Kleingeld für eine solche Schulgründung. Im Januar 1991 löste sich dieses Problem. Kaum war Mond, nach 23 Zeiteinheiten bei Jupiter angekommen, konnte ich eine kleine Erbschaft antreten. Meine Patentante hatte mir in etwa so viel vermacht, wie wir für die Gründung einer Astrologieschule benötigten.

Jupiter steht an der Spitze des 12. Hauses, und da die Tante die Schwester meines Vaters war, wird sie dem 3. vom 10. Haus, also dem 12. Haus zugeordnet. Ihre Signifikatoren Venus und Merkur stehen in meinem 8. Haus!

Schon im Februar 1991 (nach 24 Zeiteinheiten) unter Mond Trigon Merkur war die Schule gegründet, waren Räumlichkeiten angemietet, und im April 1991 ging es mit der ersten Ausbildungsgruppe los. Seit dieser Zeit «ernähre» ich meine Familie ausschließlich mit meiner Arbeit als Astrologin. Meine Ehe wurde allerdings einige Jahre später geschieden. Dieses Ereignis schien Louise Kirsebom anhand der Saturn-Neptun-Konjunktion am DC des Fragehoroskops schon erahnt zu haben.

Unbekannte oder verschwundene Personen

Selten – aber dennoch ab und an – kommt es vor, dass jemand eine Frage zu einer Person stellt, die er nicht persönlich kennt und die er auch niemandem zuordnen kann. Wenn eine Großmutter etwas zum Nachbarn ihres Enkelsohnes fragt, den sie noch nie zuvor gesehen hat, so könnte man den Signifikator des Nachbarn über das Drehen des Horoskops bestimmen: Der Enkel ist das Kind ihres Kindes und wird somit dem 5. vom 5. Haus = dem 9. Haus zugeordnet. Der Nachbar des Enkelsohnes findet sich somit im 3. vom 9. Haus, also im 11. Haus des Stundenhoroskops.

Anders verhält es sich bei Fragen zu Personen, die keinem Haus zuzuordnen sind, wie z.B. Personen, die man aus Film, Fernsehen oder Presse kennt. Diese werden generell dem 7. Haus zugeordnet, ihre Signifikatoren sind der Herrscher von 7 sowie mögliche Planeten in 7.

Ich erinnere mich zum Beispiel an ein Fragehoroskop, das ein Schüler einer Ausbildungsgruppe zum Unterricht mitbrachte. Es war im Oktober 2001, relativ kurz nach dem Einmarsch der USA in Afghanistan. Der Schüler hatte sich am Abend zuvor eine Frage zu Osama Bin Laden gestellt. Dieser musste ganz klar dem 7. Haus zugeordnet werden, da es sich um eine für den Schüler unbekannte Person handelte. Der Deszendent stand im Zeichen Steinbock, Bin Laden wurde also von Saturn (in Zwillinge) symbolisiert, der im 12. Haus und in Opposition zu Pluto (in Schütze) stand. Wir fanden diese Konstellation äußerst passend für einen religiösen Fanatiker, der abgetaucht war (12. Haus) und zudem mit Hochdruck und unter Einsatz militärischer Mittel (Pluto) gesucht wurde.

Bei Fragen zu vermissten Personen ist meist ein Bezug zum 12. Haus, zu Neptun oder zum Zeichen Fische festzustellen. Oft zeigt der Signifikator der gesuchten Person im 12. Haus auch an, dass man sie nicht finden wird.

«Lebt meine Tante noch und wenn ja, werden wir sie finden?»

Ausgangspunkt der Frage
Diese Frage stellte eine Klientin, deren Tante seit dem Zweiten Weltkrieg als vermisst gilt. Die Tante war damals zehn Jahre alt und konnte - rein rechnerisch - zum Zeitpunkt der Fragestellung noch leben. Ihre Familie hat nie aufgehört, nach ihr zu suchen, doch bisher führte jede Spur ins Nichts.

Bei der Tante handelt es sich um die Schwester der Mutter der Fragestellerin. Sie wird daher dem 3. vom 4. Haus, also dem 6. Haus zugeordnet.

Deutung
1. AC befindet sich auf 9°05‘ Krebs. **Keine Deutungseinschränkung.**
2. **Frage im Horoskop enthalten?** Ja! Signifikator der Tante ist Mars, er befindet sich im 12. Haus (= vermisste Personen). Jupiter ist Mitsignifikator der Tante und steht in Konjunktion zum AC.
   Das Horoskop muss gedreht werden, so dass aus der Spitze des 6. Hauses der Aszendent der Tante wird.
3. **Was «erzählen» der Signifikator der Tante (= Mars) und Mitherrscher Jupiter sowie Nebensignifikator Pluto in 1 über ihre aktuelle Situation?**
   Mars: Auf 1°06‘ Zwillinge im 12. Haus bzw. im 7. Haus der Tante.
   Mars ist erst ganz kurz im Zeichen Zwillinge, was anzeigt, dass sich andere (7. Haus) vielleicht wieder verstärkt mit der Tante beschäftigen. Im 12. Haus der Fragestellerin sym-

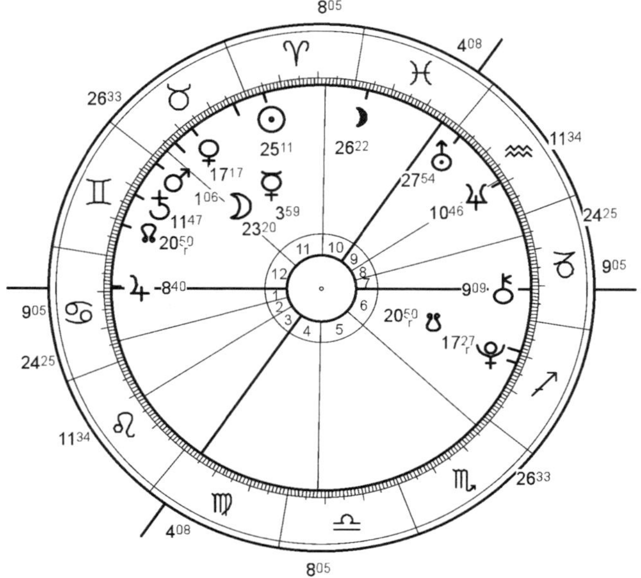

Abb. 40: Frage gestellt am 15.4.2002, 9.58 Uhr MESZ, Berlin-Charlottenburg

bolisiert Mars die Tatsache, dass die Tante vermisst wird. Da Mars zudem eingeschlossen ist, sind Zweifel am Wiederauffinden der Tante berechtigt. Im weiteren Verlauf wird Mars durch die Saturn-Pluto-Opposition wandern und es ist gut möglich, dass die Familie in dieser Zeit etwas vom Schicksal der Tante erfährt.

Jupiter: Auf 8°40' Krebs am AC bzw. im 8. Haus der Tante.
Als Mitsignifikator steht Jupiter in Krebs zwar erhöht, aber großes familiäres Glück dürfte deshalb nicht zu erwarten sein. Er steht hierdurch auch an der Spitze des 8. Hauses der Tante, was mit Skorpion-AC und Pluto im 1. Haus der Tante eher darauf schließen lässt, dass sie nicht mehr lebt.

Pluto: Auf 17°27' Schütze im 6. Haus bzw. im 1. Haus der Tante.
Pluto ist rückläufig und eingeschlossen im 1. Haus. Von einer großen Wandlung kann hier deshalb nicht ausgegangen werden. Mars wird nach gut 16 Grad in Opposition zu Pluto laufen, auch das ein Hinweis, dass die Frau nicht mehr lebt.

4. **Deutung der gefragten Angelegenheit.**
   Eventuell Tod der Tante (= 8. Haus), Wohn-/Aufenthaltsort der Tante (= 4. Haus).
   Die Hinweise auf den Tod der Tante sind zu deutlich, als dass das sonstige Fragehoroskop noch Hoffnung machen könnte. Auch Neptun an der Spitze des 4. Hauses der Tante sowie Uranus in 4 zeigen, dass sie mit großer Wahrscheinlichkeit keinen «irdischen Aufenthaltsort» mehr hat.
5. **Weiterer Verlauf der Angelegenheit.**
   Mond-Verlauf im Zeichen Stier nach Fragestellung
   Der Mond wird nur noch ein Quadrat zu Uranus (+4,5°) bilden, was im Zusammenhang mit dem Krebs-Aszendenten des Stundenhoroskops sowie mit Stier-Mond nicht an eine Familienzusammenführung denken lässt. Als letzter Aspekt bekräftigt auch das Quadrat ein *Nein* als Antwort.

Fazit: Die Antwort ist Nein, die Tante lebt mit großer Wahrscheinlichkeit nicht mehr. Eine Nachricht hierüber könnte die Familie aber durchaus noch eines Tages erreichen.

Was weiter geschah: Bis heute, im Jahre 2008, hat die Familie nichts über den Verbleib der Tante erfahren.

«Werde ich meine Freundin wiederfinden?»

Ausgangspunkt der Frage
Ein Klient stellte diese Frage während einer Beratungssituation. Er hatte zu dieser Zeit den Transit-Saturn an seinem Deszendenten, die Spitze des 11. Hauses im Fragehoroskop entsprach gradgenau seinem Radix-Aszendenten.

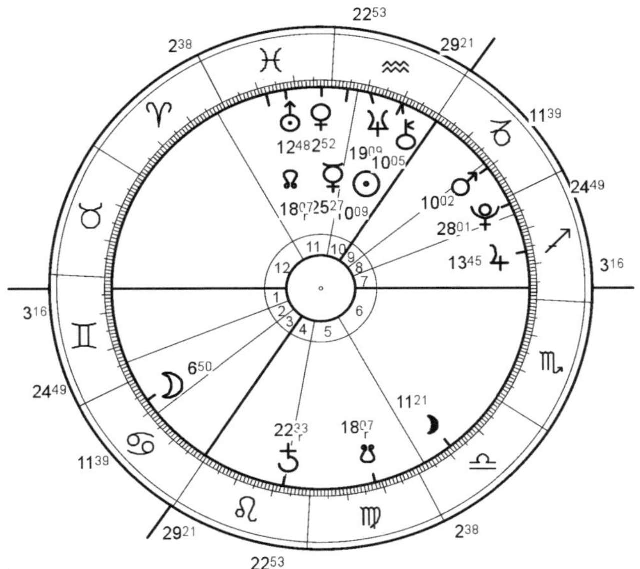

Abb. 41: Frage gestellt am 30.1.2007, 11.36 Uhr MEZ, Berlin-Charlottenburg

Wie so oft, wenn der laufende Saturn das 7. Haus des Geburtshorokops betritt, beschäftigte auch er sich seit einigen Monaten intensiver mit seinen zwischenmenschlichen Beziehungen. Er sei, was seine Mitmenschen betrifft, am «Aussortieren», berichtete er. Etliche seiner Kontakte hätten sich überlebt, bei genauerer Betrachtung würde ihn mit vielen Menschen in seinem Bekanntenkreis nichts mehr verbinden. Es tauchten aber auch gleichzeitig alte Bekannte von früher wieder auf, von denen er schon Jahre oder Jahrzehnte nichts mehr gehört habe. Diese würden ihn immer wieder auf seine Jugendliebe ansprechen, niemand seiner früheren Freunde hätte je wieder etwas von ihr gehört. Er selbst wusste auch nichts von ihr, obwohl sie nach Beendigung ihrer Liebesbeziehung noch eine Zeit lang eng befreundet gewesen seien. Da er gerade jetzt viel über diese verflossene Liebe nachdenke, habe er sich auf die Suche nach ihr gemacht. Er habe herausgefunden, dass sie nach Amerika ausgewandert sei und dort geheiratet habe. Auch ihren neuen Nachnamen konnte er in Erfahrung bringen. In amerikanischen Internetforen fand er schließlich ihren (sehr seltenen) Namen und schrieb eine E-Mail dort hin, ohne zu wissen, ob es sich tatsächlich um seine frühere Freundin handelte.

Deutung

1. AC befindet sich auf 3°16' Zwillinge. **Keine Deutungseinschränkung.**
2. **Frage im Horoskop enthalten?** Ja! Es handelt sich um eine Frage, die eine Freundin betrifft und sein Signifikator Merkur befindet sich im 11. Haus (= Freundschaften).
3. **Was «erzählen» der Signifikator Merkur und der Nebensignifikator Mond über die aktuelle Situation?**
   Merkur: Auf 25°27' Wassermann im 11. Haus.
   Merkur steht im Wassermann weder stark noch schwach. Als Herrscher des Zwillinge-AC beschreibt er die geschilderte Situation des Klienten jedoch recht treffend. In Internetforen, die sowohl einen Bezug zum Zeichen Zwillinge als auch zu Wassermann und dem 11. Haus haben, sucht er nach einer ehemaligen Freundin. Merkur wird wenige Tage später ins Zeichen Fische wandern, dort allerdings auf 10° rückläufig werden und exakt an der Stelle, an der er zum Fragezeitpunkt stand, wieder stationär und dann direktläufig werden. Man kann deshalb davon ausgehen, dass der Fragesteller – zumindest bis zum Zeitpunkt der Station von Merkur – nichts erreichen wird. Er läuft sozusagen «ins Leere» und muss nochmals zum Ausgangspunkt zurückkehren.

   Mond: Auf 6°50' Krebs im 2. Haus.

   Der Mond steht stark in seinem Domizilzeichen Krebs und symbolisiert die emotionale Seite des Fragestellers. Sie bildet einen interessanten Kontrast zum eher reizhungrigen, flippigen Wassermann-Merkur und offenbart die romantische und vergangenheitsbezogene Ader des Fragestellers.

4. **Deutung der gefragten Angelegenheit.**
   Kontakt mit Freundin (= 11. Haus in Wassermann, Herrscher Saturn). Eingeschlossenes Zeichen Fische in 11, Herrscher Jupiter (in 7). Venus und Uranus im 11. Haus
   Die Freundin wird von ihrem Hauptsignifikator Saturn symbolisiert, sowie von ihren Mitsignifikatoren Jupiter, Venus und Uranus. Die «verflossene Geliebte» dürfte von der Fische-Venus beschrieben sein, und Jupiter im 7. Haus zeigt an, dass es vermutlich Anteile in ihr gibt, die sie heute noch als Partnerin interessant machen (Venus und Jupiter stark gestellt). Ihr Signifikator Saturn ist allerdings rückläufig und im Exil, so dass die Vermutung nahe liegt, dass sie derzeit nicht zu erreichen ist. Saturn steht in «ihrem» 7. Haus, so dass ihr eine schwierige Beziehungssituation im Moment Probleme bereiten könnte. Die Rückläufigkeit von Saturn kann aber anzeigen, dass auch die Freundin zu etwas Altem zurückkehren möchte, die Exilstellung und die Opposition zu Neptun machen es ihr derzeit aber nicht möglich.

5. **Weiterer Verlauf der Angelegenheit.**
   Merkur-Verlauf nach Fragestellung.
   Wie oben erwähnt, wird Merkur drei Tage später das Zeichen Wassermann verlassen. Zuvor bildet er nur noch ein Sextil zu Pluto, was wenig Aussicht auf Erfolg seiner Kontaktversuche verspricht. Die Tatsache aber, dass Merkur im Zuge seiner Rückläufigkeit noch einmal ins Zeichen Wassermann zurückkehrt, zeigt, dass für ihn die Geschichte noch nicht zu Ende ist. Bevor Merkur am 18.3. den Wassermann endgültig verlässt, wird er noch zwei weitere Male im Sextil zu Pluto stehen und zum Schluss ein Sextil zur Venus bilden. Diese wird dann allerdings schon in ihrem Exil-Zeichen Widder stehen und an Anziehungskraft verloren haben.

Mond-Verlauf im Zeichen Krebs nach Fragestellung

- Mond Opposition Mars (+4°) = Emotional aufwühlendes Ereignis
- Mond Trigon Uranus (+6°) = Befreiung, loser Kontakt, positiver Ausgang. **Letzter Aspekt.**

Fazit: Die Antwort ist Ja! Er wird Kontakt zur Freundin bekommen.

Was weiter geschah: Bis zum letzten Mai-Wochenende tat sich anscheinend gar nichts. Weder bekam er eine Antwort auf mehrere E-Mails an die besagte amerikanische E-Mail-Adresse, noch kam er in Deutschland mit seiner Suche weiter. An Pfingsten dann traf er durch Zufall bei einem Konzert einen weiteren alten Bekannten wieder. Dieser war mit einer Cousine seiner gesuchten Freundin verheiratet und konnte ihm eine aktuelle Adresse der Freundin beschaffen. Daraufhin schrieb er ihr und bekam auch Antwort. Allerdings wohl eine recht distanzierte, die ihm signalisierte, dass sie an einem intensiveren Austausch kein Interesse habe. Für 2008 stellte sie ihren Besuch in Deutschland in Aussicht, bei dem man sich «ja mal treffen könnte».

Resümee: Dem Mond fehlten noch 6°, bis er seinen letzten Aspekt – ein Trigon zu Uranus – bildete. In diesem Fall waren es wieder Monate, die als Zeiteinheit dienten, denn sechs Monate nach Fragestellung bekam der Klient Antwort von seiner früheren Freundin.

Mitunter hat es Sinn, sich auch die Transite in Bezug auf ein Fragehoroskop anzuschauen. Am letzten Mai-Wochenende 2007, das mit der unerwarteten Begegnung eines Verwandten der Freundin die Wende brachte, stand die laufende Sonne auf dem Zwillinge-Aszendent des Stundenhoroskops. Gemäß dem Motto, «die Sonne bringt es an den Tag», war erst jetzt die Zeit reif für eine entscheidende Information (Zwillinge).

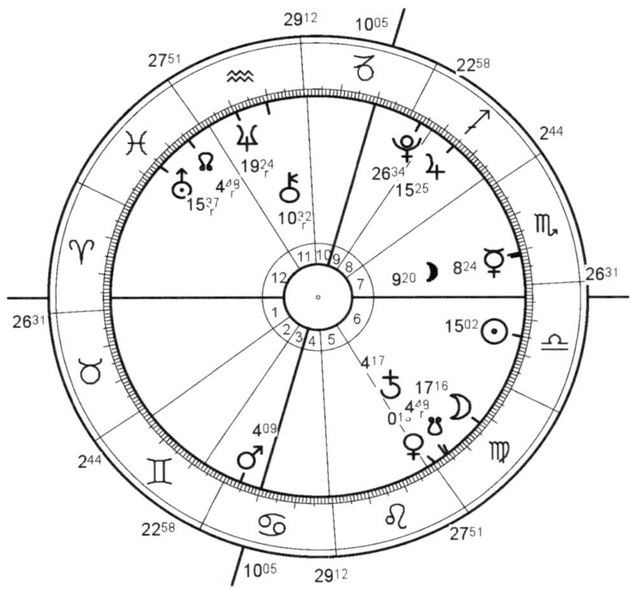

Abb. 42: Frage gestellt am 8.10.2007,
18.43 Uhr MESZ, Berlin-Charlottenburg

«Ist Maddie noch am Leben?»

Ausgangspunkt der Frage

Der Fall «Madeleine McCann» erregte weltweit großes Aufsehen. Madeleine, genannt Maddie, verschwand als knapp vierjähriges Kind am 3.5.2007 aus einer Ferienanlage in Portugal, und es gibt bis heute, über ein Jahr danach, noch keine Spur von ihr. Die Spekulationen über ihr Verschwinden reichten von Entführung durch einen Kinderschänder-Ring bis hin zu einem von den Eltern vertuschten Unfalltod. Inzwischen wurden die Eltern, zwei britische Ärzte, von dem Verdacht freigesprochen, etwas mit dem Verschwinden ihrer Tochter zu tun zu haben. Die Ermittlungen der portugiesischen Polizei wurden Ende Juli 2008 eingestellt. Die Eltern haben die Hoffnung, Maddie noch lebend zu finden, jedoch nicht aufgegeben.

Die Fragestellerin kennt den Fall nur aus der Presse. Ihr sind weder die Eltern noch Maddie persönlich bekannt. Im Fragehoroskop wird Maddie daher dem 7. Haus zugeordnet, das Horoskop muss somit um 180 Grad gedreht werden.

Deutung

1. AC befindet sich auf 26°31' Widder. **Keine Deutungseinschränkung.**

2. **Frage im Horoskop enthalten?** Ja! Bei der Frage geht es um ein verschwundenes kleines Mädchen, das – da der Fragestellerin nicht bekannt – dem 7. Haus zugeordnet wird. Die Venus (Herrscherin des 7. Hauses) ist Signifikator des Mädchens und steht eingeschlossen in ihrem 12. Haus: = vermisste Personen. Auch der Mond steht in Maddies 12. Haus.

3. **Was «erzählen» die Signifikatoren des Mädchens über die aktuelle Situation?**
   Venus: 0°19' Jungfrau in ihrem 12. Haus.
   Die Venus ist in Jungfrau im Fall und somit schwach gestellt. Sie ist zudem eingeschlossen, was ihren Aktionsradius erheblich einschränkt. Im 12. Haus befindet sie sich in einem nicht sichtbaren Bereich «unter Ausschluss der Öffentlichkeit». Die Tatsache, dass Maddie wie vom Erdboden verschwunden ist und außer den Tätern niemand weiß, was mit ihr geschehen ist, wird hierdurch deutlich beschrieben. Auch öffnet die schwierige Venus-Stellung im 12. Haus Spekulationen Tür und Tor.
   Im weiteren Verlauf wird Venus u.a. durch die Knotenachse und in Konjunktion zu Saturn wandern, ein Quadrat zu Jupiter, eine Opposition zu Uranus und zum Schluss noch ein Quadrat zu Pluto bilden. Dies dürften Stationen sein, die auf der Suche nach Maddie eine Rolle spielen. Der letzte Aspekt der Venus ist allerdings ein Quadrat zu Pluto. Dies verspricht keinen guten Ausgang.

Mars: Auf 4°09‘ Krebs in ihrem 9. Haus.

Da Skorpion im 1. Haus eingeschlossen ist, wird Mars zum Mitsignifikator von Maddie. Auch er steht schwach im Fall. Da sich die Frage auf einen möglichen Tod von Maddie bezieht, lässt auch das Zeichen Skorpion im 1. Haus nichts Gutes vermuten. Auch eine sexuell motivierte Tat kann vom Zeichen Skorpion angezeigt sein.

Mars in Krebs steht hier für den Übergriff in familiärem Umfeld. Ein Aggressor dringt im Ausland (9. Haus) in das Familienleben ein und trachtet Maddie nach Leib und Leben (Mitherrscher von 1). Durch die Krebs-Beteiligung wäre denkbar, dass es auch jemand aus dem engsten Umfeld war. Da Mars aber auch Herrscher von Maddies 7. Haus ist, ist eher zu vermuten, dass sie einem Fremden zum Opfer fiel. Betrachtet man wiederum ihr 7. Haus, um zu sehen, wer oder was ihr in diesem Fall begegnet, steht Mars im 3. Haus vom 7. Lange hatten die Ermittler den Nachbarn in der Ferienanlage (3. Haus) im Visier, konnten ihm aber letztlich nichts nachweisen.

Merkur (Konjunktion Lilith): Auf 8°24’ Skorpion in ihrem 1. Haus.

Merkur ist ebenfalls Mitsignifikator von Maddie, da er in ihrem 1. Haus steht. Hierdurch wird sicher das überwältigende Medieninteresse angezeigt, das von ihren Eltern zudem stark forciert wurde. In Konjunktion zur Lilith haben die Nachrichten über Maddie etwas Drastisches, Reißerisches, Erschreckendes. Fast täglich gibt es neue Vermutungen, die die Öffentlichkeit in Atem halten.

Merkur ist aus Maddies Sicht Herrscher von 8, 9 und 12. Die Nachrichten (Merkur) beziehen sich also meist auf ihren möglichen Tod (8), auf mögliche Länder, in denen sie anscheinend gesichtet wurde (9), und auf die Tatsache, dass sie letztlich doch nirgends zu finden ist (12). Dass Merkur im Zeichen des schwach gestellten Mars steht, unterstützt die Vermutung, dass weder die Medienkampagne noch die polizeilichen Ermittlungen zu neuen Erkenntnissen führen.

4. **Deutung der erfragten Angelegenheit.**
   Möglicher Tod des Mädchens = ihr 8. Haus in Zwillinge, Herrscher Merkur in ihrem 1. Haus.

   Merkur im Skorpion im 1. Haus.
   Für die Frage, ob Maddie noch «am Leben ist», gibt es keine klare Zuordnung zu einem bestimmten Haus. Da die Frage aber einen möglichen Tod Maddies impliziert, wird ihr 8. Haus zum «erfragten Haus». Merkur, der Herrscher von 8, steht nicht nur im Zeichen Skorpion (Geheimnisvolles, Verborgenes, Tod), sondern auch in Maddies 1. Haus. Da Merkur zudem eingeschlossen ist, dürfte es schwer sein, endgültige Gewissheit zu bekommen. Die Vermutung liegt bei dieser Konstellation allerdings nahe, dass Maddie nicht mehr am Leben ist. Die Tatsache, dass sich ihre Signifikatoren beide im Fall befinden und schon deshalb wenig Vitalität und Lebenskraft symbolisieren, verstärkt die Aussage Merkurs.

5. **Weiterer Verlauf der Angelegenheit.**
   Mond-Verlauf im Zeichen Jungfrau.
   Aspekte, die mit einem Minus vor der Zeiteinheit bzw. dem Orbis gekennzeichnet sind, zeigen einzelne Stationen des Falles vor Fragestellung. Die Tatsache, dass gleich drei Aspekte des Mondes 13 Zeiteinheiten zuvor, also fast gleichzeitig exakt waren, deutet darauf hin, dass 13 Tage oder Wochen zuvor ein wichtiges Ereignis stattfand. Unter Mond Quadrat Jupiter und Mond Opposition Uranus, die beide mit «-2» gekennzeichnet sind, wurden die Eltern zwei Monate zuvor zu Verdächtigen erklärt.
   Leichenspürhunde schlugen im Apartment der Familie an, außerdem überschlugen sich die Meldungen, dass Maddie angeblich in Belgien gesichtet wurde. Beide Ereignisse hatten mit den damit einhergehenden Erschütterungen und Aufregungen einen Mond-Uranus-Charakter!
   - Mond Sextil Mars (-13°)
   - Mond Konjunktion Saturn (-13°)

- Mond Konjunktion Südknoten (-13°)
- Mond Sextil Merkur (-9°)
- Mond Quadrat Jupiter (-2°)
- Mond Opposition Uranus (-2°)

Zeitpunkt der Fragestellung

- Mond Quadrat Pluto (+9°) = Letzter Aspekt!

Fazit: Die Antwort ist Nein! Mit großer Wahrscheinlichkeit ist Maddie nicht mehr am Leben.

Was weiter geschah: Nach Fragestellung gibt es nur noch einen einzigen Mondaspekt, nämlich ein Quadrat zu Pluto. Dieses wird nach neun Zeiteinheiten exakt. Neun Tage, Wochen, Monate oder Jahre nach dem 8.10.2007 kann mit Ereignissen gerechnet werden, die einen Hinweis auf die Antwort geben.

Ich habe hierzu im Internet recherchiert, was in den entsprechenden Zeiträumen zu lesen war.

9 Tage später = 17.10.2007
Unter www.diepresse.com fand sich am 17.10. folgende Meldung:
«Mehr als fünf Monate nach ihrem Verschwinden gehen auch die Eltern der verschwundenen Madeleine McCann nun davon aus, dass ihre vierjährige Tochter tot ist. Die beiden hätten sich damit abgefunden, dass ihre Tochter mittlerweile nicht mehr am Leben ist, erklärte Clarence Mitchell, die Sprecherin der Familie, am Mittwoch erstmals vor Journalisten.» (www.diepresse.com)

9 Wochen später = 3.12.2007
Unter www.die-topnews.de fand sich am 4.12.2007 folgende Meldung:
«Wie die «Sun» berichtet, ließ ein Kindermädchen nun das Alibi vom Hauptverdächtigen Robert Murat platzen. Das Kindermädchen Charlotte Pennington behauptet, (den Nachbarn) Robert Murat in der Ferienanlage am Apartment der McCanns gesehen zu haben. Robert Murat selbst gab an, den Abend des 3. Mai bei seiner Mutter in Praia da Luz verbracht zu haben. Murat wurde

kurz nach dem Verschwinden von Maddie am 14. Mai offiziell zum Tatverdächtigen erklärt. Er bestreitet allerdings jegliche Verwicklung in den Fall und seine Mutter Jenny bestätigte sein Alibi.»

9 Monate später = Juli 2008
Unter www.die-topnews.de fand sich am 1.7.2008 folgende Meldung:
«Berichten der portugiesischen Zeitungen zufolge will die Polizei die Suche und somit die Ermittlungen im Fall der vermissten Madeleine McCann einstellen. Die Kriminalpolizei habe nicht genügend Anhaltspunkte gefunden, um jemanden konkret für das Verschwinden des britischen Mädchens verantwortlich zu machen, berichteten mehrere Lissaboner Zeitungen am Dienstag. Es spricht also vieles dafür, dass der Fall des britischen Mädchens für immer ungelöst bleiben wird. Schon vor Monaten ließen die Ermittler wissen, dass sie in einer Sackgasse steckten.»

Unter www.die-topnews.de fand sich am 21.7.2008 folgende Meldung:

«Ermittlungen endgültig eingestellt.»

Rund 15 Monate nach dem spurlosen Verschwinden der damals 3-jährigen Madeleine McCann aus einer Ferienanlage in Südportugal wurden die Ermittlungen nun ergebnislos eingestellt. Die Staatsanwaltschaft in Lissabon teilte mit, dass es keine Beweise für ein Verbrechen gebe.

Somit gelten auch die Eltern Kate und Gerry McCann nicht mehr länger als Verdächtige. Die beiden wurden verdächtigt, in das Verschwinden ihrer Tochter verwickelt gewesen zu sein. Ebenso wurden die Vorwürfe gegen einen nahe der Ferienanlage lebenden britischen Makler (Nachbar Robert Murat) fallengelassen.

Im Falle neuer Indizien oder Beweise könnten die Ermittlungen aber wieder aufgenommen werden.»

Unter www.welt.de fand sich am 21.7.2008 folgende Meldung:

«*Ermittler halten Maddie für tot.*»

Die portugiesischen Ermittler sind überzeugt, dass Maddie tot ist. Die Eltern werden jedoch nicht länger als Verdächtige betrachtet. Auch die Vorwürfe gegen einen zunächst verdächtigten britischen Makler (Nachbarn) seien fallengelassen worden. Es gebe keine Beweise, um die drei eines Verbrechens zu beschuldigen.»

Resümee: Der Fall um die verschwundene Maddie könnte kaum neptunischer sein! Alle Spuren, Hinweise, Verdachtsmomente verlieren sich immer wieder im Sand, lösen sich auf, und mögliche Tathergänge können am Ende nicht bewiesen werden.

Das Kind scheint wie vom Erdboden verschluckt, doch bei Neptun ist meist Wasser mit im Spiel und im Meer oder einem nahegelegenen See vermuten die Ermittler auch ihre Leiche.

Ganz abgesehen vom Fragehoroskop, das durch die starke Betonung des 12. Hauses überaus neptunbetont ist, zeigt auch ein Blick auf die Geburtskonstellationen des Kindes, dass der «Gott Neptun» hier seine Hand im Spiel hat. Maddie ist am 12. Mai 2003 geboren. In ihrem Radix findet sich eine Mars-Neptun-Konjunktion in weitem Quadrat zur Sonne. Am Tag ihres Verschwindens stand der laufende Neptun im Quadrat zu ihrer Sonne und die laufende Sonne im Quadrat zu ihrer Mars-Neptun-Konjunktion. Dies sind keine Konstellationen, die Hoffnung machen, dass das Kind – ob lebendig oder tot – jemals gefunden wird. Doch Neptun regiert das Reich des Irrationalen, des Geheimnisvollen, aber auch das Reich der Wunder! Man mag es Maddie und ihren Eltern von Herzen wünschen, dass in diesem Fall ein Wunder geschieht und Maddie eines Tages unversehrt zu ihrer Familie zurückkehrt.

Auch wenn die Frage, ob Maddie noch lebt – nach allen Regeln der Kunst – mit «Nein» zu beantworten ist, symbolisiert darüber hinaus die starke Neptun- bzw. Zwölfhausbetonung des Fragehoroskops in Bezug auf Maddie, dass die Geschehnisse undurchschaubar sind und es vermutlich auch bleiben werden. Letztlich gab auch dies den Ausschlag, dass ich die Frage überhaupt als Fallbeispiel aufgenommen habe. Hierin zeigt sich nämlich sehr deutlich, dass auch in der Stundenastrologie dem heiklen Thema «Todesprognosen» Grenzen gesetzt sind. Einer endgültigen Gewissheit schiebt Neptun meist einen Riegel vor, so dass Hoffnung möglich bleibt. Hoffnung, die in diesem Fall vor allem Maddies Familie Kraft gibt, weiter für die Aufklärung des Verschwindens ihrer Tochter zu kämpfen. Wenn hierdurch auch nur einem Kind ein ähnliches Schicksal erspart wird, bekommt Maddies Schicksal einen Sinn.

Begegnungen

Begegnungshoroskope

Abgesehen von der Beantwortung von Fragen, stellen Begegnungen eine weitere Möglichkeit der stundenastrologischen Betrachtung dar. Jede Begegnung zwischen Menschen steht sozusagen unter einem ganz bestimmten «Stern» und damit unter einem bestimmten Thema. Es kann sich hierbei um eine so genannte «Konsultation» handeln, bei der jemand einen Arzt, Anwalt, Therapeuten oder Astrologen aufsucht, um sich beraten zu lassen. Auch für ein Bewerbungsgespräch wegen einer neuen Arbeitsstelle, für einen Besichtigungstermin wegen einer neuen Wohnung oder für das Treffen mit einem Interessenten, der unser Auto kaufen möchte, eignet sich die Betrachtung eines Begegnungshoroskops hervorragend. Besonders interessante Einblicke ins bewusste oder auch unbewusste Geschehen ermöglicht ein Stundenhoroskop immer dann, wenn man es auf den Moment der Begegnung zwischen zwei Menschen erstellt, die sich ineinander verlieben.

Stundenhoroskope von Erstbegegnungen, bei denen sich zwei Menschen zum allerersten Mal bewusst in die Augen schauen, sind meist am aussagekräftigsten. Leider ist dies den wenigsten bekannt, so dass selten jemand sofort auf die Uhr schaut, wenn er einen Menschen zum ersten Mal trifft. Einfacher zu rekonstruieren sind Zeiten von Begegnungen, die aufgrund eines bestimmten Termins zustande kamen, sei es ein Vorstellungstermin, bei dem man zum ersten Mal seinem zukünftigen Chef gegenüberstand, ein Arzttermin oder eine Geburtstagsfeier, bei der man um 19 Uhr zu einem Essen eingeladen war und dort zum ersten Mal auf seinen zukünftigen Partner traf.

Begegnungshoroskope können für alle Arten von Begegnungen erstellt werden. So zum Beispiel Begegnungen zwischen

- Liebenden
- Arzt und Patient
- Anwalt und Mandant
- Astrologe und Klient
- Käufer und Verkäufer
- Vermieter und Mieter
- Chef und Angestelltem
- Kläger bzw. Beklagtem und Richter
- Lehrer und Schüler, usw.

Auch wenn das Stundenhoroskop einer allerersten Begegnung meiner Erfahrung nach die aufeinandertreffenden Charaktere am besten beschreibt, darf nie vergessen werden, dass sich diese Horoskope stets auf einen bestimmten, manchmal sehr kurzen Lebensabschnitt beziehen. Sie entstehen aus der Aktualität des Augenblicks heraus und beziehen sich immer auf die Geschichte, die einen im Moment mit jenem Menschen verbindet. Es kann also durchaus sein, dass man zu einer Zeit auf einen Rechtsanwalt trifft, in der man «im Begriff ist», einen Prozess zu verlieren. Im Horoskop der ersten Begegnung mit dem Anwalt dürfte der Signifikator, der einen selbst symbolisiert, dann entsprechend schwierig stehen. Dies bedeutet im Umkehrschluss aber nicht, dass man mit diesem Anwalt generell alle Prozesse verliert.

Auch einen Arzt, dem man zum ersten Mal in einem kranken, angeschlagenen Zustand begegnet, kann man einige Zeit später – gesund und munter – wegen einer Vorsorgeuntersuchung aufsuchen, ohne befürchten zu müssen, dass das Untersuchungsergebnis Besorgnis erregend sein wird. Jeder neue Termin hat ein eigenes Begegnungshoroskop und spiegelt die dann gegebenen Bedingungen und Gründe der Begegnung wider. Natürlich ist es auch möglich, sich bei wichtigen Angelegenheiten ganz bewusst einen «günstigen Termin» zu suchen, bei dem der eigene Signifikator gut gestellt ist und im Weiteren ein positiver Verlauf zu erwarten ist. Doch auch hier gilt, wie im ersten Kapitel schon erwähnt, dass man wichtige und mitunter auch schmerzhafte Erfahrungen mit einem günstigen Elektionshoroskop nicht umgehen kann, sei dies auch noch so sorgfältig ausgesucht und seien alle vermeintlichen Missliebigkeiten ausgeblendet. Dass man es dennoch ab und an versucht, ist menschlich und nur allzu verständlich, allerdings zeigt die Erfahrung, dass auch diese konstruierten, günstigen Termine aus unerfindlichen Gründen platzen können. Weniger Kontrolle und stattdessen mehr Hingabe und Vertrauen in das, was «der Himmel» für einen bereithält, versprechen am Ende meist erfreulichere Entwicklungen als alle krampfhaften Versuche, Hindernisse oder gar Leid aus dem eigenen Erleben zu verbannen. Die Astrologie im Allgemeinen und Stundenhoroskope im Besonderen sollten daher eher als Hilfsmittel zur Erkenntnis dessen, was *ist*, genutzt werden, als zur Vermeidung dessen, was *sein könnte*.

Grundregeln bei der Deutung von Begegnungshoroskopen

Begegnungen finden im Alltag ständig statt. Doch nicht nur Begegnungen von Angesicht zu Angesicht sind Begegnungen, die man stundenastrologisch deuten kann, sondern auch Telefonanrufe, der Empfang oder Versand einer E-Mail, eines Faxes oder eines Briefes.

Wer astrologische Beratungen anbietet, dem sei wärmstens empfohlen, für den ausgemachten Termin ein Stundenhoroskop zu erstellen. Mit etwas Übung sieht man darin sehr anschaulich, aus welchem aktuellen Anlass ein Klient oder eine Klientin kommt. Zwar werden die Transite und Progressionen das übergeordnete Thema anzeigen, aber im Stundenhoroskop des Beratungstermins spiegeln sich «Hier und Jetzt» wider und vor allem die emotionalen Bedürfnisse, mit denen uns ein Klient oder eine Klientin aufsucht. Nicht selten ist in diesem Horoskop auch zu erkennen, ob der Termin überhaupt zustande kommt oder ob jemand zu früh oder zu spät an der Tür klingelt.

Die wichtigsten Regeln bei der Deutung eines Begegnungshoroskops

1. Derjenige, der kommt, anruft oder schreibt, wird durch den Aszendenten (AC), den (alten) Herrscher des Aszendenten und mögliche Planeten im 1. Haus symbolisiert.
2. Derjenige, der den anderen empfängt, den Anruf entgegennimmt oder die E-Mail öffnet und liest, wird durch den Deszendenten (DC), den (alten) Herrscher des Deszendenten und mögliche Planeten im 7. Haus symbolisiert.
3. Der Mond ist immer Nebensignifikator desjenigen, der vom Aszendenten symbolisiert wird. Er beschreibt zudem die emotionalen Beweggründe, die zur Begegnung führen.
4. Ist der Aszendent in den ersten drei Graden eines Zeichens, kommt derjenige, den man erwartet, oft früher als verabredet. Es kann aber auch sein, dass er oder sie ganz am Anfang einer neuen Entwicklung steht oder dass derjenige einen für das Treffen wichtigen Planeten an dieser Stelle im Radix stehen hat.
   Ist der Aszendent in den letzten drei Graden, kann mit einer Verspätung gerechnet werden, oder derjenige, der kommt, steht am Ende einer Entwicklung. Es ist aber genauso möglich, dass auf dem Grad des Aszendenten im Stundenhoroskop ein Radix-Planet des Betreffenden steht, der bei der Begegnung eine Rolle spielt.
   Als Deutungseinschränkung wird ein Aszendent am Anfang oder Ende eines Zeichens im Begegnungshoroskop jedoch **nicht** gewertet. Diese Regel gilt nur bei Fragehoroskopen!

5. Die Stellung von AC- und DC-Herrschern (Zeichen, Haus, ihre separativen und applikativen Aspekte, direkt- oder rückläufig, eingeschlossen, etc.) beschreiben die aktuelle Situation der sich begegnenden Personen.
6. Sollten AC- und DC-Herrscher im weiteren Verlauf einen Hauptaspekt untereinander bilden, sagt dieser etwas über das weitere Miteinander aus. Bei applikativen, harmonischen Aspekten (Konjunktion, Trigon, Sextil) kommen die beiden zusammen oder finden eine für beide gute Lösung. Bei applikativen Spannungsaspekten (Opposition, Quadrat) ist mit Schwierigkeiten zu rechnen bzw. werden die beiden nicht zusammenkommen oder sich nicht einigen können.
7. Die Aspekte, die der Mond noch bildet, bevor er das Zeichen, in dem er steht, verlässt, zeigen den weiteren Verlauf der Begegnung an. Ein Void-of-course-Mond symbolisiert hier aber **keine** Deutungseinschränkung! Er kann im Begegnungshoroskop jedoch anzeigen, dass nichts Besonderes mehr geschieht, also weder Angenehmes noch Unangenehmes.

Bei Begegnungshoroskopen gelten ansonsten die gleichen stundenastrologischen Regeln wie bei Fragehoroskopen, insbesondere, was das Drehen des Horoskops betrifft. Dreht man das Horoskop zum Beispiel um 180 Grad, sieht man die Situation desjenigen, der empfängt oder einen Anruf entgegennimmt. Empfängt man als Astrologe einen Klienten oder eine Klientin, kann man im Stundenhoroskop ebenso gut erkennen, welche Anteile von einem selbst während der Beratungssituation «aktiviert» sind. Steht zum Beispiel Neptun im 7. Haus und damit im eigenen 1. Haus, werden andere Energien vom Berater «gefordert» sein als bei Mars im 7. Haus. Zwar reicht es völlig aus, sich in erster Linie auf die aktuelle Situation des Klienten zu konzentrieren, aber nach einer Beratung kann man viel lernen, wenn man sich das Begegnungshoroskop noch einmal von der eigenen Perspektive aus betrachtet. Für mich ist es immer wieder faszinierend zu sehen, wie sich auch mein Erleben im

Begegnungshoroskop widerspiegelt. Dabei müssen es nicht unbedingt spektakuläre Dinge sein, die man dann feststellt! Die Sprache des Himmels ist mitunter ganz simpel und begnügt sich auch mit der Beschreibung kleinerer Details.

Ich erinnere mich in diesem Zusammenhang zum Beispiel an eine Beratung, bei der Uranus am Deszendenten des Begegnungshoroskops stand und somit an «meinem» Aszendenten. Kaum hatten wir mit der Beratung begonnen, fing mein Aufnahmegerät an, seltsame, quietschende Geräusche von sich zu geben. Trotz Aus- und Anschaltens, Kassettenwechsels, Austauschs der Batterien und weiterer Interventionen ließ sich das Quietschen und Pfeifen stets nur für kurze Zeit abstellen, dann ging es wieder los. Ich wurde hierdurch ständig unterbrochen, konnte mich nicht auf das Eigentliche konzentrieren, und der Pegel meines Genervtseins stieg kontinuierlich. Uranus, diesmal in seiner Eigenschaft als Störenfried, leistete ganze Arbeit! Letztlich schaltete ich das Gerät ab und der Klient musste leider auf den Mitschnitt seiner Beratung verzichten. Auch dieser Umstand fand sich im Begegnungshoroskop wieder: Die Beratung hatte unter einem Jungfrau-Aszendenten begonnen, Merkur, der Signifikator des Klienten, stand in Wassermann in Konjunktion zu Neptun in 6! Worte und Informationen (Merkur) ließen sich also, aufgrund eines defekten Gerätes, nicht akustisch festhalten (Neptun).

Das Kuriose an der Geschichte war letztlich, dass das Gerät gar nicht defekt war. Als ich einige Zeit später ganz in Ruhe versuchte, den Grund für die Störgeräusche zu finden, stellte sich heraus, dass es an den Kassetten lag. Ich hatte eine andere Marke als sonst gekauft, mit den herkömmlichen funktionierte alles wieder störungsfrei. Dennoch führte dieser kleine Zwischenfall dazu, dass ich mir zusätzlich ein modernes, digitales Aufnahmegerät kaufte, mit dem ich Beratungen nun auf Wunsch auch auf CD aufnehmen konnte. Auch dies letztlich eine spaßige Botschaft von Uranus, mich dem Fortschritt in der Aufnahmetechnik nicht länger zu verschließen.

Persönliche Begegnungen

Trifft man eine Verabredung, sei sie beruflich oder privat, gibt es in der Regel einen Treffpunkt. Sollte einer von beiden dort ansässig sein, ist klar, dass dieser der Empfangende und damit der DC-Partner ist. Derjenige, der den anderen in seiner Wohnung oder bei seinem Arbeitsplatz aufsucht, wird vom Aszendenten und dessen Herrscher symbolisiert. In diesem Fall steht schon vor dem Treffen fest, von welchen Signifikatoren beide symbolisiert werden.

Anders verhält es sich, wenn sich zwei Menschen zum Beispiel in einem Lokal um 20 Uhr verabreden. Es kommt wahrscheinlich seltener vor, dass beide Punkt 20 Uhr am Eingang des Lokals ankommen. Meist ist einer von beiden schon da, während der andere hinzukommt. Hier gilt ebenfalls die Regel, dass derjenige, der etwas später kommt und vom anderen empfangen wird, vom Aszendenten symbolisiert wird.

Schwierig sind die Signifikatoren allerdings dann zu bestimmen, wenn man sich zufällig auf der Straße oder auch an einer Kinokasse trifft. In diesen Fällen ist eine Unterscheidung meist nur dann möglich, wenn einer von beiden in der Gegend des Treffpunkts wohnt, während der andere von weiter her kommt. Dann dürfte derjenige, der von außerhalb kommt, dem Aszendenten zugeordnet werden.

Anrufe und E-Mails

Für jeden Anruf oder Empfang eines Schreibens kann ebenfalls ein Begegnungshoroskop erstellt werden. Zwar stellt dieser Kontakt keine Begegnung im herkömmlichen Sinne dar, aber das Anliegen desjenigen, der anruft oder schreibt, wird sich im Stundenhoroskop widerspiegeln und kann deshalb näher beleuchtet werden. Als Ort der Begegnung gilt stets der Aufenthaltsort dessen, der den Anruf oder die E-Mail entgegennimmt.

Wer ein Astrologieprogramm mit einer laufenden Horoskopuhr

auf seinem Computer installiert hat und an seinem Schreibtisch häufig Telefonanrufe entgegennimmt, sollte sich die Faszination nicht entgehen lassen, die ein Blick auf das aktuelle Horoskop mit sich bringt, während ein Anrufer sein Anliegen vorträgt. Vor allem, wenn in diesem Moment ein Planet am Aszendenten oder im 1. Haus steht, wird das Thema dieses Planeten mit Sicherheit Thema der Unterhaltung werden. Auch Planeten im 7. Haus, die einen selbst in diesem Moment widerspiegeln, sind nicht zu unterschätzen. Ruft zum Beispiel jemand an, während Uranus am Aszendenten des laufenden Horoskops steht, kann man davon ausgehen, dass der Anrufer kurz vorher ein aufrüttelndes oder gar schockierendes Erlebnis hatte. Steht Uranus dagegen am Deszendenten oder in 7, könnte der Anrufer etwas mitteilen, das einen selbst überrascht oder aufwühlt. Bei Pluto am Aszendenten oder im 1. Haus steckt der Anrufer in einer ernsten Krise oder ist im Begriff, etwas loslassen zu müssen. Bei Neptun am AC habe ich häufig erlebt, dass es dem Anrufer auf eine andere Art nicht gut ging. Hier war eher eine große Resignation, Desorientierung oder Enttäuschung zu spüren, mitunter hatte sich aber auch nur jemand verwählt oder im Termin geirrt. Möchte man selbst jemanden anrufen, während Neptun im 7. Haus des Stundenhoroskops steht, wird man häufig feststellen, dass der Angerufene nicht zu erreichen ist. Wählt man stattdessen für einen wichtigen Anruf einen Zeitpunkt aus, da Venus oder Jupiter im 7. Haus stehen, erhöht sich die Chance, dass der oder die Angerufene wohlwollend auf das eigene Anliegen reagiert. Für unangenehme Anrufe beim Finanzamt sind diese Konstellationen also durchaus zu empfehlen, sofern sie während der Sprechzeiten des Finanzamtes überhaupt vorkommen.

Wer ein E-Mail-Programm besitzt, das nicht nur die Zeit des Erstellens und Sendens seitens des Absenders im «header» angibt, sondern auch die Zeit des tatsächlichen Empfangs und Lesens, kann – falls E-Mails archiviert wurden – zu Übungszwecken auch nachträglich ein Horoskop erstellen, um zu sehen, wie sich das Thema der Nachricht im Begegnungshoroskop darstellt.

Der Aszendent im Begegnungshoroskop

Ähnlich wie bei der Fragenbeantwortung zeigt auch der Aszendent im Begegnungshoroskop das übergeordnete Thema einer Begegnung an. Es macht also einen Unterschied, ob man sich unter einem Löwe- oder unter einem Wassermann-Aszendenten trifft. Zwar sind in diesem Fall die Signifikatoren der sich begegnenden Personen jeweils Sonne und Saturn, aber bei einem Löwe-Aszendenten dürften die bewussten oder unbewussten Motive, die zur Begegnung führen, wesentlich persönlicher sein.

Die Tabellen auf Seite 39 und 40 zur Aszendenten- und Häuserbedeutung können auch beim Deuten eines Begegnungshoroskops helfen, das Thema näher zu bestimmen. Findet eine Begegnung zum Beispiel während eines Krebs-Aszendenten und Mond im 10. Haus statt, dürften die Themen Familie (Krebs) und Öffentlichkeit (10. Haus) eine große Rolle spielen.

Planeten im 1. und 7. Haus eines Begegnungshoroskops

Abgesehen vom Herrscher des Aszendenten und des Deszendenten, die zu Hauptsignifikatoren der sich Begegnenden werden, sind auch mögliche Planeten im 1. und 7. Haus äußerst aussagekräftig. Während die Hauptsignifikatoren in Zeichen und Haus meist das jeweilige Anliegen beschreiben, symbolisieren die Nebensignifikatoren in 1 und 7 eher die momentane Verfassung. So könnte zum Beispiel jemand zu einem Vorstellungsgespräch kommen, während sein Hauptsignifikator rückläufig im 6. Haus steht und zudem der Mars am AC. Der rückläufige Signifikator in 6 dürfte anzeigen, dass er für die Stelle letztlich doch nicht in Frage kommt, weil ihm entscheidende Kompetenzen fehlen, doch Mars am AC lässt ihn kämpferisch, zupackend und durchsetzungsstark erscheinen. Allerdings käme dem Zeichen, in dem Mars steht, ebenfalls Bedeutung zu, denn ein Mars in Widder im 1. Haus tritt entsprechend anders auf als ein Mars in Waage oder Jungfrau.

Nachfolgende Tabelle über die Planetenenergien im 1. und 7. Haus soll daher lediglich als Anregung dienen. Ihre Aussagekraft wird durch die Zeichen, in denen die Planeten stehen, entsprechend modifiziert. Stehen sie stark, werden eher die mit « + » versehenen Eigenschaften zum Tragen kommen, stehen sie schwach eher jene mit « – «.

Sonne	+ Souverän, vital, selbstbewusst, großzügig, selbständig, überzeugend, führend - Egozentrisch, angeberisch, geltungsbedürftig, herrschsüchtig, überschätzt sich selbst
Mond	+ Gefühlsbetont, empfindsam, sensibel, beeindruckbar, romantisch, hilfsbereit - Emotional bedürftig, unbeständig, launisch, kindlich, unselbständig
Merkur	+ Kontaktfreudig, kommunikativ, flexibel, anpassungsfähig, geschickt, gut informiert, witzig, clever - Verschlagen, gerissen, redselig, tratscht gerne, lügnerisch
Venus	+ Charmant, sympathisch, attraktiv, liebenswürdig, ausgleichend, entgegenkommend, harmonisierend - Eitel, selbstgefällig, stillos, entscheidungsunfähig, opportunistisch
Mars	+ Kämpferisch, zupackend, durchsetzungsstark, spontan, mutig, energisch, willensstark, direkt - Aggressiv, streitlustig, rücksichtslos, destruktiv, verletzend, unmotiviert
Jupiter	+ Jovial, wohlwollend, gönnerhaft, reich, gerecht, aufbauend, tolerant, optimistisch, glaubwürdig, gebildet, weit gereist - Arrogant, überheblich, intolerant, aufgeblasen, übertreibend, hoch verschuldet, faul

Saturn	+ Verantwortungs- und pflichtbewusst, ernsthaft, zuverlässig, strukturiert, schnörkellos, bewahrend, beherrscht, zäh, durchhaltevermögend - Pessimistisch, steif, unnahbar, ängstlich, gehandicapt, ablehnend, geizig, gehemmt
Uranus	+ Originell, freiheits- und veränderungsliebend, auf dem Sprung, einfallsreich, innovativ, futuristisch, trendsetzend - Bindungsunwillig, exzentrisch, gestört oder störend, unruhig, aufwiegelnd, verrückt
Neptun	+ Feinfühlig, durchlässig, künstlerisch, musisch, medial, spirituell, hilfsbereit - Rätselhaft, unklar, versponnen, resignativ, depressiv, süchtig, lügnerisch, betrügerisch
Pluto	+ Intensiv, leidenschaftlich, charismatisch, mächtig, einflussreich, zäh, verschwiegen, ausdauernd, aufdeckend, geheimnisvoll - Extrem, radikal, undurchschaubar, distanzlos, fanatisch, tyrannisch, intrigant, krisenbehaftet, manipulierend, zerstörerisch, düster
Chiron	+ Heilend, balsamisch, verständnisvoll - Leidend, krank, behindert, verwundet
Lilith	+ Verführerisch, bezirzend, bezwingend, suggestiv, freiheitsliebend - Eifersüchtig, rivalisierend, rachsüchtig, dramatisch, drastisch

Tab. 6: Eigenschaften von Personen, wenn sie im Begegnungshoroskop von Planeten im 1. oder 7. Haus beschrieben werden

Der schnelle Blick auf ein Begegnungshoroskop

Mit etwas Übung kann man mit wenigen Blicken auf ein Begegnungshoroskop die wichtigsten Informationen über die betreffenden Personen schnell und unkompliziert entnehmen. Hierbei prüft man:

1. Wie ist der AC-Herrscher gestellt und welcher Planet steht im 1. Haus?
2. Wie ist der DC-Herrscher gestellt und welcher Planet steht im 7. Haus?

Oftmals erfordert es keine weitere und tiefer gehende Deutungsarbeit, um zu erkennen, dass aus einer Begegnung nicht das erwächst, was man sich erhofft. Aber auch das Gegenteil ist möglich, nämlich mit wenigen Blicken zu erkennen, dass die Betreffenden – wie auch immer – zusammenkommen werden.

In manchen Fallbeispielen, die nun folgen werden, ist der «schnelle Blick» schon so ergiebig, dass es auch für Anfänger und Anfängerinnen der Stundenastrologie keiner ausführlichen Deutung mehr bedarf.

Fallbeispiele zu verschiedenen Begegnungsthemen

Während man bei der Deutung von Fragehoroskopen die Frage kennen muss, um zu einem stimmigen Deutungsergebnis zu kommen, ist es bei einem Begegnungshoroskop eher zweitrangig, aus welchem Grund die Begegnung stattfindet. Zwar lässt sich dieser in vielen Fällen im Stundenhoroskop erkennen, viel wichtiger und aussagekräftiger sind jedoch die Signifikatoren der sich begegnenden Personen. Ihre Stellung beschreibt die aktuelle Situation der Betreffenden und gibt Einblicke in die tiefer liegenden Motive, die zur Begegnung geführt haben. Der weitere Verlauf wird durch die Aspekte der Signifikatoren sowie des Mondes beschrieben. Bei der Frage, ob die beiden – egal auf welche Weise – zusammenkommen, ist es also weniger von Belang, ob sie sich zum ersten Mal bei einer Wohnungsbesichtigung oder bei einem Rendezvous zu einem Candle-Light-Dinner begegnen. «Funken», im verbindenden Sinne, kann es zwischen beiden auch bei einem Vorstellungsgespräch für einen neuen Job oder in der Warteschlange an einer Supermarkt-Kasse.

Wenn ich nachfolgend einige Fallbeispiele von Begegnungen beschreibe, dann ordne ich sie also nur der Übersicht halber bestimmten Bereichen zu. Zwar gehe ich auch auf die Besonderheiten beispielsweise bei Wohnungsbesichtigungen oder Arztterminen ein, aber letztlich bildet ein Begegnungshoroskop auf faszinierende und vielfältige Weise die «Magie eines Augenblicks» ab, wie banal oder lebensverändernd er auch immer sein mag.

Liebesbegegnungen

Während der Aszendent in den Zeichen Widder, Stier, Waage oder Skorpion steht, finden häufiger Begegnungen statt, die sich zu einer Liebesbeziehung entwickeln *könnten*. Bei diesen Aszendentenzeichen begegnen sich die Hauptsignifikatoren Venus und Mars, und wenn beide Planeten entsprechend gut im Stundenhoroskop gestellt sind, kann durchaus «mehr» aus einer Begegnung werden. Aber auch die Aszendentenzeichen Krebs und Löwe, mit ihren Herrschern Mond und Sonne, kommen bei privaten Begegnungen erfahrungsgemäß häufiger in einem Begegnungshoroskop vor als andere.

Begegnung an der Kinokasse

Bei diesem Fallbeispiel trafen sich ein Mann und eine Frau an einer Kinokasse. Sie kannten sich nicht, standen nur zufällig nebeneinander an der Kasse, weil sie sich einen Film ansehen wollten, der um 18 Uhr begann. Wer von beiden zuerst da war, ließ sich nicht mehr nachvollziehen, allerdings versichern beide, dass der beiläufige Blick in die Augen des anderen wie ein Blitzeinschlag wirkte. Ohne ein Wort miteinander zu wechseln, hätten sie sich im Kinosaal – wie in Trance – nebeneinander gesetzt und nach dem Film spontan beschlossen, gemeinsam noch etwas trinken zu gehen. Seit diesem Abend sind sie – bis heute – ein Paar.

Der Aszendent im Zeichen Krebs deutet den tieferen Sinn der Begegnung schon an. Geborgenheit finden, Familiengründung, Nestbau sind einige Themen. Die Tatsache, dass die Signifikatoren Mond und Saturn aufeinander zulaufen und eine Konjunktion bilden, zeigt die Wahrscheinlichkeit an, dass aus dieser zufälligen Begegnung eine dauerhafte Verbindung werden kann. Die beiden haben tatsächlich einige Jahre später geheiratet und zwei Kinder bekommen. Zudem gründeten sie eine gemeinsame Firma, mit der sie sich auf die Vermittlung von Haus- und

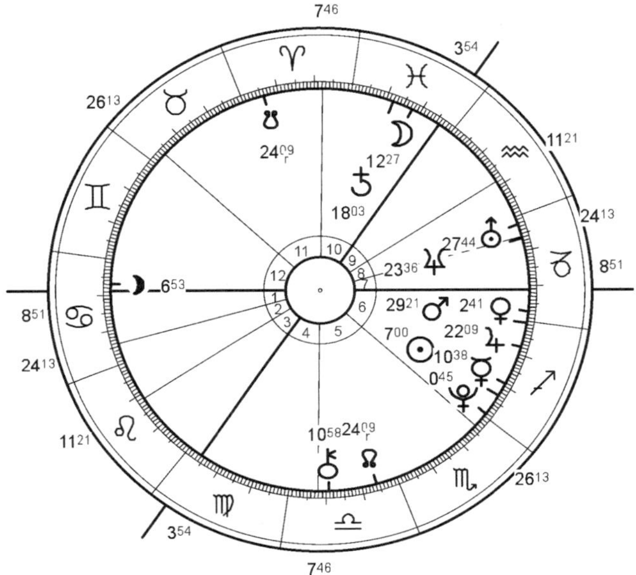

Abb. 43: 29.11.1995, 17.57 Uhr MEZ, Berlin-Kreuzberg

Altenpflegekräften spezialisierten. Auch diese gemeinsame Profession ist im Begegnungshoroskop schon angezeigt: Die Konjunktion ihrer Signifikatoren im 10. Haus symbolisiert die gemeinsame Selbständigkeit, Mond-Saturn-Konjunktion in Fische die Altenpflege und das stark besetzte 6. Haus den Dienstleistungssektor mit inzwischen zahlreichen Angestellten.

Zu Beginn der Schwangerschaft mit ihrem ersten Kind erfuhren sie, dass das Kind an einem Down-Syndrom leidet. Obwohl man ihnen von verschiedenen Seiten subtil zur Abtreibung riet, kam dies für beide absolut nicht in Frage. Ihre Tochter ist heute neun Jahre alt und der Sonnenschein der Familie. Im Radix des Kindes findet sich Chiron in exakter Konjunktion mit dem Aszendenten, und im Erstbegegnungshoroskop der Eltern steht Chiron im 5. Haus (Kinder).

Deutung

1. **Thema der Begegnung = Aszendent im Zeichen Krebs.**
   Familie, Mutterschaft, Kinder, Wohnsituationen, Heimat, Gefühlssituationen.

2. **Wichtiger Bereich der Begegnung: 10. Haus.**
   Mond, der Herrscher des Aszendenten, befindet sich im 10. Haus. Bei der Begegnung spielen also auch noch folgende Themen eine Rolle:
   Selbständigkeit, Chef/Vorgesetzte, Berufung, Karriere, Öffentlichkeit, Vater.

3. **Was «erzählt» der Signifikator des Kommenden über die aktuelle Situation?**
   Mond: Auf 12°21‘ Fische im 10. Haus.
   Dem Zeichen Fische werden Themen wie Traum, Fantasie, Kunst, Musik, Film zugeordnet, so dass hier ganz aktuell auch der Wunsch nach Entspannung und Eintauchen in die Welt des Films beschrieben wird. Doch geschieht dies nicht zu Hause, sondern in einem öffentlichen Kino (10. Haus).
   Grundsätzlich wird die Person aber auch als jemand beschrieben, der sich zum Zeitpunkt der Begegnung vielleicht unbewusst auf der Suche befand, sich treiben ließ und keine klaren Ziele hatte. Auch eine Retter-Opfer-Thematik könnte gegeben sein, sowie der Wunsch, sich beruflich in einer helfenden Tätigkeit zu verwirklichen.

4. **Was «erzählt» der Signifikator des Empfangenden über die aktuelle Situation?**
   Saturn: Auf 18°03‘ Fische im 10. Haus.
   Was die Stellung im Zeichen Fische und im 10. Haus betrifft, gilt für die empfangende Person dasselbe wie für die kommende. Im 10. Haus steht Saturn aber wesentlich stärker als der Mond, so dass dieser Partner sicherlich die halt- und strukturgebende Rolle spielte und z.B. nach dem Film den Vorschlag machte, noch gemeinsam etwas zu unternehmen.

Grundsätzlich ist diese Person der beruflich ehrgeizigere Part, wenngleich durch das Zeichen Fische keine Ellenbogenmanier zu erwarten ist und eher die weichen, durchlässigen Seiten dieser Person zum Tragen kommen werden. Saturn steht aus Sicht des Empfangenden in seinem 4. Haus, was auf häuslich-familiäre Belastungen schließen lässt oder den Umstand widerspiegelt, aus beruflichen Gründen wenig zu Hause sein zu können.
Zwischen Saturn und Neptun besteht darüber hinaus eine Zeichenrezeption, so dass der Saturn-Partner auch manchmal die Rolle eines «abtauchenden Neptuns» einnehmen könnte. In positivem Sinne könnten das etwa Entspannung, Rückzug, Meditation, künstlerische Betätigung sein. Die schwierige Seite könnte sich in Form eines Suchtverhaltens, einer Krankheit oder eines Burn-out-Syndroms manifestieren.

5. **Weiterer Verlauf der Angelegenheit.**
   Aspekte zwischen den Signifikatoren
   Der Mond läuft auf eine Konjunktion mit Saturn zu, die sich begegnenden Personen kommen also auf die eine oder andere Art zusammen. Im speziellen Fall war es ein Zusammenkommen in mehrerlei Hinsicht, denn nach dem Kinobesuch bleiben sie 1. zusammen, 2. heiraten sie und bekommen Kinder, und 3. gründen sie eine gemeinsame Firma.

   Mond-Verlauf im Zeichen Fische
   - Mond Konjunktion Saturn (+6°) = Zusammenkommen, Verbindlichkeit
   - Mond Quadrat Jupiter (+10°) = Sich eventuell zuviel vornehmen, finanzielle Belastung
   - Mond Sextil Neptun (+11°) = Träume, Visionen verwirklichen
   - Mond Sextil Uranus (+15°) = Gutes Verhältnis zwischen Nähe und Distanz

Der weitere Verlauf einer Begegnung kann, wie bei Fragehoroskopen auch, in Zeiteinheiten bemessen werden. Die einzelnen

Stationen beschreiben Entwicklungsschritte oder Ereignisse, der Orbis kann Tage, Monate oder auch Jahre bedeuten.

Fazit: Die beiden durchlebten in den vergangenen 13 Jahren ihre Höhen und Tiefen, wie alle Paare. Ihr Hauptproblem war stets, Beruf und Familie unter einen Hut zu bekommen. Bisher ist ihnen das gut gelungen, und sie bezeichnen noch heute den Kinotag von einst als ein wahres Wunder.

Begegnung im Kaffeehaus

An diesem Tag hatte eine Frau, die mich von meinen Seminaren in Wien her kannte, um 13 Uhr Mittagspause. Wie immer ging sie auf einen Imbiss ins Kaffeehaus in der Nähe ihrer Arbeitsstelle. Dieses betrat sie um 13.03 Uhr, und da alle Tische besetzt waren, bat sie einen einzelnen Herrn, sich mit an seinen Tisch setzen zu dürfen. Der Mann lud sie freundlich dazu ein, und sie kamen sofort ins Gespräch. Die Frau fand den Mann überaus sympathisch, die Unterhaltung mit ihm war sehr anregend, doch nach einer Stunde war ihre Mittagspause beendet, und sie musste zurück zur Arbeit. Sie tauschten jedoch ihre Telefonnummern aus und beschlossen, sich wieder zu sehen.

Der Frau ging dieser sympathische Mann nicht mehr aus dem Kopf, und sie wollte zu gerne wissen, ob man anhand des Begegnungshoroskops sehen könne, ob es zu einem weiteren Treffen käme. Auch hoffte sie insgeheim, dass sich vielleicht «mehr» zwischen beiden entwickeln würde.

Deutung

1. **Thema der Begegnung = Aszendent im Zeichen Waage.**
   Beziehung, Ehe, Kontakt, eigenes Aussehen, Luxusartikel, künstlerische Fähigkeiten, Schöngeistiges, Entscheidungssituationen.
   Was zu Beginn lediglich eine Art Zweckgemeinschaft zu sein schien, bei der man sich im Kaffeehaus einen Tisch teilt,

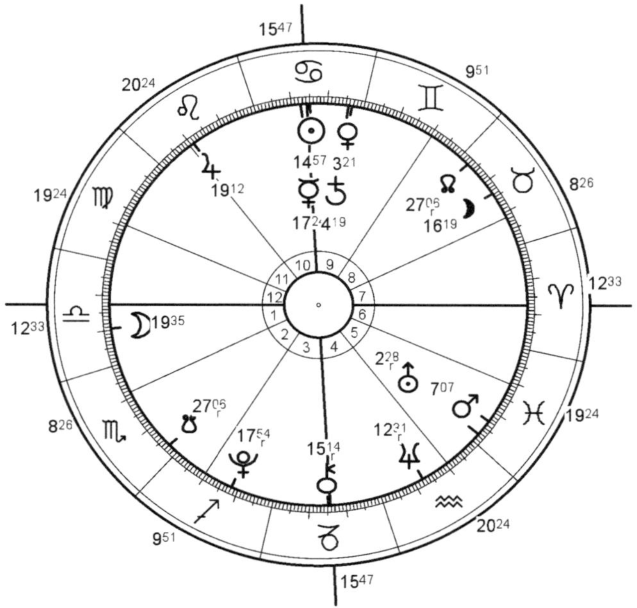

Abb. 44: 7.7.2003, 13.03 Uhr MESZ, Wien

entwickelte sich unter einem Waage-AC schnell zu einem angenehmen Kontakt.

Mond im 1. Haus.
Die Mondstellung im ersten Haus beschreibt die Begegnung als emotional berührend, man fühlt sich in der Nähe des anderen wohl und geborgen.

2. **Wichtiger Bereich der Begegnung: 9. Haus.**
   Die Stellung des Aszendenten-Herrschers Venus im 9. Haus zeigt an, dass folgende Themen bei der Begegnung eine Rolle spielen können:
   Ausland, weite Reisen, Gerichtsbarkeit, Religion und ihre Rituale, höhere Bildung, Erwachsenenbildung.

3. **Was «erzählt» der Signifikator der Frau über ihre aktuelle Situation?**

   Mond in Waage im 1. Haus:

   Mit Mond im 1. Haus können bei der Frau folgende Eigenschaften zum Tragen kommen: Gefühlsbetont, empfindsam, sensibel, beeindruckbar, einfühlsam, hilfsbereit, emotional bedürftig, unbeständig, launisch, kindlich, unselbständig.

   Venus: Auf 3°21‘ Krebs im 9. Haus, bzw. im 3. Haus des anderen.

   Waage-Mond und Krebs-Venus stehen in Rezeption, was einen Hinweis auf ein aktuelles Mond-Venus-Thema im Leben der Frau gibt. Sie sehnt sich nach Nähe, Wärme und Geborgenheit und würde sich wahrscheinlich sehr gerne verlieben. Allerdings steht Venus in applikativer Konjunktion zu Saturn. Dieser Aspekt wird schon sehr bald spürbar, denn der Orbis zwischen Venus und Saturn beträgt nur ein Grad. Konkret kann damit das Ende der Unterhaltung gemeint sein, denn sie musste sich schon bald wieder von ihrem Gesprächspartner trennen. (1° steht hier für 1 Stunde, denn um 14 Uhr endete ihre Mittagspause).

   Auf einer tieferen Ebene beschreibt die Venus-Saturn-Konjunktion aber auch, dass es in dieser Begegnungssituation ein Hindernis bzw. eine Blockade gibt, die keine lockere, entspannte Anbahnung einer neuen Verbindung in Aussicht stellt. Dieses Hindernis kann mit Themen des 9. Hauses (Ausland, Bildung, etc.) zu tun haben.

   Aus der Sicht des Mannes steht Venus im 3. Haus. Sie ist für ihn in erster Linie eine Gesprächspartnerin.

4. **Was «erzählt» der Signifikator des Mannes über seine aktuelle Situation?**

   Mars: Auf 7°07‘ Fische im 5. Haus bzw. seinem 11. Haus.

   Von Fische-Mars symbolisiert, wird der Mann als sensibel und einfühlsam beschrieben, aber möglicherweise auch als unklar, schwammig oder schwer greifbar. Mars «löst» sich

soeben aus einer Konjunktion zu Uranus und verweist auf uranische Ereignisse, die hinter ihm liegen.
Mit Mars und Uranus in den Fischen hat er etwas von einem «Mann auf der Durchreise». Hierdurch wird jemand beschrieben, der nicht bleibt, der weiterziehen muss, jemand, der sich vor kurzem aus etwas befreit oder gerade etwas Neues begonnen hat. Im Moment weiß er vielleicht noch nicht so recht, was er will oder wohin es ihn treiben wird.
Im 5. Haus ist er einem kurzen Abenteuer vermutlich nicht abgeneigt, auf einen starken Bindungswillen deutet jedoch nichts. Für ihn hat die Begegnung eher freundschaftlichen Charakter (11. Haus).

5. **Weiterer Verlauf der Angelegenheit.**
Aspekte zwischen den Signifikatoren:
Nachdem Venus die Konjunktion zu Saturn hinter sich hat, wird sie in ein Trigon zu Mars laufen. Ein sicheres Indiz dafür, dass die beiden sich wieder sehen. Auf 10° Fische wird Mars jedoch stationär rückläufig und muss, symbolisch gesehen zu etwas zurückkehren, was eigentlich schon hinter ihm lag. Am 1. November 2003 wird Mars erst wieder dort stehen, wo er bei der ersten Begegnung mit der Frau stand. Erst dann kann deutlich werden, wie sich die weitere Verbindung gestaltet.
Venus wird nach dem Trigon zu Mars keinen Hauptaspekt mehr im Zeichen Krebs bilden und der letzte Aspekt des Fische-Mars ist ein Quadrat zu Pluto. Dies sind beides keine Hinweise auf den Beginn einer glücklichen Beziehung.
Mond-Verlauf im Zeichen Waage
Der Mond hatte seinen letzten Hauptaspekt, ein Sextil zu Jupiter, gerade gebildet und befindet sich zum Zeitpunkt des Kennenlernens im Leerlauf. Dass sich aus der Begegnung eine verbindliche Beziehung entwickelt, ist auch deshalb zu bezweifeln.

Fazit: Die beiden werden sich zwar wieder sehen, aber das erhoffte «Mehr» entsteht aus dieser Begegnung nicht.

Was weiter geschah: Kurze Zeit später trafen sich die beiden erneut. Bei diesem Treffen erzählte der Mann, dass er sich vor kurzem aus einer langjährigen Beziehung getrennt habe und noch nicht bereit sei, sich neu zu binden. Er überlege, ob er sogar eine Zeit lang aus Österreich weggehen solle, um Abstand zu gewinnen. Nach diesem Treffen hörte die Frau – soweit mir bekannt ist – nichts mehr von ihm.

Begegnung mit Internet-Bekanntschaft

Eine Klientin hatte über ein Single-Portal im Internet einen Mann kennengelernt und tauschte sich über Monate nur per E-Mail mit ihm aus. Sie erzählte, dass sie sehr verliebt in ihn sei, sogar «fast süchtig» nach seinen E-Mails und dass dies, ihrer Einschätzung nach, auch auf Gegenseitigkeit beruhe. Nun wollte sie den Mann endlich persönlich kennenlernen und hatte mit ihm ein «Date» in ihrer Heimatstadt vereinbart. Am 28.1.2007 sollte das Treffen um 15 Uhr in einem Café stattfinden. Sie verspätete sich jedoch und kam erst zehn Minuten später dort an. Der Mann erwartete sie schon.

Die Begegnung beschrieb sie als «sehr seltsam». Da sie sich keinen Reim darauf machen konnte, bat sie mich um Rat.

Deutung

1. **Thema der Begegnung = Aszendent im Zeichen Krebs.**
   Familie, Mutterschaft, Kinder, Wohnsituationen, Heimat, Gefühlssituationen.
   Zwischen den beiden hatte sich im Laufe ihrer E-Mail-Bekanntschaft ein vertrauter, warmer und emotionaler Kontakt aufgebaut. Sie tauschten sich sogar über eine mögliche Familiengründung aus und überlegten, in welcher Stadt sie gemeinsam wohnen wollten.

2. **Wichtiger Bereich der Begegnung: 12. Haus.**
   Die Stellung des Aszendenten-Herrschers Mond im 12. Haus zeigt an, dass folgende Bereiche bei der Begegnung wichtig werden könnten:

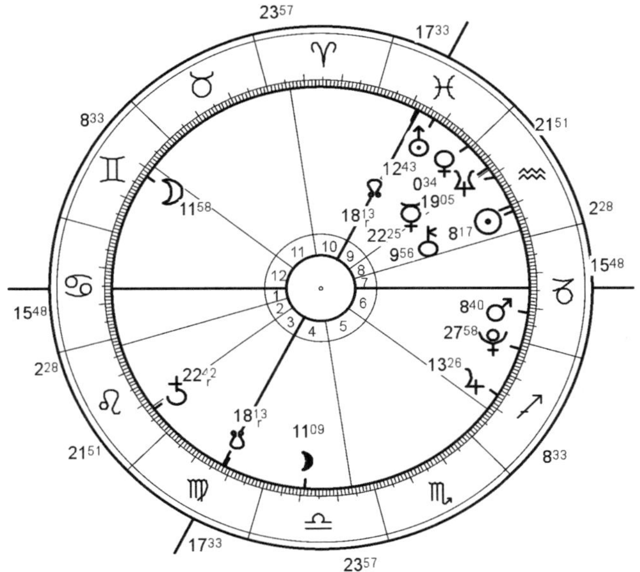

Abb. 45: 28.1.2007, 15.10 Uhr MEZ, Bruchsal

Krankenhäuser, Altenheime, Internate, Kasernen, Gefängnisse, Geheimes, Unklares, Rückzug.

Was an der Begegnung heimlich sein sollte, erschloss sich anfänglich nicht. Sie trafen sich auch nicht in einem Krankenhaus, sondern in einem öffentlichen Café. Da es im 12. Haus aber um undurchsichtige Umstände geht, ist eine solche Stellung des AC-Herrschers «verdächtig». Die bloße Tatsache, dass bei der Begegnung viel Illusion und vielleicht auch Angst vor einer Enttäuschung im Spiel war, erklärte diese starke Betonung des 12. Hauses jedoch nicht.

3. **Was «erzählt» der Signifikator der Frau über ihre aktuelle Situation?**

   Mond: Auf 11°58‘ Zwillinge im 12. Haus bzw. im 6. Haus des anderen.

Es verwundert nicht, dass die Frau die Begegnung als «sehr seltsam» bezeichnete. Im Begegnungshoroskop wird sie durch den Zwillinge-Mond zwar als recht kommunikativ und kontaktfreudig beschrieben, aber im 12. Haus musste sie sich wie hinter einer Nebelwand fühlen. Von leichter und lockerer Kommunikation keine Spur, zumal ihr Gegenüber auch noch von Saturn im 3. Haus symbolisiert wird und dadurch kaum sehr gesprächsfreudig gewirkt haben dürfte. Mit Mond in 12 liegt auch nahe, dass sie bei dieser Begegnung getäuscht oder enttäuscht werden könnte.

4. **Was «erzählt» der Signifikator des Mannes über seine aktuelle Situation?**
   Saturn: Auf 22°42‘ Löwe im 3. Haus bzw. seinem 9. Haus.
   Saturn steht in seinem Exil-Zeichen und ist zudem rückläufig. Bei dieser Konstellation ist nicht davon auszugehen, dass ihr Chat-Partner der Traummann schlechthin ist. Und wenn er es bisher, zumindest in ihren Träumen war, so dürfte die erste persönliche Begegnung eher ernüchternd verlaufen sein.
   Mit Merkur und Neptun in Opposition zu Saturn im 3. Haus liegt zudem die Überlegung nahe, ob er – wenn er überhaupt etwas redet – die Wahrheit sagt. Zusammen mit der Stellung des Mondes in 12 betrachtet, sieht dies leider nicht nach einer freudvollen ersten Begegnung mit späterem Honeymoon aus.

5. **Weiterer Verlauf der Angelegenheit.**
   Aspekte zwischen den Signifikatoren:
   Nachdem der Mond ein Quadrat zu Uranus und eine Opposition zu Jupiter gebildet hat, läuft er in ein Sextil zu Saturn. Dies ist ein deutlicher Hinweis, dass es bei dieser ersten persönlichen Begegnung nicht bleibt. Die beiden werden ihre Beziehung fortsetzen, auch wenn noch etliche Schwierigkeiten zu erwarten sind.

   Mond-Verlauf im Zeichen Zwillinge

- Mond Quadrat Uranus (+1°)
- Mond Opposition Jupiter (+2°)
- Mond Trigon Neptun (+7°)
- Mond Trigon Merkur (+11°)
- Mond Sextil Saturn (+11°)
- Mond Opposition Pluto (+16°)

Dem Mond fehlen noch 11 Zeiteinheiten bis zum Sextil zu Saturn. Dies können Wochen, Monate oder mitunter auch Jahre sein. Das auf die Begegnung folgende Mond-Quadrat zu Uranus zeigt eine Entwicklung an, die eher auf Separation denn auf Verbindung schließen lässt. Es liegen also noch einige Entwicklungsschritte vor ihnen, bis ein Zusammenkommen möglich wird. Der letzte Aspekt ist eine Mond-Opposition zu Pluto und verheißt leider auch nichts Gutes. Dies sieht eher nach einer schweren Krise aus, die letztlich ein Loslassen voneinander erzwingt.

Fazit: Das Begegnungshoroskop erzählt eine längere Geschichte, in der es Täuschungen und Enttäuschungen gibt, bis hin zu einer Beziehungsdynamik in der eine Helferthematik vorherrschen dürfte. Der Krebs-Aszendent zeigt jedoch, dass sich dies nicht länger auf der verbalen oder gar virtuellen Ebene via E-Mails abspielen wird. Mit ihrer persönlichen Begegnung beginnt ein neues Kapitel, das die Themen des kardinalen Zeichens Krebs in den Vordergrund rückt.

Was weiter geschah: Die Klientin fand die erste Begegnung vor allem deshalb seltsam, weil ihre Internetbekanntschaft, im Gegensatz zu den nicht enden wollenden Unterhaltungen im Chat und seinen stets langen E-Mails, im direkten Kontakt überhaupt nicht gesprächig war. Ansonsten gefiel ihr der Mann aber sehr, sie fühlte sich zu ihm hingezogen und wollte die Beziehung intensivieren. Als sie ihrem Freund kurze Zeit später per E-Mail mitteilte, dass sie ihn besuchen kommen würde, musste er sein gut gehütetes Geheimnis lüften: Er saß eine Haftstrafe ab, war jedoch Freigänger und würde im November 2007 entlassen werden. Anfang 2008 bekam ich eine E-Mail, in der mir die Klientin mitteilte, dass sie nun – zusammen mit ihrem Freund – in Köln wohne. Es sei nicht einfach mit ihm, aber sie liebe ihn und vertraue darauf, dass sie ihre Schwierigkeiten gemeinsam meistern würden.

Wohnungs- oder Hausbesichtigungen

Ein Stundenhoroskop auf den Moment berechnet, wann jemand eine potenzielle neue Wohnung betritt, zähle ich ebenfalls zu den Begegnungshoroskopen. Obwohl man dabei vielleicht kein menschliches Gegenüber hat, da man eine leere Wohnung betritt, haben diese Horoskope in der Regel dennoch einen hohen Aussagewert. Wer sich auf Wohnungs- oder Haussuche befindet, sollte beim allerersten Betreten des Objekts also nicht vergessen, auf die Uhr zu schauen. Egal ob man mieten oder kaufen möchte, das Wesenhafte einer Wohnung spiegelt sich auch bei einem solchen Zusammentreffen im Stundenhoroskop wider. Der schnelle Blick auf die jeweils relevanten Signifikatoren kann einem dann mitunter so manchen Ärger ersparen.

Eine gute Freundin von mir war vor Jahren im Frankfurter Umland auf Haussuche. Sie und ihr Mann besichtigten sehr viele Objekte, die dann letztlich doch aus dem einen oder anderen Grund nicht in Frage kamen. Die ständigen Besichtigungen kosteten viel Zeit und Energie, so dass ich ihr irgendwann vorschlug, mir die Zeiten zu nennen, wann Besichtigungen anstanden. So konnte ich schon im Vorfeld anhand der Stundenhoroskope sehen, bei welchen Objekten sich eine Besichtigung überhaupt lohnte und bei welchen nicht. Bei einer Hausbesichtigung sah ich im Begegnungshoroskop schließlich, dass dies mit hoher Wahrscheinlichkeit das Haus sei, das sie schließlich kaufen würden. Es gefiel ihnen auch sehr, jedoch gab es nach den ersten ernsthaften Verkaufsgesprächen Schwierigkeiten, da sich die Verkäufer – ein sich gerade trennendes Ehepaar – nicht einig waren. Der Ehemann zog überraschend sein Einverständnis zum Verkauf des Hauses zurück, da er doch selbst darin wohnen bleiben wollte. So suchte meine Freundin weiter, jedoch ohne Erfolg, da keines der Häuser, die sie im Folgenden besichtigten, in Frage kam. Nach fast einem Jahr der Suche waren die beiden schließlich drauf und dran, ihr Projekt Hauskauf aufzugeben. Ich ließ in Gesprächen zwar ab und zu scherzhaft einfließen, dass sie «ihr Haus» doch schon gefunden hätten und die Zeit schon noch kommen würde, zu der sie dort tatsächlich einziehen, aber so richtig lachen konnte meine Freundin über diesen Scherz nicht. Doch dann kam die Wende. Der besagte Hauseigentümer wollte das Haus schließlich doch verkaufen und rief meine Freundin an, ob sie und ihr Partner noch Interesse hätten. Nach vielem Hin und Her und letztlich wie durch ein kleines Wunder klappte der Kauf dann doch noch, so dass sie einziehen konnten.

Die Haussuche fand zu einer Zeit statt, da Saturn in Opposition zu Pluto stand. Für die Suche einer Mietwohnung war diese schwierige mundane Konstellation sicherlich weniger relevant als für den Kauf eines Hauses. Saturn, als natürlicher Herrscher für Immobilien, in Opposition zu Pluto, brachte damals oft ein zähes Ringen mit sich, bis eine Immobilie gekauft und auch tatsächlich bezogen werden konnte. Ab Ende 2009 wird es, ungefähr eineinhalb Jahre lang, am Himmel wieder einen Spannungsaspekt (Quadrat) zwischen Saturn und Pluto geben. Auch dies wird sicher wieder keine gute Zeit sein, um eine Immobilie zu bauen, zu kaufen oder zu verkaufen.

Wer auf der Suche nach einer Wohnung oder nach einem Haus ist, hat in der Regel mit zwei möglichen Varianten zu tun, die bei der Deutung des Begegnungshoroskops eine Rolle spielen:

1. Die Wohnung oder das Haus stehen leer. Man trifft sich vor der Besichtigung mit dem Vermieter oder dem Makler und betritt dann gemeinsam die Räumlichkeiten. In diesem Fall sind folgende Signifikatoren zu beachten:

Aszendent = Interessent / Vermieter / Makler
Hauptsignifikator = Interessent
Nebensignifikator = Makler / Vermieter
Deszendent = Das Wesen der Wohnung
Signifikatoren = DC-Herrscher und Planeten in 7
Imum Coeli = Die jetzige Wohnung des Interessenten

2. Die Wohnung ist vermietet, man trifft bei der Besichtigung auf den jetzigen Mieter. Dieser zeigt einem nur die Wohnung, er hat mit einem Vertragsabschluss nichts weiter zu tun und wird zudem bald ausziehen. In diesem Fall sind folgende Signifikatoren zu beachten:
   Aszendent = Interessent
   Signifikatoren: AC-Herrscher und Planeten in 1
   Deszendent = Der jetzige Mieter
   Signifikatoren: DC-Herrscher und Planeten in 7
   Imum Coeli = Die jetzige Wohnung des Interessenten
   Medium Coeli = Die Wohnung des jetzigen Mieters (4. vom 7.)
   Herrscher bzw. Planeten von 10 = die potenzielle zukünftige Wohnung
   Sonne = Vermieter
   Merkur = meist der Makler

Der natürliche Signifikator für Wohnungsangelegenheiten ist der Mond. Er sollte bei Besichtigungen ebenfalls beachtet werden. Vor allem sein weiterer Aspektverlauf kann Hinweise auf kommende Ereignisse im Zusammenhang mit dem besichtigten Objekt geben.

Das IC und der Herrscher von 4 beschreiben die aktuelle Wohnung des Interessenten. Sollte ein Wohnungswechsel kurz bevorstehen, dürften auch hier Hinweise auf den Wechsel zu finden sein.

Sonne	Herrschaftlich, sonnig, repräsentativ, großzügig, pompös
Mond	Verspielt, kuschelig, kinder- und familienfreundlich
Merkur	Verkehrsgünstig, hellhörig, kommunikativ, unruhig, laut
Venus	Ansprechend, charmant, stilvoll, gute Ausstattung, harmonisch
Mars	Arbeitsintensiv, renovierungsbedürftig, zieht Streit an, erfordert Durchsetzungsvermögen und Willensstärke
Jupiter	Teuer, hochherrschaftlich, groß, weiträumig, überdimensioniert
Saturn	Karg, wenig ansprechend, sachlich, kühl, ungemütlich, einsam gelegen, preiswert
Uranus	Originell, extravagant, sehr hell, elektrisierend, umwerfend, laut, unruhig, viele Störfaktoren
Neptun	Mehr Schein als Sein, bezaubernd, versteckte Mängel, Wasserschaden, Schwamm in den Wänden, unklare Mietverhältnisse, nah am Wasser gelegen
Pluto	Ungute Energien, zieht Stress mit Nachbarn oder Vermieter an, Gerichtsprozesse, versteckte krankmachende Energien, dunkel bis düster
Chiron	Wohnung krankt an etwas, es gibt einen Wermutstropfen
Lilith	Schwierige Energie für Paare, Dreiecksgeschichten

Tab. 7: Das Wesen einer potenziellen Wohnung bzw. eines Hauses

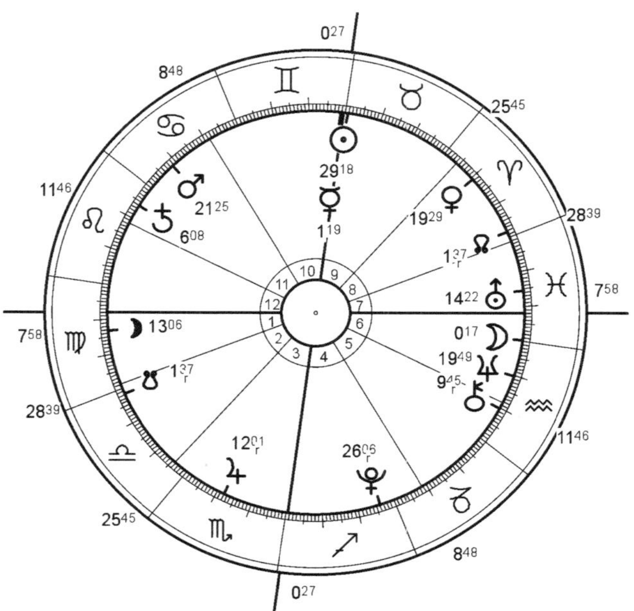

Abb. 46: 20.5.2006, 13.07 Uhr MESZ, Berlin-Mitte

Kleine Übung zu Begegnungshoroskopen bei Wohnungsbesichtigungen

Nur bei einem Beispiel wurde die Wohnung auch tatsächlich gemietet. Welche war es? In beiden Fällen war die Wohnung noch vermietet, d.h. der jetzige Mieter empfing den Interessenten.

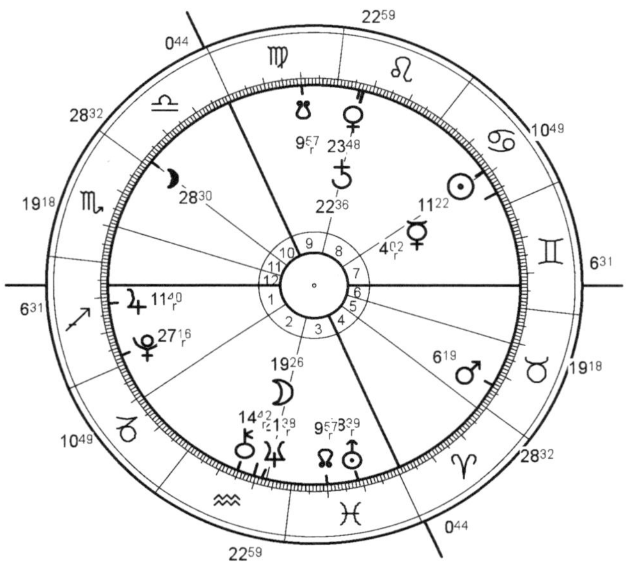

Abb. 47: 3.7.2007, 18.12 Uhr MESZ, Wien

Wohnungsbesichtigung 1

Deutung

Der Interessent wird vom stark gestellten Merkur am MC symbolisiert. Er befindet sich hierdurch im 4. Haus des jetzigen Mieters und somit in der potenziellen neuen Wohnung. In separativer Konjunktion zur Sonne (= Vermieter) hatte der Interessent schon Kontakt zu diesem und war sich mit ihm über Formales einig geworden. Die Besichtigung der Wohnung ergab, dass die Wohnung gefiel. Zwar befand sie sich an einer lauten Durchgangsstraße (Merkur), aber das Schlafzimmer lag im Innenhofbereich und deshalb ruhig. Dem jetzigen Mieter der Wohnung (rückläufiger Jupiter) war die Wohnung – nach einer Miet- und Nebenkostenerhöhung – zu teuer geworden. Er war schon am Zusammenpacken (Uranus) und sehr daran interessiert, dass der Interessent die Wohnung vor Ablauf der Kündigungsfrist übernahm. Dies klappte auch, der Interessent zog kurze Zeit später ein.

Wohnungsbesichtigung 2

Deutung

Auch bei dieser Wohnung gab es einen Mieter (rückläufiger Merkur), der den Interessent (rückläufiger Jupiter) empfing. Bei diesem Angebot handelte es sich jedoch um ein Zimmer in einer Wohngemeinschaft, so dass der jetzige Mieter auch Mitbewohner und Vermieter in einem sein würde. Zwischen den sich begegnenden Parteien gab es jedoch keinerlei Affinitäten. Beide Signifikatoren waren rückläufig und befanden sich jeweils im eigenen ersten Haus. In diesem Fall bewegt sich keiner auf den anderen zu, so dass eine Verbindung nicht zustande kommen kann. Darüber hinaus war die Wohnung zwar ansprechend (Venus = Herrscher des 4. vom 7. Haus), aber das angebotene Zimmer war sehr klein (Venus Konjunktion Saturn). Auch der Mond stand kurz vor einer Konjunktion mit Neptun und einer Opposition zu Saturn. Mit einem vorherigen Blick auf das Begegnungshoroskop hätte man sich diese Besichtigung also ganz sicher ersparen können.

Wohnungsbesichtigung mit einer Mietnomadin

Über Fälle von Mietnomadentum hört man gelegentlich im Fernsehen. Demnach werden Personen als «Mietnomaden» bezeichnet, die eine Wohnung anmieten und auch beziehen, ohne eine ernsthafte Absicht, die Miete zu bezahlen. In der Regel verschwinden sie bei Nacht und Nebel, sobald die Zwangsräumung bevorsteht, und hinterlassen nicht selten ein heilloses Chaos. An einem anderen Ort beginnt das Spiel von neuem, und die Vermieter bleiben meist auf ihren Kosten sitzen.

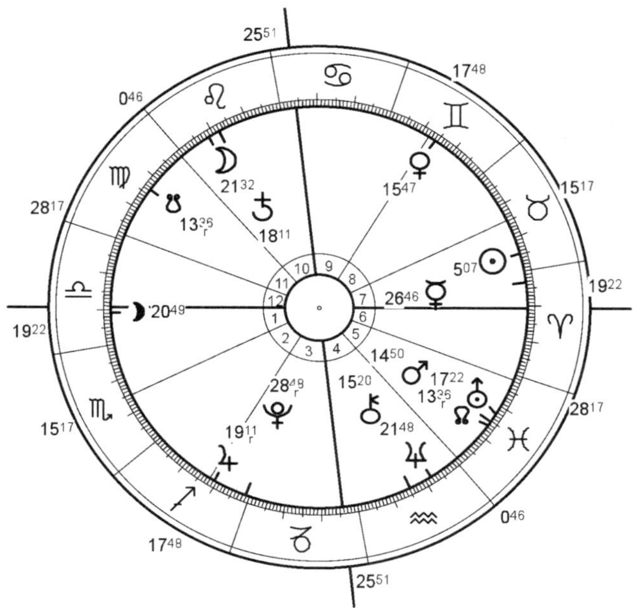

Abb. 48: 25.4.2007, 18.45 Uhr MESZ, Berlin-Zehlendorf

Die zweifelhafte «Chance», als Vermieter an einen Mietnomaden zu geraten, dürfte allerdings nicht allzu groß sein. Dennoch ist einem meiner Klienten genau dies passiert. Eine Frau bewarb sich um die Einliegerwohnung in seinem Wohnhaus in einer teuren Villengegend. Da er mir den genauen Zeitpunkt nennen konnte, wann die erste Begegnung mit der Frau stattfand, bekam ich hierdurch ein wirklich seltenes, aber spannendes Studienobjekt in Sachen Begegnungshoroskope.

Deutung

1. *Thema der Begegnung = Aszendent im Zeichen Waage.* Beziehung, Ehe, Kontakt, Aussehen, Luxusartikel, künstlerische Fähigkeiten, Schöngeistiges, Entscheidungssituationen. Der Klient beschrieb die erste Begegnung mit der Frau als

durchaus angenehm. Sie sei elegant gekleidet gewesen und habe durch eine charmante und beredte Art bestochen. Eigentlich hatte er sich schon fast für ein Ehepaar als neue Mieter entschieden, aber als die Bewerberin darlegte, wie dringend sie die Wohnung benötigte, sei er ins Schwanken gekommen und musste sich entscheiden.

Lilith Konjunktion Aszendent

Die Lilith in enger Konjunktion zum Aszendenten ist der erste Hinweis, dass mit der Wohnungsinteressentin «etwas nicht stimmen» könnte. Der Waage-AC-Schein dürfte trügen, denn wenn – symbolisch gesehen – Lilith an die Tür klopft, hat sie in der Regel Dramatisches im Gepäck. Auch die Konkurrenzsituation zum anderen Bewerberpaar könnte durch Lilith angezeigt sein sowie die Überredungskünste, die sie an den Tag legte, um die Situation für sich zu gewinnen.

2. **Wichtiger Bereich der Begegnung = 8. Haus.**

Die Stellung des Aszendenten-Herrschers Venus im 8. Haus zeigt an, dass folgende Themen bei der Begegnung einen Stellenwert haben könnten:

Steuern, Erbschaften, Aktien, Subventionen, Banken, Kredite, Verluste und Tod, Finanzen und Werte anderer.

Im Rückblick auf die Geschehnisse kommen hiervon eigentlich nur zwei Bereiche in Betracht: Finanzen und Werte der anderen, auf die es die Venus im 8. Haus «abgesehen» hat sowie Verlustsituationen.

3. **Was «erzählt» der Signifikator der Mieterin über ihre aktuelle Situation?**

Lilith im 1. Haus:

Mit Lilith im 1. Haus kommen folgende Eigenschaften in Betracht:

Verführerisch, bezirzend, bezwingend, suggestiv, freiheitsliebend, eifersüchtig, rivalisierend, rachsüchtig, dramatisch, drastisch.

Wie oben schon erwähnt, hatte die Frau einen durchaus bezwingenden Charme, mit dem sie zu den anderen Bewerbern in Konkurrenz trat. Eigenschaften wie freiheitsliebend, rachsüchtig oder gar dramatisch, traten erst später zu Tage.

Venus: Auf 15°47‘ Zwillinge im 8. Haus bzw. im 2. Haus des Vermieters.

Wenn es sich bei einer Begegnung nicht gerade um einen Termin bei der Bank, bei einem Notar wegen Erbschaftsangelegenheiten oder bei einem Beerdigungsinstitut handelt, sollte ein Herrscher von 1 in 8 schon verwundern. Im Hinblick auf die Werte des anderen (8. Haus) ist bei einer Wohnungsbewerbung die Überlegung durchaus angebracht, inwiefern der Bewerber an den Werten seines Vermieters interessiert sein könnte. Die Wohnung als solches stellt zwar einen Wert dar, aber die Mietzahlung des Mieters gleicht diesen normalerweise aus – sofern sie der Vermieter bekommt!

Mit Zwillinge-Venus wird die Interessentin als kommunikativ, interessiert und flexibel dargestellt. Die kommenden Aspekte der Venus, insbesondere das T-Quadrat von Venus, Jupiter und Uranus sowie ihr letzter Aspekt – eine Opposition zu Pluto – verheißen keine erfreulichen Entwicklungen.

Mond: Auf 21°32’ Löwe im 10. Haus bzw. im 4. Haus des Vermieters.

Der eingeschlossene Löwe-Mond, als Mitsignifikator der Frau, symbolisiert die Bedrängnis, in der sie sich im Moment befindet. Mond stand kurz vorher in Opposition zu Chiron und hat soeben eine Konjunktion zu Saturn, als Herrscher von 4, hinter sich gebracht. In Anbetracht der weiteren Ereignisse ist anzunehmen, dass die Frau zu diesem Zeitpunkt ihre letzte Wohnung «bei Nacht und Nebel» verlassen hatte. Für Nebel gilt Neptun als Symbol und so verwundert es nicht, dass Saturn in Opposition zu Neptun und auch der Mond in gradgenauer Opposition zu ihm steht. An dieser Konstellation zeigt sich deutlich das Ausmaß des Chaos, das mit dieser

Frau in die Erfahrungswelt und den Wohnbereich (4. Haus) des Vermieters «schwappt».

4. **Was «erzählt» der Signifikator des Vermieters über seine aktuelle Situation?**
Sonne und Merkur im 7. Haus (= seinem 1. Haus).
Mit Sonne in seinem 1. Haus wirkt er souverän, selbstbewusst, großzügig und überzeugend. In unerlöster Form könnte man jemand mit Sonne in 1 aber auch als egozentrisch oder angeberisch empfinden.
Da auch Merkur in seinem 1. Haus steht, tritt er mit ihrem Signifikator in Zwillinge in Resonanz. Die merkurische kontaktfreudige und kommunikative Art lässt beide leicht in einen lockeren Gesprächskontakt kommen.
Mars: Auf 14°50‘ Fische im 5. Haus bzw. seinem 11. Haus.
Der Fische-Mars als Hauptsignifikator beschreibt den Vermieter aber auch als einfühlsamen und hilfsbereiten Mann, der entweder selbst unklar und nicht leicht durchschaubar ist oder im Unklaren gelassen oder, noch schlimmer, hinters Licht geführt wird.
Mars steht kurz vor einer Konjunktion mit Uranus und wandert damit ebenfalls in das sich anbahnende T-Quadrat, das die Venus in Kürze bilden wird. Mars, bzw. dem Vermieter, steht eine Erschütterung (Uranus) bevor. Auch sein letzter Aspekt im Zeichen Fische ist ein Spannungsaspekt (Quadrat) zu Pluto. Mit einem guten Ende ist für ihn bei dieser Geschichte also keinesfalls zu rechnen.

5. **Weiterer Verlauf der Angelegenheit.**
Aspekte zwischen den Signifikatoren:
Zwei Tage vor der Begegnung stand die Venus im Quadrat zu Mars. An diesem Tag hatte der Vermieter sein Wohnungsangebot ins Internet gestellt und damit die unguten Entwicklungen in Gang gebracht. Venus (Interessentin) wird zu keinem der Signifikatoren des Vermieters noch einen Hauptaspekt bilden. Aber der Mond, als Mitsignifikator der Frau, läuft in

ein Trigon zu Merkur, was letztlich dazu geführt haben mag, dass er mit ihr den Mietvertrag geschlossen hat.

Weiterer Mond-Verlauf im Zeichen Löwe

- Mond Opposition Neptun (+0°)
- Mond Trigon Merkur (+5°)
- Mond Trigon Pluto (+7°)

Zum Begegnungszeitpunkt war die Opposition des Mondes zu Neptun fast exakt, so dass man daran hätte erkennen können, dass etwas nicht mit rechten Dingen zuging. Der weitere Mondverlauf deutet mit seinem Trigon zu Merkur auf die vertraglichen Vereinbarungen hin. Das Trigon zu Pluto beschreibt einen Machtkampf mit aufdeckender Wirkung, so dass die Entwicklung letztlich noch einen einigermaßen glimpflichen Ausgang nehmen kann.

Fazit: Ein Blick in dieses Begegnungshoroskop hätte den Vermieter ganz sicher gewarnt, so dass er sich vielleicht mehr für das Vorleben der Frau interessiert hätte. Wo Neptun (Chaos, Betrug) vorherrscht, muss Saturn (Realitätssinn) als Gegengewicht fungieren.

Was weiter geschah: Die Frau zog in die Einliegerwohnung und bezahlte vom ersten Monat an keine Miete. Darauf angesprochen, erfand sie immer neue Lügengeschichten und versicherte, dass ihr – in der Schweiz sicher angelegtes Geld – demnächst auf ihrem Konto sei. Sie würde dann unverzüglich alles begleichen. Wie der Vermieter zudem bald bemerkte, arbeitete sie als Prostituierte und empfing regen Freierbesuch in der nur zu Wohnzwecken vermieteten Wohnung. Daraufhin erstattete er Anzeige und kündigte ihr fristlos. Man machte ihm aber wenig Hoffnung, die Frau auf legalem Wege schnell wieder loszuwerden.

Jemand, der wie der Vermieter von einem Fische-Mars symbolisiert wird, schreckt allerdings ebenfalls nicht davor zurück, sich jenseits legaler Pfade zu bewegen. Noch dazu nicht, wenn Mars auf Uranus zuläuft! Mit der Unberechenbarkeit, die diese

Konjunktion mit sich bringen kann, machte er fünf Monate später kurzen Prozess. Als die Mieterin das Haus verließ, brach er die Tür zur Einliegerwohnung auf und ließ ihre Habseligkeiten von einer eilig herbeigerufenen Umzugsfirma räumen. Zuvor hatte er einen Detektiv beauftragt, der die Vergangenheit der Frau auskundschaftete und die Adresse ihrer Mutter herausfand, weil sie dort polizeilich gemeldet war. Zu dieser Adresse ließ der Vermieter ihre Sachen bringen und vor dem Haus abladen. Die Recherchen des Detektivs förderten außerdem eine längere Liste anderer geprellter Vermieter zu Tage, die alle daran interessiert waren, doch noch an ihr Geld zu kommen. Die Frau war zudem wegen Betrugs vorbestraft, nun drohte ihr eine Gefängnisstrafe. Auch der Vermieter wurde wegen seiner illegalen Aktion zu einer Geldstrafe verurteilt. Diese bezahlte er seiner Aussage nach aber gerne. Er verbuchte es als «Lehrgeld», denn er sei sich jetzt sicher, dass ihm so etwas nie wieder passieren würde.

Astrologische Beratungen und Seminare

Wie schon an anderer Stelle erwähnt, ist ein Begegnungshoroskop, das auf den Termin einer astrologischen Beratung erstellt wird, äußerst hilfreich beim Erfassen der aktuellen Situation eines Klienten. Auch wenn ich es selten ausführlich deute, liegt es immer mit auf dem Tisch. Zwischendurch werfe ich immer mal wieder einen Blick darauf, denn ähnlich einem Kompass unterstützt es mich dabei, die Richtung nicht aus den Augen zu verlieren. Auch kurzfristig bevorstehende Ereignisse, die sich vielleicht nicht unbedingt am Transitgeschehen zum Radix erkennen lassen, zumal ich die Transite der Schnellläufer selten deute, sind im Stundenhoroskop zu sehen. Wenn der Mond zum Beispiel zwei Grad vor einer Konjunktion mit Uranus steht, liegt nahe, dass in zwei Tagen, Wochen oder Monaten ein unerwartetes Ereignis bevorsteht. Dies kann der jetzigen Situation eine Wende geben und sollte deshalb im Hinterkopf behalten werden. Die Feedbacks, die ich diesbezüglich von Klienten bekomme, bestätigen solche Ereignisse ein ums andere Mal. Oft drücken sie Erleichterung darüber aus, dass sie aufgrund der Hinweise auf eine Wende vorbereitet waren und es sie deshalb nicht «kalt erwischt» habe.

Meist verweist das Begegnungshoroskop jedoch auf Bereiche, die von Transiten der Langsamläufer zu Radixplaneten oder -achsen aktuell berührt werden. Da man bei einem Transit von Saturn, Uranus, Neptun oder Pluto z.B. über die Radix-Sonne mit Veränderungen im gesamten Lebensgefüge rechnen kann, aber selten weiß, ob der Schwerpunkt aktuell auf beruflichem oder eher privatem Terrain liegt, bekommt man über das Begegnungshoroskop einen spezifischeren Blickwinkel. Klienten erwarten in der Regel keine hellseherischen Fähigkeiten von uns. Sie hoffen auch nicht, dass wir ihnen genau beschreiben können, was sie in den nächsten zwei Jahren erwartet. Eine astrologische Beratung kann in erster Linie die Potenziale und Fähigkeiten des Klienten erkennen lassen, die das Rüstzeug bilden, um Herausforderungen im Leben gut zu meistern. Vorausgesetzt, dass sich jemand seiner Stärken und Schwächen bewusst ist und nicht versucht, ein ganz anderer zu sein, hat jeder Mensch genau das in sich, das er benötigt, um auch schwierige Transite gewinnbringend zu nutzen. Sollte er sich dennoch auf Spielwiesen tummeln, für die er keine Begabung hat oder sich mit Menschen umgeben, die nicht (mehr) zu ihm passen, haben Transite der Langsamläufer stets eine korrigierende Funktion. Sie zeigen Wechselfälle des Lebens an, die uns dabei helfen, Kurskorrekturen vorzunehmen. Dass dieser Prozess mitunter schmerzhaft ist, weil man vermeintlich viel verliert oder plötzlich alles schief läuft, ist Teil der Entwicklung hin zu sich selbst und einem authentischeren Dasein.

Wer sich auf diesem Weg astrologische Unterstützung gönnt, hat immerhin den Vorteil, dass der Astrologe dabei helfen kann zu unterscheiden, welche «Baustelle» im Leben derzeit Priorität hat und welche nur Nebenschauplätze darstellen. Eines der besten Hilfsmittel, die richtige Baustelle auf Anhieb zu finden, ist meiner Meinung nach das Stundenhoroskop, auf den Zeitpunkt der Beratung erstellt.

Das nachfolgende Fallbeispiel soll einen Einblick geben, wie ein Begegnungshoroskop zum Kompass während einer Beratung werden kann.

Eine astrologische Beratung

Die Klientin, die an diesem Tag zur Beratung kam, war in den letzten Jahren schon einige Male bei mir gewesen. Von Beruf ist sie Friseurin und Visagistin und arbeitete, fest angestellt, bei einem Fernsehsender. Im Geburtshoroskop hatte sie eine Stier-Sonne auf 11 Grad am Deszendenten und im Quadrat zu Uranus auf 12 Grad Löwe. Ihr MC stand auf 18 Grad Löwe, und von den Transiten her lag nahe, dass der heranrückende Saturn-Transit auf ihr Sonne-Uranus-Quadrat ein Thema der Beratung sein würde. Dies mochte auch eine Vorbereitung für den kommenden Saturn-Transit auf ihr Radix-MC im nächsten Jahr sein.

Das auslaufende Quadrat des Transit-Neptuns zu ihrer Sonne hatte sie in den letzten zwei, drei Jahren mit Persönlichkeitsanteilen in Kontakt gebracht, die ihr bis dahin fremd waren. Sie entwickelte Ängste, ihr Leben nicht mehr meistern zu können, beruflich wie privat nicht mehr zu genügen und im Alter von Mitte vierzig schon zum «alten Eisen» zu gehören, das bald mit seiner Entlassung rechnen müsse. Und dies, obwohl Kolleginnen von ihr zum Teil schon über sechzig waren und vom öffentlich-rechtlichen Arbeitgeber gebeten wurden, nicht in Rente zu gehen, weil man ihre Routine und Erfahrung schätzte.

Objektiv gesehen waren ihre Ängste und Unsicherheiten in vielerlei Hinsicht unbegründet, aber im Hinblick auf den Neptun-Transit nachvollziehbar. Astro-psychologisch betrachtet, sind neptunische Ängste aber oft Signale, die weniger auf ein drohendes Untergangsszenario oder Repressalien von außen hindeuten als vielmehr darauf, dass sich der Mensch selbst

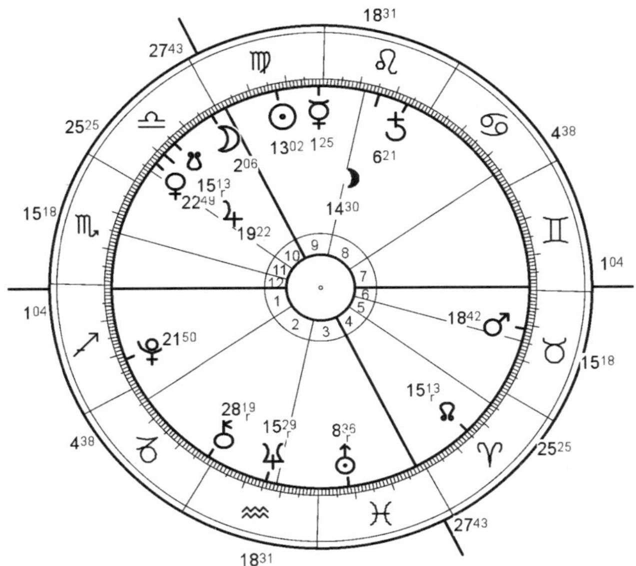

Abb. 49: 5.9.2005, 14 Uhr MESZ, Berlin-Charlottenburg

nicht mehr «über den Weg traut». Schwindendes Selbstvertrauen kann sich auch dann bemerkbar machen, wenn man einer Lebenssituation längst entwachsen ist, aber aus Gewohnheit und Sicherheitsdenken weitermacht wie bisher. Nicht gelebte Stärke kann dann genauso zu einer Schwächung der Persönlichkeit führen wie permanente Überforderung.

Neptun-Transite bringen Lebenslügen ans Licht, doch erfahrungsgemäß bedarf es meist eines Saturn-Transits, um Veränderungen real sichtbar werden zu lassen. Dieser bahnte sich bei der Klientin an, und obwohl sie inzwischen keine Ängste mehr plagten, war klar, dass mit Saturn im Quadrat zu ihrer Radix-Sonne ein neuer Entwicklungsschritt bevorstand. Ob dieser eher im beruflichen oder mehr im privaten Bereich gefordert war, blieb zunächst offen.

Deutung des Begegnungshoroskops

Im Stundenhoroskop der Beratung sieht man deutlich, dass die Klientin an diesem Tag zumindest unbewusst wegen einer beruflichen Angelegenheit gekommen war. Ihr Signifikator Jupiter stand im 10. Haus (Beruf, Berufung), der Mond ebenfalls, und auch die Venus, als Herrscher von 6 (Arbeitsplatz), befand sich im 10. Haus.

Auf meine Frage, was sie zu mir führte, äußerte sie dann aber die Befürchtung, dass die Firma ihres Ehemannes, ein kleiner Verlag, kurz vor der Pleite stünde. Nur noch ein Wunder könne die Firma vor dem finanziellen Ruin retten. Keine Frage, dass schwierige Transite zur Sonne im Radix einer Frau auch auf Probleme beim Lebenspartner hindeuten können, aber nach dem Begegnungshoroskop zu urteilen, war dies zumindest am Tag der Beratung nicht das vorherrschende Thema. Im Begegnungshoroskop stand Pluto im 1. Haus, was anzeigte, dass eine Krise unmittelbar bevorstand oder soeben begonnen hatte. Der Aszendent am Anfang des Zeichens Schütze auf 1°04' zeigte zudem, dass die Situation für sie relativ neu sein musste. Auch der Mond stand auf 2°06' Waage am Anfang seines Zeichens. Von einer emotional bedrohlichen Situation war an der Mondstellung allerdings nichts zu erkennen, und auch Jupiter, ihr Signifikator, stand – zwar eingeschlossen – aber stark gestellt im 10. Haus.

Im Laufe unseres Gespräches erwähnte die Klientin mehr in einem Nebensatz, dass sie – bevor sie von ihrem Mann erfahren habe, wie es um seine Firma stand – darüber nachgedacht habe, sich als Visagistin und Maskenbildnerin selbständig zu machen. Sie verspüre große Lust auf eine neue Herausforderung, sie würde sehr gerne ihren Horizont über «die Maske» beim Sender hinaus erweitern und vor allem ein unabhängigeres und selbstbestimmtes Leben führen. Doch dies alles wäre ja nun nicht mehr möglich.

Das Begegnungshoroskop zeigte aber sehr wohl, dass es möglich sein würde! Zwar waren die drei relevanten Signifikatoren

(Jupiter, Mond, Venus) noch eingeschlossen in der Waage, aber Merkur, der Herrscher des MC (= Selbständigkeit) stand in der Jungfrau sehr stark. Auch die weiteren Jupiter- und Mond-Aspekte mit

- Mond Konjunktion Jupiter
- Mond Sextil Pluto und
- Mond Konjunktion Venus

versprachen ein gutes Gelingen ihres Vorhabens. Ich bestärkte sie nicht nur wegen der eindeutigen Hinweise im Begegnungshoroskop, sondern auch im Hinblick auf ihren kommenden Saturn-Transit zur Radix-Sonne und später zum Radix-MC, ihr Ziel «Selbständigkeit» nicht aus den Augen zu verlieren.

Anfang 2007 war es soweit. Die Klientin ist seither selbständig. Ihr Mann musste seinen Verlag zwar aufgeben, stieg aber in die Künstleragentur eines Freundes mit ein. Die Klientin arbeitet eng mit dieser Agentur zusammen, indem sie die Künstler vor ihren jeweiligen Auftritten als Visagistin betreut. Hierdurch ist sie viel auf Reisen, kommt mit interessanten Menschen in Kontakt und sagt, dass für sie (und auch für ihren Mann) nach einer gewissen Durststrecke ein Traum in Erfüllung gegangen sei.

Astrologische Kurse und Seminare

Wer astrologische Ausbildungen oder auch nur ab und zu am Wochenende Kurse anbietet, ist ebenfalls gut beraten, wenn er sich das Stundenhoroskop für den Beginn einer Veranstaltung vorher ansieht. Zwar gehört die Terminierung und inhaltliche Planung eines Seminars aus stundenastrologischer Sicht in den Bereich der «Elektionen», aber der Beginn kann sowohl als Radix wie auch als Begegnungshoroskop gedeutet werden.

Veranstalter und Dozent sind, stundenastrologisch gedeutet, die Einladenden bzw. die Empfangenden und werden dem Deszendenten und seinen Herrschern zugeordnet. Die Teilnehmer werden vom Aszendenten, seinem Herrscher und möglichen Planeten im 1. Haus symbolisiert. Plant man ein Seminar, sollte das Thema möglichst schon am Aszendentenzeichen oder an der Stellung des Aszendentenherrschers in Zeichen und Haus erkennbar sein. Dieses Thema ist das, was die Teilnehmer schließlich interessiert und in Aktion treten lässt. Auch die Herrscher von 7 sollten gut gestellt sein, so dass sie Kompetenz versprechen und das Thema entsprechend gehaltvoll repräsentieren können. Wer sich im umgekehrten Fall als Teilnehmer für eine Ausbildung, ein Seminar oder einen Vortrag interessiert, sollte sich die Signifikatoren des 7. Hauses des Anfangshoroskops durchaus einmal genauer anschauen. Steht etwa der Herrscher von 7 im Exil, ist er rückläufig oder läuft kurz nach Beginn der Veranstaltung in starke Spannungsaspekte zu anderen Planeten, dürfte der Dozent oder die Dozentin nicht unbedingt das halten, was er oder sie verspricht.

Das folgende Fallbeispiel zeigt das Stundenhoroskop eines Seminarbeginns der ganz anderen Art an. Dies war kein «Präsenzkurs» im herkömmlichen Sinne, sondern eines meiner Online-Seminare, bei dem sich Teilnehmer und Dozent nie zu Gesicht bekommen. Der Stundenastrologie-Unterricht fand in Foren via Internet statt und dauerte insgesamt sieben Wochen. Die dreizehn Teilnehmerinnen und Teilnehmer kamen von überall her, aus Österreich, aus der Schweiz, aus den USA, aus Nord- bis Süddeutschland.

Als im Laufe des Kurses Begegnungshoroskope auf dem Lehrplan standen und u.a. Horoskope von Veranstaltungen besprochen wurden, kam die Frage auf, welches Stundenhoroskop für unseren derzeitigen Online-Kurs maßgeblich sei. Der Kurs hatte offiziell am 15.9.2007 begonnen, eine Uhrzeit war jedoch nicht festgelegt. Wir einigten uns schließlich darauf, dass der Beginn des Kurses mein erster Beitrag (Posting) im Forum war, bei dem ich alle Teilnehmer «Herzlich Willkommen» hieß. Diesen Beitrag hatte ich schon am Vorabend des 15.9. – ganz spontan und ohne dabei auf die Uhr oder gar ins aktuelle Horoskop zu schauen – ins Netz gestellt. Da alle Forumsbeiträge mit Datum und Uhrzeit versehen waren, konnten wir den Zeitpunkt nachträglich leicht eruieren.

Online-Seminar

Deutung

Der Aszendent im Zeichen Fische

Interessant an diesem «virtuellen Begegnungshoroskop» ist zuallererst die Gradzahl des Aszendenten. Sie liegt innerhalb der ersten drei Grade eines Zeichens, und obwohl dies bei Begegnungshoroskopen nicht ins Gewicht fällt, war mein Posting in der Tat etwas zu früh. Der Kurs begann ja eigentlich erst am nächsten Tag, und meinen ersten Beitrag hätte ich genauso gut erst am 15.9. ins Forum stellen können. Für den Fall, dass sich jemand aber schon früh am Morgen einloggte, wollte ich vorsorglich schon eine Begrüßung hinterlassen haben.

Da die erste Aktion von mir ausging, werde ich – entgegen der sonstigen Regeln für einen Präsenzunterricht – vom Fische-Aszendenten und seinem Herrscher Jupiter symbolisiert. Das Zeichen Widder ist im 1. Haus eingeschlossen, deshalb wird auch Mars zu meinem Mitsignifikator, ebenso Uranus, der im 1. Haus steht. Dass ich unter einem Fische-Aszendenten in Aktion trat, beschreibt die Situation insofern sehr treffend, da ich im Grunde genommen «ins Leere» postete und kein konkretes Gegenüber vor Augen hatte. Auch schrieb ich an Menschen, die ich weder kannte, noch je zu Gesicht bekommen würde.

Begegnungen unter Fische-AC haben sehr oft etwas Geheimnisvolles, nicht Sichtbares oder nicht konkret Greifbares. In diesem Fall ist der neptunische Charakter der Begegnung Programm und im Hinblick auf das Konzept eines Online-Seminars nachvollziehbar. Ansonsten ist bei realen Begegnungen unter Fische-AC durchaus zu überlegen, was an der Situation geheimnisvoll ist oder verdeckt und «under cover» bleiben muss.

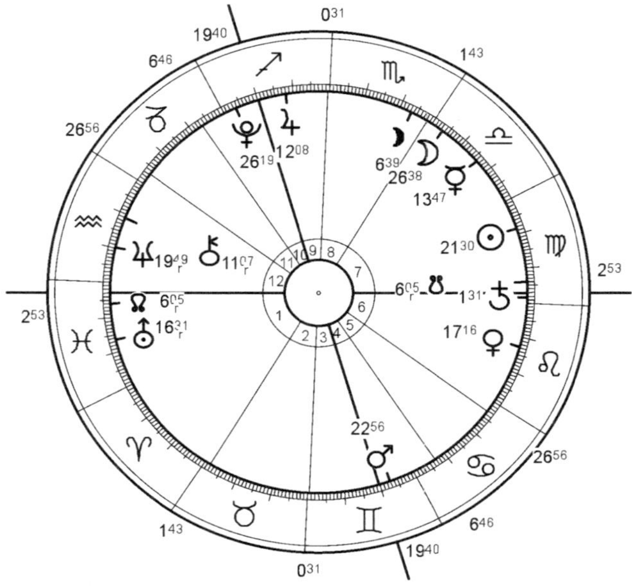

Abb. 50: 14.9.2007, 18.49 Uhr MESZ, Berlin-Charlottenburg

Denkbar wäre, dass einer von beiden nicht mit offenen Karten spielt oder aber, dass beide kein Interesse daran haben, dass ihr Zusammentreffen bekannt wird.

Jupiter in Schütze und im 9. Haus

Jupiter ist in diesem speziellen Fall sowohl Hauptsignifikator für das Online-Seminar als auch für mich. Er ist stark gestellt in seinem Domizilzeichen Schütze und in 9 auch in seinem Domizilhaus. Das 9. Haus ist zudem das 3. Haus der Teilnehmer, so dass hierdurch das Wesen des Seminars sehr gut beschrieben wird. Es geht um eine Fortbildung, eine Horizonterweiterung, eine «grenzüberschreitende» Angelegenheit (Herrscher von 1 in 9), die aus der Sicht der Teilnehmer kommunikativ und in schriftlicher Form (3. Haus) stattfindet.

Mars in Zwillinge im 4. Haus
Nebensignifikator Mars steht im Zeichen der Kommunikation und Wissensvermittlung, die bei diesem Seminar im jeweils häuslichen Umfeld (4. Haus) stattfindet. Als Dozentin trage ich mein Wissen schreibend und von zu Hause aus in die Welt. Für die Teilnehmer steht Mars im 10. Haus, so dass dieses Wissen für sie öffentlich wird und vom einen oder anderen letztlich auch beruflich genutzt werden dürfte.

Uranus im 1. Haus
Uranus ist ebenfalls Nebensignifikator, da er im 1. Haus steht. Er symbolisiert sowohl die Astrologie an sich als auch das Medium Internet. Die Struktur des Seminars war darüber hinaus äußerst uranisch, denn es gab keine festen Seminarzeiten. Stattdessen war vor allem von mir eine hohe Reaktionsschnelligkeit gefordert, denn wenn jemand eine Frage ins Forum stellte, sollte diese auch relativ zeitnah von mir beantwortet werden. Uranisch stets auf dem Sprung zu sein, war hier also durchaus angebracht.

Das 7. Haus
Die Teilnehmer und Teilnehmerinnen werden in diesem Fall vom 7. Haus und seinen Signifikatoren symbolisiert. Bei 13 Teilnehmern ist es auch nicht verwunderlich, dass gleich fünf verschiedene Signifikatoren in Frage kommen. Aus nachträglicher Betrachtung heraus hätte man sie tatsächlich in verschiedene Gruppen, wie Merkur-, Venus-, Sonne-, Mond- oder Saturn-Gruppe einteilen können. Obwohl ich sie nicht persönlich kennenlernte, waren ihre unterschiedlichen Energien deutlich wahrnehmbar. So gab es engagierte, die sich sehr viel einbrachten (Merkur), und eher stille, von denen man weniger mitbekam (Saturn). Auch gab es welche, die mehr «Betreuung» benötigten (Mond), da sie astrologisch noch nicht so fit waren, und andere, die so weit fortgeschritten waren, dass sie manche Fragen ihrer Mitschüler an meiner Stelle beantworten konnten (Sonne).

Merkur als Hauptsignifikator erschien sinnvoll, da alle Teilnehmer sich angemeldet hatten, um Stundenastrologie zu lernen. Saturn in Konjunktion zum DC nimmt eine Sonderstellung ein, denn er steht – aus der Sicht der Teilnehmer – schon knapp in deren 12. Haus. Es gab auch tatsächlich einen Teilnehmer, den man als saturnischen Grenzgänger zwischen den Häusern sehen konnte. Zuerst hatte er sich im Anfangsdatum geirrt und stieß erst einige Tage später zu uns. Dann fand er leider weniger Zeit, intensiv am Gruppengeschehen teilzunehmen, sinnigerweise auch deshalb, weil er zu jener Zeit auf der Suche nach einem Haus (Saturn) war und Besichtigungstermine wahrnehmen musste. Dennoch nutzte er, sehr effizient und ganz Jungfrau-Saturn, die wenige Zeit und konnte am Ende des Kurses ebenso gut Stundenhoroskope deuten wie alle anderen.

Der Verlauf des Seminars
In der Regel symbolisiert der Mond mit seinen weiteren Aspekten den Verlauf einer Veranstaltung. Bei Ausbildungen, die sich über ein, zwei Jahre erstrecken, zeigt der Orbis der applikativen Mondaspekte durchaus Monate als Zeiteinheit an. Bei kürzeren Unterrichtseinheiten sind es eher Wochen oder Tage.

Bei diesem Online-Seminar stand der Mond «void of course», seinen letzten Hauptaspekt, ein Sextil zu Pluto, hatte er gerade gebildet. Dennoch kann man anhand des weiteren Aspektverlaufs der Signifikatoren Aussagen machen, allem voran anhand des kommenden Quadrates von Jupiter und Uranus. Jupiter fehlten noch vier Grad (= Zeiteinheiten) zum exakten Quadrat, doch die Zeiteinheit 4 findet sich auch noch bei anderen Aspektverbindungen: Mars fehlten noch vier Grad zur Opposition Pluto, Merkur noch vier Grad zum Sextil Venus und der Mond war noch vier Grad vom Zeichenwechsel entfernt. Hätte man dieses Stundenhoroskop also schon zu Beginn des Kurses gedeutet, hätte man annehmen können, dass es nach vier Tagen und/oder vier Wochen Veränderungen geben würde.

Gleich zu Beginn tauchte nach vier Tagen endlich unser noch fehlender Mitstreiter auf. Nach vier Wochen hatte der ausufernde Jupiter in Schütze wirklich ganze Arbeit geleistet! Unsere Foren platzten aus allen Nähten, die Fragen, die die Teilnehmer stellten, beschränkten sich nicht mehr nur auf Didaktisches, sondern es wurden zudem viele stundenastrologische Fragen gestellt, die wir nach und nach gemeinsam beantworteten. Da ab der 5. Woche ein neues Thema – nämlich Begegnungshoroskope – auf dem Unterrichtsplan stand, beschloss ich kurzerhand, den Kursplan zu ändern (Jupiter Quadrat Uranus). Für die Beantwortung aller Teilnehmerfragen benötigten wir noch eine Woche mehr, so dass aus den ursprünglich sechs geplanten Kurswochen letztlich sieben wurden.

Jupiters Orbis zur Konjunktion mit dem MC beträgt im Übrigen sieben Grad, nicht sechs, und danach «entschwindet» er aus dem 3. Haus der Teilnehmer, jedoch nicht ohne eine Zusage zu einem von den Teilnehmern gewünschten weiteren Vertiefungskurs. Merkur wurde vier Wochen nach Kursbeginn rückläufig!

Begegnungen zwischen Arzt und Patient

Wie sich an den bisher vorgestellten Fallbeispielen zeigt, unterliegt die Deutung eines Begegnungshoroskops im Grunde genommen immer denselben Regeln. Begegnungen sind in erster Linie eine Angelegenheit des 1. und 7. Hauses, und das Augenmerk richtet sich stets auf die Signifikatoren der sich begegnenden Parteien. Abgesehen von deren Stärke oder Schwäche zeigt ihre jeweilige Besetzung der Häuser die Themen an, um die es bei einer Begegnung geht. Hat man einen Termin beim Arzt, wird der eigene Signifikator sicher nicht immer im 6. Haus, dem Haus der Gesundheit, stehen. So einfach und überschaubar funktioniert Astrologie nicht. Die Vielschichtigkeit der Aussagemöglichkeiten eines Horoskops, gekoppelt mit den unterschiedlichsten, auch unbewussten Motiven bringt es mit sich, dass bei einem Arztbesuch der Herrscher des Aszendenten natürlich in jedem der zwölf Häuser stehen kann. Meist offenbart sich sowieso erst nach einer Begegnung, inwiefern die Symbolik des Hauses, in dem der Herrscher des Aszendenten stand, von Wichtigkeit ist oder war.

Genau betrachtet, ist letztlich auch jedes Geburtshoroskop ein Begegnungshoroskop! In der Regel werden Neugeborene sofort nach ihrer Geburt von einer Hebamme oder einem Arzt in Empfang genommen. Noch bevor man das Kind der Mutter in die Arme legt, hatte es schon seine erste Begegnung mit einer helfenden Hand. Betrachtet man daher das eigene Geburtshoroskop einmal aus stundenastrologischer Perspektive, so erhalten die Herrscher von 1 und 7 eine zusätzliche Bedeutung. Sind sie stark gestellt oder gar in ihren Exilzeichen? Ist der Herrscher des Aszendenten eventuell rückläufig oder in einem Zeichen eingeschlossen? Ist der Hauptsignifikator von 7 vielleicht in seinem Domizilzeichen und verspricht somit Begegnungen mit verlässlichen und vertrauenswürdigen Partnern?

Ob die allererste Begegnung nach der Geburt als temporäre Angelegenheit angesehen werden kann oder aber prägend für das weitere Leben wirkt, hängt nicht zuletzt davon ab, ob ein Planet am Aszendenten steht und vor allem welcher. Steht zum Beispiel Pluto in Konjunktion zum Aszendenten, gibt es erfahrungsgemäß häufig Komplikationen bei der Geburt, so dass das Kind schon bei seiner ersten Begegnung in einer bedrohlichen Krise stecken könnte. Steht Pluto dagegen am Deszendenten, dürfte sich das Krisenhafte eher im Umfeld des Neugeborenen abspielen. Beides kann prägend sein und dazu führen, dass der erwachsene Mensch in Begegnungssituationen plutonische Umstände geradezu magisch anzieht. Das muss jedoch nicht heißen, dass er sich zwangsläufig und permanent in einer Krise befindet oder dass jemand mit Pluto am DC ständig Menschen anzieht, denen es nicht gut geht. Die Wahrscheinlichkeit aber, dass plutonische Prozesse im Leben dieser Menschen einen hohen Stellenwert einnehmen, ist groß.

Bei einem mir bekannten Psychoanalytiker steht Pluto zum Beispiel in enger Konjunktion zum Radix-Aszendenten, und im

Geburtshoroskop des «Urvaters der Psychoanalyse», Sigmund Freud, findet sich Pluto am Deszendenten. Durch die meist unbewusste Wahl eines entsprechenden Berufes, bei dem – im Falle Plutos – Begegnungen mit Menschen in Lebenskrisen an der Tagesordnung sind, kann die plutonische Energie zum hilfreichen Instrument werden, verborgenes Konfliktpotenzial an die Oberfläche zu holen und durch Bewusstmachung einer Heilung zuzuführen.

Im Grunde genommen kann aber jeder Planetenenergie ein Heilungspotenzial zugesprochen werden, wenn wir daran arbeiten, sie in einer erlösten Form zu leben. Dennoch treten bestimmte Zeichen- und Planetenenergien häufiger in Verbindung mit dem Thema «Krankheit und Heilung» auf als andere. Nachfolgend eine Liste mit Zuordnungen für den medizinisch-therapeutischen Bereich, die sich in meiner Praxis als stimmig erwiesen haben. Sie erhebt jedoch keinen Anspruch auf Vollständigkeit.

Jungfrau 6. Haus Merkur	Das Gesundheitswesen, der Krankenhausapparat, medizinisches Personal, Ernährungswissenschaft
Fische 12. Haus Neptun	Ganzheitliche und feinstoffliche Heilweisen, spirituelle Heilungen, Psychologie, Seelsorge, Süchte, psychische Erkrankungen, Psychosomatik, Krankenhäuser und Sanatorien, Pharmakologie, Toxikologie
Skorpion 8. Haus Pluto	Heilung durch Transformation, Psychoanalyse, Hypnose-, Reinkarnations-, Sexualtherapie, Reproduktionsmedizin, Gerichtsmedizin, Forschung

Tab. 8: Astrologische Zuordnungen im medizinisch-therapeutischen Bereich

Sonne/Jupiter	Chefarzt
Mars	Chirurgie, Infektionen, Sportmedizin, blutende Wunden
Saturn	Geriatrie, Orthopädie
Chiron	Seelische und körperliche Verletzungen, Heiler
Uranus	Apparatemedizin, Alternativmedizin, Nervenheilkunde
Mond	Pflegende und fürsorgliche Funktionen
Mond/Mars	Geburtshilfe, Hebamme
Mond/Saturn	Altenpflege

Tab. 9: Planeten-Phänomene im medizinischen Bereich

Bei Begegnungen, die aus gesundheitlichen Gründen stattfinden, dürfte – je nach Krankheitsfall – das eine oder andere astrologische Prinzip im Begegnungshoroskop hervorgehoben sein. Geht es um eine Routineuntersuchung beim Hausarzt, wird man vermutlich seltener auf die Idee kommen, ein Begegnungshoroskop zu erstellen. Interessant sind diese aber stets, wenn man auf der Suche nach einem Behandler ist und nicht genau weiß, ob ein bestimmter Arzt hilfreich sein kann. Wenn nicht, muss dies nicht unbedingt an dessen mangelnder Professionalität liegen. Sollte aber im Begegnungshoroskop keine positive Einflussnahme des Signifikators von 7 (Arzt) auf den Signifikator von 1 (Patient) festzustellen sein, kann angenommen werden, dass die Behandlung nicht anschlägt oder zumindest nicht das bewirkt, was sich der Patient erhofft.

Beim nachfolgenden Fallbeispiel war ein Klient von mir auf der Suche nach einem Psychotherapeuten. Er hatte sich zu einer Therapie entschlossen, da er schon sehr lange an seinem mangelnden Durchsetzungsvermögen litt und ihn zudem Ängste plagten, sich «zu zeigen». Trotz vieler Fähigkeiten scheute er die Öffentlichkeit und neigte dazu «sein Licht unter den Scheffel zu stellen». Beruflich fühlte er sich damals wie in einer Sackgasse, und in seinem Privatleben musste er immer wieder tiefe Enttäuschungen hinnehmen.

Er nannte mir das Datum und die Uhrzeit des ersten Zusammentreffens mit einem Psychotherapeuten und bat mich, anhand des Begegnungshoroskops zu beurteilen, ob hieraus eine therapeutische Zusammenarbeit entstehen könnte.

Psychotherapie

Deutung

1. **Thema der Begegnung = Aszendent im Zeichen Jungfrau**
   Gesundheitswesen, Arbeitsplatz, Ordnung und Klarheit schaffen.
   Am Aszendentenzeichen Jungfrau spiegelt sich – sowohl für den Therapeuten als auch für den Patienten – das Thema wider. Für den Therapeuten ist es eine berufliche Begegnung, für den Patienten steht sein Wusch nach Gesundung im Vordergrund.
   Jupiter im 1. Haus
   Die Jupiterstellung im 1. Haus beschreibt die Begegnung als wohlwollend, aufbauend und Zuversicht spendend. Jupiter kann hier aber auch ein «Zuviel des Guten» anzeigen oder die ansonsten klar umrissenen Therapieabläufe (Jungfrau) ausdehnen.
2. **Wichtiger Bereich der Begegnung = 8. Haus**
   Merkur ist zwar kurz vor der Begegnung ins 7. Haus «gefallen», er steht aber hier noch unter starkem Acht-Haus-Einfluss, da er in den vergangenen zwei Stunden im 8. Haus stand. Die applikative Konjunktion mit dem aufsteigenden Mondknoten an der Spitze 8 verstärkt dieses Thema zudem. Wichtige Bereiche der Begegnung sind also die Themen des

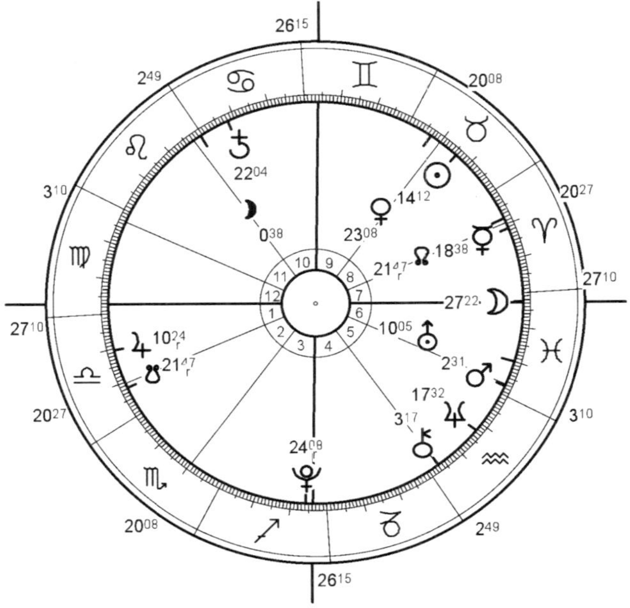

Abb. 51: 4.5.2005, 16 Uhr MESZ, Berlin

8. Hauses wie Psychotherapie, Heilung durch Transformation, Psychoanalyse.

3. **Was «erzählen» die Signifikatoren des Patienten über seine aktuelle Situation?**

   Jupiter in Waage im 1. Haus

   Mit Jupiter im 1. Haus verbinden sich Eigenschaften wie jovial, wohlwollend, gerecht, reich, aufbauend, optimistisch, glaubwürdig, gebildet, aber auch arrogant, überheblich, intolerant, übertreibend, hoch verschuldet oder faul.

   Der Mann betritt die Praxis des Therapeuten mit einer optimistischen Grundhaltung und hofft, hier einen Zugang zu seinen «inneren Werten» zu finden, so dass er sie im Weiteren für sich nutzen kann (Jungfrau-AC). Möglicherweise übertreibt er aber auch etwas oder wirkt überheblich und unnahbar.

Merkur: Auf 18°38' Widder im 7./8. Haus bzw. im 1./2. Haus des anderen.

Jupiter in 1, gekoppelt mit einem Widder-Merkur, zeigt ihn dynamisch, zupackend, kommunikativ und entschlossen, etwas zu unternehmen, das seinem Dasein eine positive Wende (Jupiter) gibt. Durch die Widder-Betonung soll dies vermutlich schnell und ohne lange Anlaufzeit geschehen, denn ein Widder-Merkur in 8 ist eher an einer Kurzzeittherapie interessiert als an einer jahrelangen Psychoanalyse. Merkur wird jedoch als nächstes ein Quadrat zu Saturn bilden, so dass anzunehmen ist, dass sein Elan gebremst wird und er mit Hindernissen rechnen muss.

Merkur an der Grenze zwischen 7 und 8 kann auch anzeigen, dass er sein Gegenüber zum einen als Gesprächspartner (7) zum anderen als Therapeuten (8) sieht.

4. **Was «erzählen» die Signifikatoren des Therapeuten über dessen aktuelle Situation?**

Mond in Fische in seinem 1. Haus

Mit Mond im 1. Haus verbinden sich Eigenschaften wie gefühlsbetont, empfindsam, sensibel, intuitiv, beeindruckbar und hilfsbereit, aber auch unbeständig und launisch.

Der Therapeut besitzt vermutlich intuitive Fähigkeiten (Mond am Fische-DC) und begegnet dem Patienten mit einer hilfsbereiten, sensiblen Art. Möglicherweise ist er aber gefühlsmäßig auch noch etwas unentschlossen, ob er den Mann als Patienten annehmen soll.

Jupiter: Auf 10°24' Waage in seinem 7. Haus bzw. im 1. Haus des anderen.

Jupiter, der Hauptsignifikator des Therapeuten, steht im 1. Haus des Patienten und symbolisiert hierdurch, dass es zu einer Zusammenarbeit kommen wird. Zwar ist Jupiter rückläufig und somit geschwächt, aber er wird vier Wochen später wieder direktläufig, so dass bis dahin mit positiven Vereinbarungen gerechnet werden kann.

5. **Weiterer Verlauf der Angelegenheit.**
   Aspekte zwischen den Signifikatoren
   Merkur und Jupiter bilden keinen Hauptaspekt mehr, allerdings wirkt die Tatsache, dass Merkur schon «mit einem Bein» im 7. Haus und Jupiter gleichzeitig im 1. Haus steht, sehr verbindend. Der gegenseitige Herrscheraustausch kommt einer harmonischen Aspektverbindung gleich. Auffallend ist, dass beide Signifikatoren noch durch die Mondknotenachse wandern werden, so dass hier etwas «ganz anders kommen mag, als man denkt». Was dies letztlich sein könnte, erschließt sich – wie immer, wenn die Mondknotenachse mit im Spiel ist – nicht aus dem Horoskop.
   Mond-Verlauf im Zeichen Fische
   Der Mond hatte seinen letzten Hauptaspekt, ein Quadrat zu Pluto, gerade gebildet und befindet sich zum Zeitpunkt des Kennenlernens void of course, das heißt im Leerlauf. Dies bedeutet bei einem Begegnungshoroskop zwar nicht, dass gar nichts mehr geschieht, aber die Tatsache, dass der Mond am Ende eines Zeichens steht, könnte darauf hindeuten, dass nach 2,5 Zeiteinheiten (= 2,5° Orbis bis zum Zeichenwechsel) eine Veränderung eintritt.

Resümee: Möglicherweise gibt es Anfangsschwierigkeiten, aber eine Zusammenarbeit zwischen Patient und Therapeut ist aufgrund des Erstbegegnungshoroskops sehr wahrscheinlich. Dies dürfte auch deshalb so sein, weil sich die Probleme, die den Patienten zu einer Therapie veranlassen, im Begegnungshoroskop deutlich widerspiegeln. So lässt sich seine Durchsetzungsschwäche zum einen am Widder-Merkur im Quadrat zu Saturn festmachen und zum anderen am Fische-Mars im 6. Haus. Seine Ängste, sich «zu zeigen», werden durch Chiron und Neptun im 5. Haus symbolisiert, und das Gefühl, beruflich in einer Sackgasse zu stecken, kann mit dem im Krebs eingeschlossenen Exil-Saturn im 10. Haus assoziiert werden.

Pluto am IC und Jupiter als Herrscher von 4 in 1 sowie Saturn, als Mitherrscher von 4 in 10, verweisen auf eine Therapieform, bei der vor allem Kindheitserfahrungen (4) und hierdurch geprägte Verhaltensmuster (1) sowie berufliche Weichenstellungen (10) einen hohen Stellenwert einnehmen. Durch die Stellung an einer Horoskopachse werden sowohl Pluto (IC) als auch Mond (DC) topdominant. Zum Begegnungszeitpunkt fand sich im Radix des Patienten ein Pluto-Transit über dessen Schütze-Mond in 5. Bei seinem Skorpion-IC war Pluto gleichzeitig Herrscher seines 4. Hauses. Es zeigt sich hier also einmal mehr, dass das Begegnungshoroskop – ähnlich einem homöopathischen «Simili» – die Problematik des Klienten sehr treffend widerspiegelt und er in dieser Begegnungssituation deshalb zur rechten Zeit am rechten Ort war.

Was weiter geschah: Er hat die Therapie tatsächlich bei dem Therapeuten begonnen, doch seine Annahme, dass es eine Kurzzeittherapie werden würde, hat sich nicht bestätigt. Im April 2008 kam er wieder einmal wegen einer Beratung zu mir und berichtete, dass seine Therapie immer noch andauere. Er habe viel aufgearbeitet und große Fortschritte gemacht, so dass ein Ende der Therapie «so langsam» in Sicht sei. Im Erstbegegnungshoroskop gibt es mehrere Aspekte mit einem Orbis zwischen 3 und 4 Grad. Nicht zuletzt fehlen Merkur noch ungefähr 3,5 Grad bis zur Konjunktion mit dem aufsteigenden Mondknoten und dem Quadrat mit Saturn. Aus der erhofften Kurzzeittherapie von 3 bis 4 Monaten wurden dann also doch eher Jahre.

Ein Notfall

Dieses Fallbeispiel wurde mir von meiner früheren Schülerin Beatrix zur Verfügung gestellt, die mir auch die Ereignisse hierzu detailliert schilderte. Da es ebenfalls ein sehr aussagekräftiges

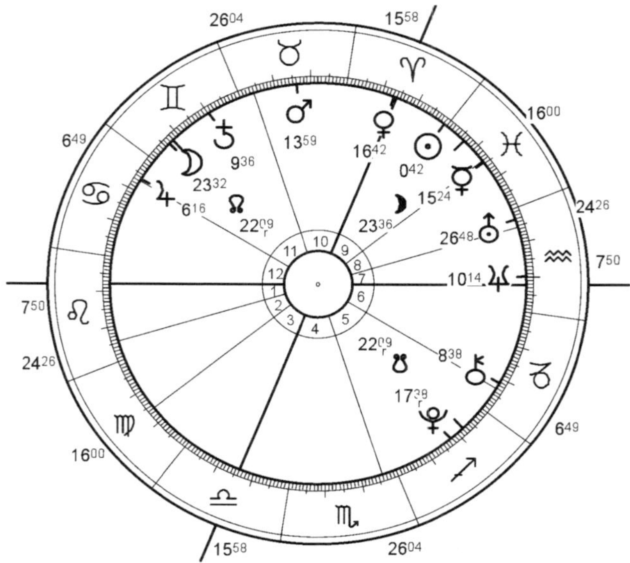

Abb. 52: 21.3.2002, 13.10 Uhr MEZ, Berlin

Begegnungshoroskop in Sachen «Arztbesuch» ist und vor allem im Nachhinein das Geschehen sehr deutlich erkennen lässt, soll es in diesem Kapitel nicht fehlen. Hier war jedoch nicht Beatrix die Patientin, sondern eine Freundin von ihr.

Bei der Freundin hatten, so Beatrix, völlig überraschend sehr starke Blutungen eingesetzt, obwohl sich die Freundin mit ihren 50 Jahren längst in den Wechseljahren glaubte. Statt einen Notarzt zu rufen, bat sie Beatrix, sie zu ihrer Gynäkologin zu fahren. Zwar habe diese ab 13 Uhr Mittagspause, aber sie hoffte, dass die Ärztin so kurze Zeit später noch anzutreffen sei und sie behandeln würde.

Vor der Praxis der Frauenärztin angekommen, blieb die inzwischen schon sehr geschwächte Freundin im Auto sitzen, während Beatrix zur Praxis rannte in der Hoffnung, dass die Ärztin noch da sei. Auf ihr Klingeln reagierte jedoch niemand, obwohl sie Geräusche aus der Praxis vernahm. Daraufhin klingelte Beatrix Sturm, klopfte an die Tür und bat lauthals um Einlass, da es sich um einen Notfall handele. Als die Sprechstundenhilfe dann doch die Tür öffnete und versuchte, Beatrix mit Verweis auf die Mittagspause abzuwimmeln, stürmte diese in die Praxis und drohte mit einer Klage wegen unterlassener Hilfeleistung, wenn die Ärztin die Frau nicht behandelte. Schließlich entschied die hinzugekommene Ärztin, dass sie die Frau zu ihr bringen solle, vermutete aber, dass es sich lediglich um Wechseljahresblutungen handele und daher keinerlei Gefahr bestünde.

Kurze Zeit später war aber klar, dass die Freundin eine Fehlgeburt im 4. Monat erlitten hatte und tatsächlich in Gefahr schwebte, zu verbluten. Die Ärztin rief sofort das nächstgelegene Krankenhaus an, wo die Frau unverzüglich notoperiert wurde.

Die Geschehnisse im Begegnungshoroskop

Beatrix, die an der Tür der Arztpraxis klingelte, wird vom Löwe-Aszendenten und ihrem Signifikator Sonne in Widder im 9. Haus symbolisiert. Obwohl niemand öffnet (Neptun am DC) lässt sie sich selbstbewusst (Löwe-AC) nicht abwimmeln, sondern klopft, ruft lautstark und klingelt Sturm (Widder-Sonne). Als die Sprechstundenhilfe (Neptun) die Ärztin verleugnen will, droht Beatrix mit rechtlichen Konsequenzen (Sonne im 9. Haus). Die Ärztin wird vom DC-Herrscher Saturn symbolisiert, er steht eingeschlossen im 11. Haus, das dem 1. Haus der Freundin entspricht: ein deutlicher Hinweis also, dass die Ärztin die Freundin letztlich behandeln würde.

Die Freundin von Beatrix findet sich im 11. Haus des Begegnungshoroskops. Die Spitze des 11. Hauses steht in Stier, der Hauptsignifikator der Freundin ist demnach Venus. Diese steht schwach in ihrem Exilzeichen Widder, jedoch sehr dominant am MC. Hierdurch werden die Freundin (Venus) und ihr geschwächter Zustand (Exil) in den Mittelpunkt des Geschehens gerückt, denn Planeten an den Achsen und vor allem am MC zeigen stets ein zentrales Thema an. Dreht man das Begegnungshoroskop so, dass aus der Spitze des 11. Hauses der Aszendent der Freundin wird, steht Venus in deren 12. Haus. Da die schwach gestellte Venus auch Herrscher ihres 6. Hauses ist, liegt nahe, dass sie wegen ihres schlechten gesundheitlichen Zustandes letztlich doch ins Krankenhaus (12. Haus) eingeliefert wird.

Mars, als Herrscher ihres 7. Hauses, steht ebenfalls in 12 und zudem in Rezeption zur Venus, was auf die notwendige Operation hindeutet. Der eingeschlossene und rückläufige Pluto im 7. Haus dürfte aus Sicht der Freundin Symbol für ihre Gynäkologin sein, die nichts anderes für sie tun konnte, als ihr die Fehlgeburt zu diagnostizieren und sie ins Krankenhaus zu überweisen. Die Fehlgeburt an sich und den Verlust des Kindes (von dessen Existenz sie bis dahin anscheinend gar nichts wusste), symbolisiert der in 1 eingeschlossene Mond in fast minutengenauem Quadrat zur Lilith. Der Mond stand kurz zuvor in Opposition zu Pluto (Verlust), durchwanderte dann die Knotenachse (alles wird anders), um letztlich im Quadrat zur Lilith unter dramatischen Umständen die Geschehnisse bewusst zu machen.

Beatrix, deren Signifikator Sonne wiederum im 11. Haus der Freundin stand, hatte mit ihrer energischen Art jedoch Schlimmeres verhindert, wenngleich der letzte Aspekt des Mondes – ein Trigon zu Uranus – anzeigte, dass diese Begegnung für alle Beteiligten dann doch einigermaßen glimpflich ausging. Wie Beatrix berichtete, war ihre Freundin nämlich heilfroh, dass sich der unverhoffte Nachwuchs wieder verabschiedet hatte.

Vorstellungsgespräche

Auf der Suche nach einer Arbeitsstelle kann ein Blick ins Begegnungshoroskop des Vorstellungstermins recht aufschlussreich sein. Auch ein Firmeninhaber oder eine Personalchefin kann sich jedes grafologische Gutachten ersparen, wenn er oder sie sich stattdessen die betreffenden Stundenhoroskope deuten lässt. Man kann darin nämlich sehr gut erkennen, ob ein Bewerber für die zu besetzende Stelle geeignet ist oder nicht.

Während ein grafologisches Gutachten oder auch eine astrologische Analyse des Geburtshoroskops recht intime Einblicke in die Gesamtpersönlichkeit eines Menschen eröffnet, zeigt ein Begegnungshoroskop vom Vorstellungstermin gezielter auf, ob aktuell eine Eignung für eine bestimmte Stelle vorliegt. Dies ist für den Arbeitgeber hilfreich, aber in gleichem Maße auch für den Bewerber. Selbst wenn Konkurrenzdruck und ein eingeschränkter Arbeitsmarkt es mit sich bringen, dass Stellensuchende beinahe jedes gut bezahlte Angebot annehmen, kann ein gezielter Blick ins Begegnungshoroskop auf längere Sicht viel Ärger ersparen.

Auch in beruflichen Angelegenheiten ist die Vorgehensweise bei der Deutung dieselbe wie in allen anderen Bereichen. Dennoch ist hier ein besonderes Augenmerk auf die Häuser 6 und 10 zu richten. Im 6. Haus spiegeln sich der Arbeitsplatz und mögliche Kollegen wider, im 10. Haus zeigen sich für Angestellte eventuelle Aufstiegsmöglichkeiten und längerfristige berufliche Zielsetzungen. Das 2. und 8. Haus sind ebenfalls wichtig, denn an ihnen lassen sich zum einen die Verdienstmöglichkeiten ablesen (2) und zum anderen die finanziellen Möglichkeiten des Arbeitgebers (8). Steht etwa Neptun im 8. Haus, könnte Vorsicht geboten sein, denn um die Finanzen des potenziellen Arbeitgebers scheint es zumindest zu dieser Zeit nicht gut zu stehen.

Wie an anderer Stelle schon erwähnt, sollte auch Pluto, wenn er im 6. Haus des Begegnungshoroskops steht, besondere Aufmerksamkeit geschenkt werden. Er deutet auf Schwierigkeiten am Arbeitsplatz hin, die nicht unbedingt mit den eigenen Arbeitsleistungen in Verbindung gebracht werden können. Hier ist oft Mobbing mit im Spiel oder Intrigen und Machtspiele unter Kollegen oder mit Vorgesetzten, die im schlimmsten Fall auch gesundheitliche Probleme nach sich ziehen können.

Stehen die Herrscher von 1 und 7 aber stark und bilden im weiteren Verlauf sogar einen harmonischen Aspekt zueinander, werden Bewerber und Chef nicht nur zusammenkommen, sondern auch gut zusammen arbeiten. Im Folgenden sollen zwei Fallbeispiele von Bewerbungsgesprächen zeigen, wie sich die späteren Ereignisse schon im Begegnungshoroskop widerspiegeln.

Vorstellungsgespräch in Frankfurt

Bei dieser Begegnung hatte sich eine junge Frau um eine Stelle in einer heilpädagogischen Einrichtung in Frankfurt beworben. Nach ihrer Ausbildung fand sie an ihrem Wohnort Berlin keinen Arbeitsplatz, so dass sie sich – schweren Herzens – dazu entschloss, auch über Berlins Grenzen hinaus nach einer Anstellung zu suchen. Mit ihren 23 Jahren war sie noch nie weg von zu Hause gewesen, und die Vorstellung, Eltern und Freundeskreis hinter sich lassen zu müssen, bereitete ihr Angst und Unbehagen. Dennoch folgte sie einer Einladung zum Bewerbungsgespräch nach Frankfurt, zu dem auch noch zwei weitere Bewerberinnen geladen waren.

Die erste Bewerberin hatte um 9 Uhr einen Termin, die letzte um 10 Uhr. Zu diesen Zeiten sahen alle drei den Leiter der Einrichtung sowie ihre potenzielle, direkte Vorgesetzte jeweils zum ersten Mal. Anschließend gab es um 11 Uhr ein gemeinsames Gespräch, bei dem die Teamfähigkeit der Bewerberinnen genauer unter die Lupe genommen wurde. Schließlich bekam die junge Frau, die um 9.30 Uhr ihren Vorstellungstermin hatte, die Stelle und zog von Berlin nach Frankfurt.

Betrachtet man alle drei Begegnungshoroskope, fällt auf, dass beim Termin um 9 Uhr Chiron und Neptun in Konjunktion zum Deszendenten stehen. Chiron sogar gradgenau! Da Planeten am DC den Arbeitgeber symbolisieren, lag nahe, dass Chiron und Neptun hier keine Begeisterungsstürme entfachen würden, vermutlich sogar eher Ratlosigkeit (Neptun) und Unbehagen (Chiron).

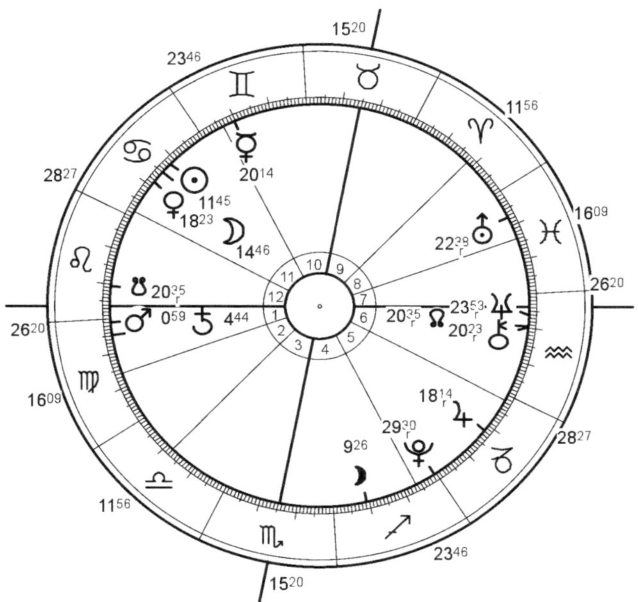

Abb. 53: 3.7.2008, 9.30 Uhr MESZ, Frankfurt/Main

Um 9.30 Uhr waren Chiron und Neptun unter den Horizont «verschwunden» und ins 6. Haus gefallen. Saturn, der Herrscher von 7 und damit Signifikator für den Arbeitgeber, stand nun – unbelastet von Chiron und Neptun – im 1. Haus der zweiten Bewerberin und war ihr in einer verbindlichen Weise zugewandt. Die Sonne ist Signifikator für die Bewerberin und beschreibt sie – im Zeichen Krebs und dazu in Konjunktion zum stark gestellten Krebs-Mond, der auch die direkte Vorgesetzte symbolisieren dürfte – für eine Tätigkeit im pädagogischen Bereich als sehr geeignet.

Um 10 Uhr war der laufende Aszendent inzwischen ins Zeichen Jungfrau gewechselt. Die dritte Bewerberin wurde nun von Merkur symbolisiert, der in seinem Domizilzeichen Zwillinge und im 10. Haus zwar sehr stark stand, aber durch die hervorgehobene Merkur-Betonung eher andere berufliche Qualitäten vermuten ließ als die Teamarbeit (11. Haus) in einer heilpädagogischen Einrichtung (Krebs). Merkur ist zwar eingeschlossen im Zeichen Zwillinge, aber dieser Bewerberin dürfte eine Tätigkeit, bei der sie ihre sprachlich-kommunikativen Fähigkeiten verstärkt einbringen kann, mehr entsprechen. In ihrem Begegnungshoroskop ist zudem der Mars in Konjunktion zu Saturn dominant am AC, so dass ihr Auftreten alles in allem weniger fürsorglich und einfühlsam gewirkt haben dürfte.

Die Mitbewerberinnen kamen beide aus dem Frankfurter Raum und hätten bei einer Anstellung keinen Wohnungswechsel in Kauf nehmen müssen. Bei allen drei Terminen standen jedoch Mars (Herrscher von 4) und Saturn (Herrscher von 6) in Konjunktion im 1. Haus und beschrieben somit u.a. eine Hürde im Zusammenhang mit Wohnen (4) und Arbeiten (6). Diese Hürde zu meistern stand nur der jungen Frau aus Berlin bevor, und sie bekam letztlich auch die Stelle.

Vorstellungsgespräch in einem Handwerksbetrieb

Der Chef eines Heizungs- und Sanitärbetriebs suchte händeringend nach Monteuren. Seine Auftragsbücher waren voll, jedoch mit der derzeitigen Mitarbeiterzahl nicht mehr zu bewältigen. Da er so sehr unter Termindruck stand, hatte der Arbeitgeber den Bewerber nicht genauer angesehen. Ein fataler Fehler, denn diese Zusammenarbeit ging gründlich schief.

Der Arbeitssuchende wurde von einem rückläufigen Saturn in seinem Exilzeichen Krebs symbolisiert. Im 6. Haus zeigt sein Signifikator zwar an, dass er wegen eines Arbeitsplatzes gekommen war, aber von Kompetenz und Leistungswillen kann bei dieser schwachen Stellung des Signifikators keine Rede sein. Auch die Konjunktion Saturns mit Lilith hätte bei einem Blick ins Begegnungshoroskop bedenklich stimmen müssen. Steht Lilith in Konjunktion zu einem der Signifikatoren, kann damit

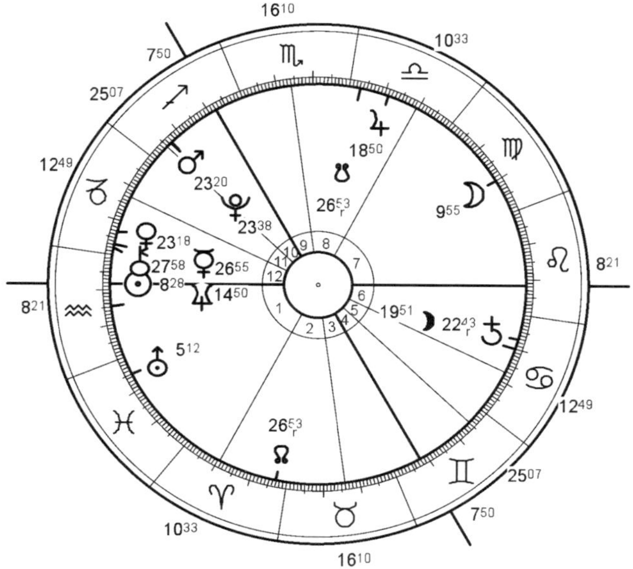

Abb. 54: 28.1.2005, 8.00 Uhr MEZ, Berlin

gerechnet werden, dass der Betreffende extreme Verhaltensweisen an den Tag legt oder auch Gefühle wie Wut, Hass und Enttäuschung bei anderen provoziert. Da Saturn aber, aus Sicht des Arbeitgebers in dessen 12. Haus stand, blieben ihm diese Seiten zunächst verborgen.

Doch spätestens bei Neptun und Uranus im 1. Haus, die den Bewerber weder vertrauenswürdig (Neptun) beschrieben noch als jemanden, der bereit ist sich einzulassen (Uranus), hätten alle Warnlampen aufleuchten müssen. Ein solcher Mitarbeiter wird mit großer Wahrscheinlichkeit nicht lange bleiben und zudem – vor allem im handwerklichen Bereich – wenig zustande bringen, was Hand und Fuß hat.

Aber auch die Stellung des Arbeitgebers wird im Begegnungshoroskop als schwierig dargestellt. Sein Signifikator Sonne steht ebenfalls im Exil, zwar dominant am Aszendenten, aber in eine Konjunktion zu Neptun laufend. Dies zeigt an, dass seine Rolle als Chef untergraben und geschwächt werden könnte. Auch sein Mitsignifikator Merkur steht im 12. Haus und in Konjunktion zu Chiron denkbar fragwürdig. Besser als mit dem Sprichwort *Ein Blinder trifft auf einen Lahmen* hätte man diese Begegnung jedenfalls nicht beschreiben können.

Die Mars-Pluto-Konjunktion im 10. Haus zeigte letztlich dann auch an, wohin sich die Zusammenarbeit entwickelte. Arbeitgeber und Mitarbeiter landeten vor dem Richter und lieferten sich eine erbitterte Schlacht um veruntreute Firmengelder, Diebstahl von Firmeneigentum und Schadensersatzklagen wegen Mangelleistungen. Obwohl der Chef alle Prozesse gegen seinen ehemaligen Mitarbeiter gewann, ging er am Ende finanziell leer aus. Allerdings war er um eine wichtige Erfahrung reicher, denn dies würde ihm – so sein Resümee – nie wieder passieren.

Begegnungen vor Gericht

Begegnungen vor einem Richter haben stets eine Vorgeschichte, d.h. Kläger und Prozessgegner treffen sich dort selten zum ersten Mal. Dass die Parteien irgendwann einmal gegeneinander prozessieren *könnten*, lässt sich mitunter aber im Erstbegegnungshoroskop erkennen. Wie im Fallbeispiel des Arbeitgebers, der gegen seinen Mitarbeiter vor Gericht ziehen musste, findet sich bei erbitterten Streitigkeiten nicht selten eine dominante Mars-Pluto-Verbindung im Erstbegegnungshoroskop. Da das Vorhandensein einer solchen Konstellation aber nicht zwangsläufig eine gerichtliche Auseinandersetzung nach sich zieht, sondern sich auch auf andere Art auswirken kann, ist es müßig, darüber schon im Vorfeld zu spekulieren. Sollte es aber zu einem Prozess kommen, kann ein Stundenhoroskop auf dessen Beginn interessante Erkenntnisse liefern.

Zum einen ist es möglich, dieses Horoskop als Ereignishoroskop zu deuten und anhand der wichtigsten Faktoren einen Eindruck zu gewinnen, worum es bei dieser Auseinandersetzung schwerpunktmäßig geht. Bei Zivilprozessen bzw. Klageverfahren dürfte es in den meisten Fällen um Geld gehen. Das Ergebnis eines Prozesses spiegelt sich in der Regel am MC und an Planeten im 10. Haus wider. Zwar wird ein Urteilsspruch bzw. die Haltung des Richters zur Sachlage dem 9. Haus und seinen Signifikatoren zugeordnet, aber die Konsequenz des Urteils, die so genannte Vollstreckung, ist im 10. Haus zu finden. Steht zum Beispiel die Venus im 10. Haus oder ist sie Herrscher von 10, kann erfahrungsgemäß mit einem Vergleich gerechnet werden.

Deutet man eine Gerichtsverhandlung als Begegnungshoroskop, wird der Kläger, als derjenige, der den Prozess aktiv in Gang gebracht hat, dem Aszendenten und seinen Signifikatoren zugeordnet. Analog hierzu findet sich der Beklagte am Deszendenten bzw. in den Signifikatoren des 7. Hauses. Ist der Signifikator des Klägers stark gestellt in Zeichen und Haus, während der Herrscher des Deszendenten in seinem Exilzeichen steht und zudem rückläufig ist, dürfte der Ausgang des Prozesses klar sein. Der Kläger hat in diesem Fall die besseren Karten und wird mit großer Wahrscheinlichkeit als Sieger aus dem Gerichtssaal gehen. Doch Recht zu bekommen heißt in vielen Fällen nicht, dass man – wenn es etwa um Geld geht – dieses Geld auch tatsächlich bekommt. Die Konsequenz des Urteils findet sich im 10. Haus, und auch der weitere Verlauf des Mondes spielt bei der Beurteilung dessen, was nach dem Richterspruch geschieht, eine Rolle.

Ungeachtet dessen, ob man als Kläger oder als Beklagter den Gerichtssaal betritt, wird sich die Energie, die einem im Saal begegnet, am Deszendenten und seinen Signifikatoren widerspiegeln. Einmal angenommen, beide Parteien betreten mit ihren Anwälten um 10 Uhr den Gerichtssaal, während der Richter und sein Gerichtsschreiber schon anwesend sind, dann kann z.B. Uranus im 7. Haus auf eine sehr kurze Veranstaltung hindeuten, die entweder gleich unterbrochen und vertagt wird oder bei der mit anderen unvorhergesehenen Ereignissen zu rechnen ist. Steht Venus im 7. Haus oder ist Herrscher von 7, dürfte der Richter die streitenden Parteien mit einer Haltung erwarten, die darauf abzielt, eine gütliche Einigung und letztlich einen Vergleich zu erwirken. Saturn im 7. Haus des Begegnungshoroskops kann beide Parteien mitunter auf einen Richter treffen lassen, mit dem «nicht gut Kirschen essen ist». Möglicherweise erteilt er beiden Parteien eine Lektion, die ihnen die Lust am weiteren Prozessieren vergehen lässt, oder er urteilt so, dass sich am Ende keiner als Sieger fühlt.

Was die astrologischen Zuordnungen bei Gerichtsprozessen betrifft, haben sich in meiner Praxis folgende Deutungen bewährt:

Kläger	Aszendent und seine Signifikatoren
Beklagter	Deszendent und seine Signifikatoren
Richter, Urteil	Herrscher von 9 und Planeten in 9
Konsequenz des Urteils	MC, Herrscher von 10 und Planeten in 10

Tab. 10: Astrologische Zuordnungen bei Gerichtsprozessen

Als natürliche Signifikatoren gelten bei Prozessen:
Jupiter = Richter
Saturn = Staatsanwalt
Merkur = Rechtsanwalt
Mars = Kläger
Mond = Öffentlichkeit

Gerichtsverhandlung in Mannheim

Zu diesem Gerichtstermin bat mich ein Klient um eine Einschätzung, wie die Verhandlung ausgehen würde.

Er war der Kläger und, wie unschwer im Stundenhoroskop zu

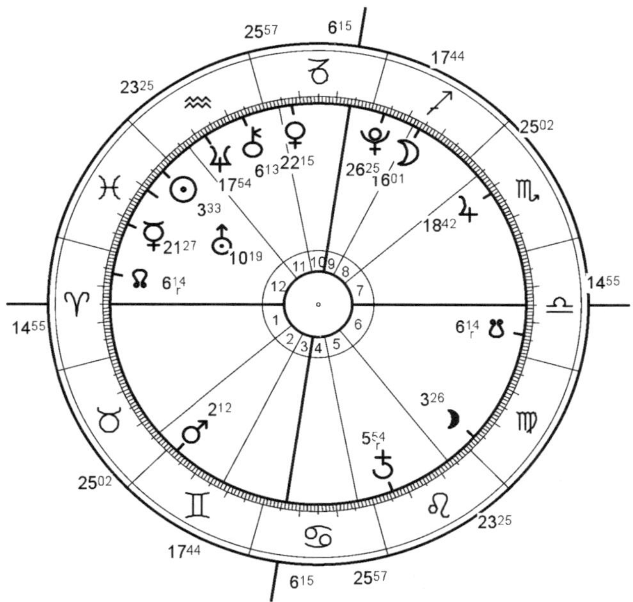

Abb. 55: 22.2.2006, 8.45 Uhr MEZ, Mannheim

erkennen ist, ging es bei diesem Prozess um Geld. Im Rahmen seiner Tätigkeit als Architekt blieb ihm ein Bauherr eine größere Rechnung schuldig. Dieser zeigte sich mit der Leistung des Architekten unzufrieden, doch aus Sicht des Architekten hatte er den Auftrag ganz im Sinne des Kunden ausgeführt. Er war sich sicher, dass ihn der Bauherr ganz gezielt um sein Honorar zu prellen versuchte, was in der Branche immer häufiger zur gängigen Praxis geworden ist.

Im Stundenhoroskop des Prozesstermins wird er (als Kläger) vom Widder-Aszendenten und seinem Herrscher Mars symbolisiert. Im 2. Haus steht Mars für den Streit ums Geld, da Mars aber zudem auch Herrscher des 8. Hauses ist, symbolisiert diese Konstellation immerhin, dass Geld vom Beklagten (8. Haus) ins

2. Haus, bzw. in den Besitz des Klägers, fließen dürfte.

Mars im Merkurzeichen Zwillinge ließ auf eine «Verbalschlacht» der Anwälte schließen, allerdings stand Mars im T-Quadrat zur Sonne-Lilith-Opposition, weshalb von einer sachlichen Auseinandersetzung kaum ausgegangen werden konnte. Die Fronten waren verhärtet, die Klingen geschärft. Dem Architekten ging es letztlich auch nicht ausschließlich mehr um sein Honorar, sondern auch darum, hinsichtlich der üblen Machenschaften (Lilith) in seinem Gewerbe (Sonne) ein Exempel zu statuieren.

Als ich aufgrund dieses Stundenhoroskops ihm gegenüber meine Vermutung äußerte, dass er mit einem Vergleich rechnen müsse, war er außer sich. Die Steinbock-Venus im 10. Haus ließ jedoch keinen anderen Schluss zu. Auch die Stellung Jupiters, als Herrscher des 9. Hauses und somit Signifikator für den Richter, versprach nichts Vorteilhafteres. Jupiter stand im 7. Haus und damit im 1. Haus des beklagten Bauherrn. Dieser Umstand hätte sogar anzeigen können, dass der Richter eher den Argumenten des Bauherrn folgen würde. Wäre Jupiter nicht zudem im Skorpion und damit im Domizilzeichen seines Signifikators Mars, hätte es sogar noch schlechter für den Kläger ausgesehen. Von einer Parteinahme für die eine oder andere Seite konnte aber in diesem Fall nicht ausgegangen werden. Eher noch von einem «Spagat» des Richters, der nach einer annehmbaren Lösung für beide Seiten zu streben schien.

Eine gute Stunde nach Verhandlungsbeginn (Venus stand inzwischen exakt am MC) war es dem Richter dann gelungen, dass beide Kontrahenten einem Vergleich zustimmten. Der Bauherr, mit Jupiter im 1. Haus, konnte sich dennoch als «Prozessgewinner» fühlen, denn der zu zahlende Rechnungsbetrag fiel nun wesentlich geringer aus. Mein Klient erkannte, dass er nur auf diesem Wege zumindest einen Teil seines Geldes bekommen konnte. Für seinen Kampf gegen die unlauteren Sitten und die schwindende Zahlungsmoral im Baugewerbe musste er sich eine andere Arena suchen. Da Mars im weiteren Verlauf u.a.

noch ins Quadrat zu Uranus und in Opposition zu Pluto lief, war für ihn der Kampf noch nicht zu Ende.

Stundenastrologische Betrachtung von Strafprozessen

Die astrologische Untersuchung von Kriminalfällen ist eines meiner ganz speziellen Forschungsgebiete! Wann immer es gesicherte Daten und Uhrzeiten von Straftaten gibt, erwacht mein detektivischer Spürsinn. Bei meinen Studien interessieren mich vor allem die astrologischen Verbindungen zwischen Täter und Opfer sowie ihr Begegnungshoroskop vom Tattag. Ich habe aber auch Strafprozesse besucht, um genaue Zeiten vom Beginn einer Verhandlung und der letztendlichen Urteilsverkündung zu bekommen. Hierbei sammelte ich nicht nur viel Erfahrung im Hinblick auf Begegnungshoroskope der kriminalistischen Art, sondern gewann auch tiefere Einblicke in die Aussagekraft von Neptun, Pluto oder Lilith.

Ein besonderer Fall aus jüngster Zeit ist in meiner Krimisammlung der Fall um den «Bäcker von Siegelsbach». Was als brutaler Bankraub begann, entwickelte sich schnell zu einem Possenstück mit den drei Akten: Tat – Freispruch – Lebenslänglich.

Am 7. Oktober 2004 betrat ein unmaskierter Täter um 13.56 Uhr eine Bank in Siegelsbach in Baden-Württemberg. Mit vorgehaltener Waffe zwang er den einzig anwesenden Bankangestellten, den Safe zu öffnen. Nachdem er ca. 33.000 Euro an sich genommen hatte, schlug er dem Bankangestellten mit dem Pistolenknauf den Schädel ein.

Inzwischen hatte ein älteres Ehepaar die Bank betreten. Der Bankräuber zwang den Ehemann, sich rücklings auf einen Stuhl zu setzen und schoss ihm – einer Hinrichtung gleich – mit einem aufgesetzten Schuss in den Nacken. Daraufhin schoss er der Ehefrau mehrmals ins Gesicht. Sie war sofort tot, doch ihr Ehemann und der Bankangestellte überlebten wie durch ein Wunder. Beide gaben unabhängig voneinander zu Protokoll, dass sie den Bäcker des Dorfes Siegelsbach als Täter erkannt hätten. Dieser wurde kurze Zeit später verhaftet, bestreitet die Tat aber bis heute. Weitere Indizien belasteten ihn schwer, allerdings will ein Zeuge den Bäcker zur Tatzeit am Ortsausgang gesehen haben.

Am 14. April 2005 begann in Heilbronn der Strafprozess gegen den Dorfbäcker. Die Anklage lautete auf Mord, zweifachen versuchten Mord, räuberische Erpressung mit Todesfolge und zweifache Körperverletzung. Nicht nur die Opfer, sondern ein ganzes Dorf, eine ganze Region, glaubte sich sicher, dass es zu einer Verurteilung des Bäckers kommen würde. Obwohl er während des gesamten, einjährigen Prozesses schwieg und zu keiner Aussage bereit war, sprachen die Indizien in erdrückender Weise gegen ihn. Doch dann das Urteil: Freispruch!

Bei seiner weiteren Erläuterung machte der Richter deutlich, dass der Freispruch nicht auf bloßen Zweifeln an der Schuld des Angeklagten beruhe, sondern dass bewiesen sei, dass der Bäcker nicht der Täter sein könne.

Urteilsverkündung «Freispruch»

Betrachtet man das Stundenhoroskop der Urteilsverkündung und sieht Uranus dominant am MC, wundern einen weder der Freispruch noch die Entsetzensschreie im Zuschauerraum. Es kam zu tumultartigen Szenen im Gerichtssaal, die Mond-Saturn-Opposition spiegelte die Entrüstung der Versammelten wider. Zwischen Mond (Öffentlichkeit) und Saturn, dem Herrscher des 9. Hauses und damit Signifikator für den Richter, gab es keinerlei Einvernehmen. Viele verloren in diesen Minuten ihren Glauben an die Justiz. Mit Neptun an der Spitze des 9. Hauses hätte man vielleicht noch nachvollziehen können, wenn der Richter nach dem Grundsatz «In dubio pro reo», also «im Zweifel für den Angeklagten» geurteilt hätte. Dass er aber die Unschuld des Bäckers als erwiesen ansah, konnte von kaum jemandem nachvollzogen werden.

Dass es später hieß, der Richter sei bei seiner Urteilsfindung

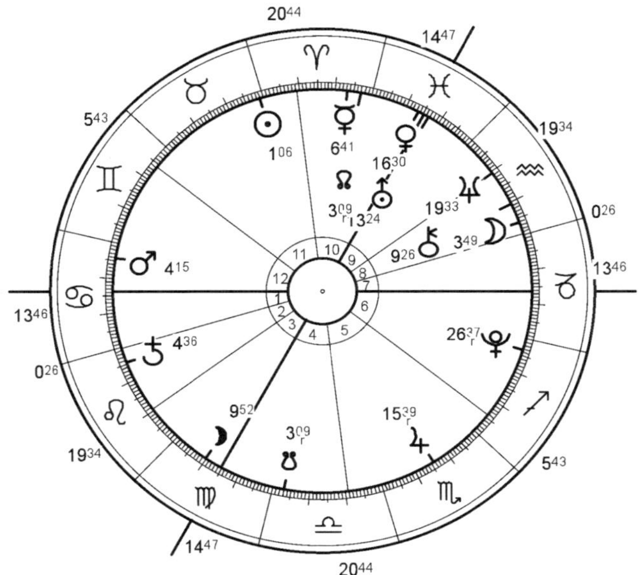

Abb. 56: 21.4.2006, 10.30 Uhr MESZ, Heilbronn

«nicht ganz bei Trost» gewesen, kann in Anbetracht Neptuns im 9. Haus und Saturns in seinem Exilzeichen Löwe recht gut nachvollzogen werden. Jupiter, der Herrscher des 10. Hauses und somit Signifikator für die Konsequenzen des Urteilsspruchs, war jedoch rückläufig. Am 22. Mai 2007 hob der Bundesgerichtshof den Freispruch dann auch auf, mit der Begründung, die Beweiswürdigung des Landgerichts Heilbronn sei fehlerhaft gewesen.

Urteilsverkündung «Lebenslänglich»

Am 5. November 2007 begann in Stuttgart der zweite Prozess. Rund 100 Zeugen und Sachverständige waren geladen, wieder schwieg der Angeklagte, wieder sagten die beiden Überlebenden aus, dass sie den Bäcker erkannt hätten. Wieder beantragte

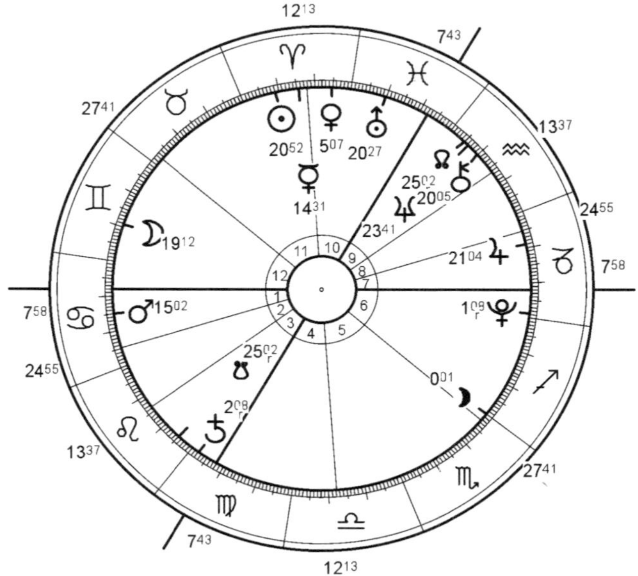

Abb. 57: 10.4.2008, 10.45 Uhr MESZ, Stuttgart

die Verteidigung Freispruch. Doch bei dieser Urteilsverkündung am 10. April 2008 um 10.45 Uhr stand Uranus nicht in Konjunktion zum MC! Zwar war Jupiter erneut der Herrscher von 10, aber er war diesmal nicht rückläufig. Saturn war wieder der Signifikator des Richters, allerdings stand er nun nicht mehr im Exil. Auch der Mond hatte keinen Spannungsaspekt zu Saturn, weshalb das Urteil diesmal nicht nur im Namen des Volkes verkündet wurde, sondern wohl auch dem Willen des Volkes entsprach. Es lautete: Lebenslange Haft bei Feststellung der besonderen Schwere der Schuld.

Neptun ist jedoch auch bei der zweiten Urteilsverkündung im 9. Haus, so dass auch dieses Urteil nicht ganz ohne Zweifel gefällt worden sein dürfte.

Begegnungen der unangenehmen Art

Stellen Sie sich vor, es sei ein trüber Sonntagmorgen im Herbst, Sie machen es sich im Bett mit einem leckeren Frühstück gemütlich und lesen danach ausgiebig die Sonntagszeitung. Plötzlich klingelte es an der Wohnungstür und obwohl Sie keinen Besuch erwarten, werfen Sie sich den Bademantel über und öffnen die Tür.

Wer rechnet in einem solchen Moment schon mit einer unangenehmen Begegnung? Einem Bekannten von mir ist jedoch genau dies passiert. Er öffnete nichts ahnend die Wohnungstür, und davor stand ein Polizeikommando, bestehend aus vier Beamten. Nachdem sie sich erkundigt hatten, ob er Herr Sowieso sei, hielt man ihm einen Schrieb unter die Nase, auf dem zu lesen war, dass es sich um eine richterlich angeordnete Hausdurchsuchung handele. Man bat ihn höflich, keine Schwierigkeiten zu machen und ihnen zuerst jenes Zimmer zu zeigen, in dem er Dokumente, Schriftliches, Kontoauszüge etc. aufbewahre.

Während sich die übrigen Beamten an die Arbeit machten, erklärte ihm einer von ihnen den näheren Sachverhalt: Seine Exfrau hatte ihn angezeigt, da sie vermutete, dass er mehr verdiene, als er angab und ihr somit ein höherer Unterhalt für sich und die Kinder zustünde. Sie, die Beamten, müssten jetzt nach Beweisen für heimliche Einnahmequellen suchen. Obwohl ihnen der Mann versicherte, dass es diese nicht gibt, durchsuchten die Polizisten zwei Stunden lang die komplette Wohnung. Sie nahmen schließlich seinen Laptop, Kontoauszüge und diverse Ordner mit und gaben ihm ein Schriftstück als Quittung, auf dem alles Eingepackte aufgeführt war. Auch die Uhrzeit, wann die Beamten die Wohnung betraten, war vermerkt! Es war 11 Uhr 29, und in dieser Minute stand Pluto exakt am Aszendenten des Begegnungshoroskops.

Hausdurchsuchung

Pluto steht einmal täglich, für ca. 4 Minuten, gradgenau am Aszendenten des laufenden Horoskops. Die Chance, dass es genau dann an der Tür klingelt ist relativ gering. Aber wenn es klingelt, muss damit gerechnet werden, dass mit dieser Begegnung eine Erfahrung verbunden ist, die tiefere Schichten der Psyche berührt. Unangenehme Gefühle wie Ohnmacht, Wut, Hass, Eifersucht oder Rachsucht können hierbei ausgelöst werden.

Im vorliegenden Fallbeispiel wurde der Heimgesuchte wahrscheinlich von allen möglichen unangenehmen Gefühlen gleichzeitig übermannt, denn seine Ehefrau hatte ihn vor einiger Zeit wegen eines anderen Mannes verlassen. Die Kinder hatte sie mitgenommen, er sah sie nur noch alle vierzehn Tage am Wochenende. Die Scheidung lief, und er kämpfte zu jener Zeit darum, eine andere Betreuungsregelung durchzusetzen. Er wollte sich nicht damit abfinden, seine Kinder nur noch so selten zu sehen. Obwohl es für die Ehefrau keine Handhabe gab, ihm weitere Einkünfte zu unterstellen, lag auf der Hand, dass sie ihn mit derartigen Anschuldigungen zu zermürben versuchte.

Im Begegnungshoroskop der Hausdurchsuchung wurde der Mann zum einen vom rückläufigen Merkur im Skorpion symbolisiert und zum anderen vom Wassermann-Mond (Krebs eingeschlossen in 7) in Konjunktion zu Chiron. Da der Mond aus seiner Sicht im 7. Haus stand, dürfte dieser zudem Signifikator für seine Noch-Ehefrau sein. Mond und Chiron standen im Quadrat zu einer Konjunktion von Sonne, Mars und Venus am MC. An dieser Konstellation lässt sich der tiefere Grund der Aktion sowie die eigentliche Zielsetzung (MC) sehr gut erkennen. Bei den Kindern handelte es sich um Sohn (Mars) und Tochter (Venus), deren gutes Verhältnis zum Vater (Sonne) von der Mutter (Mond) untergraben werden sollte. Dreht man das Stundenhoroskop um 180 Grad, sieht man die Situation des Vaters: Sonne, Venus und Mars standen in seinem 4. Haus (Familie, Wohnsituation), und sein Signifikator Merkur stand in seinem 5. Haus

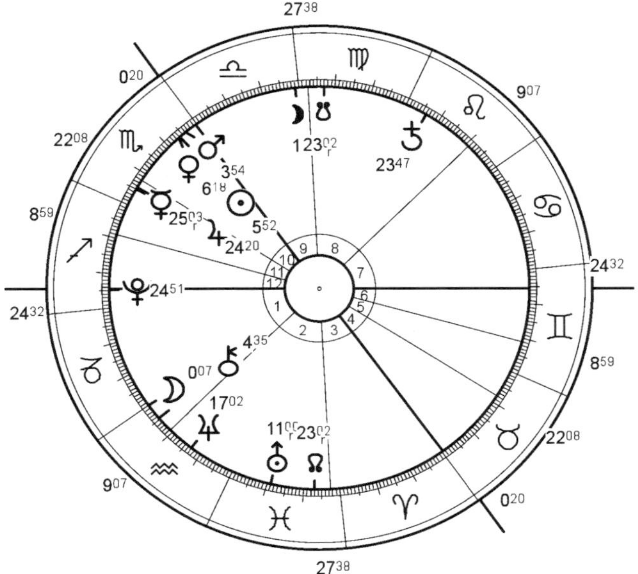

Abb. 58: 29.10.2006, 11.29 Uhr MESZ, Berlin

(Kinder). Merkur war rückläufig und somit geschwächt, andererseits zeigte seine Rückläufigkeit, dass der Betreffende zu einem früheren Zustand zurückkehren wollte.

Abgesehen von Pluto am Aszendenten, zeigte Jupiter (AC-Herrscher und somit Signifikator für die Polizisten) in Konjunktion zu Merkur, dass es die Beamten nicht allzu schlecht mit ihm meinten. Nachdem er ihnen den Sachverhalt aus seiner Sicht geschildert hatte, spürte er durchaus auch Sympathie und Verständnis ihrerseits, wenngleich sie die richterliche Anordnung ausführen mussten. Einen Tag später konnte er seinen Computer und die Papiere bei der Polizeidienststelle wieder abholen, man hatte nichts Verdächtiges gefunden.

Wie am weiteren Mondverlauf und den schwierigen Aspekten, die der Mond im Zeichen Wassermann noch bilden würde, erkennbar war, hatte hiermit das familiäre Drama seinen Höhepunkt noch nicht erreicht. Allerdings war der letzte Aspekt des Mondes ein Sextil zu Pluto, was letztlich doch noch auf einen «gemäßigten» Ausgang schließen ließ. Wichtigster Hinweis darauf, dass der Mann den Kampf um ein umfangreicheres Betreuungsrecht gewinnen würde, ist jedoch, dass Merkur rückläufig in eine Konjunktion zu Mars und Venus lief. Dies ist ihm letztlich auch gelungen, die Kinder wohnen jetzt im Wechsel eine Woche bei ihm, eine Woche bei der Mutter.

«Übeltäter» an den Achsen

Als «Übeltäter» gelten in der klassischen Stundenastrologie vor allem Mars und Saturn. In der modernen Stundenastrologie bieten sich mitunter aber auch Uranus, Neptun, Pluto, Chiron oder Lilith als «Übeltäter» an. Meiner Ansicht nach ist jedoch keine Planetenenergie nur gut oder nur schlecht. Planeten werfen keine guten oder negativen Strahlungen auf uns und bewirken demzufolge auch keine guten oder schlechten Ereignisse. Sie beschreiben lediglich eine Zeitqualität, und diese ist für das eine Vorhaben gut und angenehm, für das andere dagegen beschwerlich oder gar fatal. Will man etwa zu einer uranischen Zeitqualität entspannen und sich ausruhen, gelingt dies mit großer Wahrscheinlichkeit nicht. Will man dagegen etwas Aufregendes erleben oder gar nach Übersee auswandern, sind uranische Zeiten ideal.

In Begegnungshoroskopen heben Planeten an den Achsen die Planetenenergie in einer besonderen Weise hervor, so dass sie eine maximale Aussagekraft erhalten. Geschieht in diesem Moment ein Ereignis, beispielsweise eine Begegnung, wird dieses Zusammentreffen in starkem Maße von jener Planetenenergie an AC, DC, MC oder IC beschrieben.

In meinem Horoskoparchiv zum Thema «Unangenehme Begegnungen» finden sich überdurchschnittlich viele Stundenhoroskope mit Planeten in Konjunktion zu einer Achse. Die Situation unangenehm *machen* in diesen Fällen selbstverständlich nicht die Planeten. Vielmehr wird das Ereignis – gerade bei Uranus, Neptun, Pluto, Chiron oder Lilith – oft als unangenehm empfunden. In einem Fall hatte jemand eine unangenehme Begegnung mit einem Kaufhausdetektiv, der ihn beim Diebstahl erwischte. In dieser Minute stand Neptun genau am Deszendenten und der Detektiv hat den Mann bei einer neptunischen Tat (Betrug) ertappt. In einem anderen Fall stand Chiron am Aszendenten, während eine Fahrradfahrerin an einem parkenden Auto vorbeifuhr, als plötzlich die Fahrertür aufgerissen wurde. Sie stürzte und brach sich das Schlüsselbein. In allen Fällen war nicht der Planet am Ereignis schuld, er beschrieb lediglich die Qualität der Begegnung sehr treffend.

Mitunter symbolisieren unangenehme Begegnungen aber auch Schicksalhaftes, das angenommen werden muss, weil man es nicht in der Hand hat, es zu vermeiden oder zu ändern. Auch bei diesen Begegnungen befinden sich sehr oft transpersonale Planeten oder gar die Mondknoten an einer Achse. Das folgende Fallbeispiel zeigt das Stundenhoroskop einer todbringenden Begegnung. Allerdings trafen sich in diesem Moment nicht zwei Menschen, sondern zwei Flugzeuge.

Es war eines der schlimmsten und dramatischsten Flugzeugunglücke in der Geschichte der deutschen Luftfahrt, als am 1. Juli 2002 um 23:35:32 Uhr bei Überlingen am Bodensee zwei Flugzeuge in der Luft kollidierten. *Im Moment des Zusammenstosses stand Uranus am Aszendenten und Pluto, in Konjunktion zur Mondknotenachse, am MC.* Bei dieser schicksalhaften Begegnung starben 71 Menschen, darunter 49 Kinder, Überlebende gab es nicht.

Flugzeugzusammenstoß am Bodensee

Wie ein herkömmliches Begegnungshoroskop kann dieser unheilvolle Moment sicher nicht gedeutet werden. Dies würde schon allein daran scheitern, dass man die Signifikatoren nicht

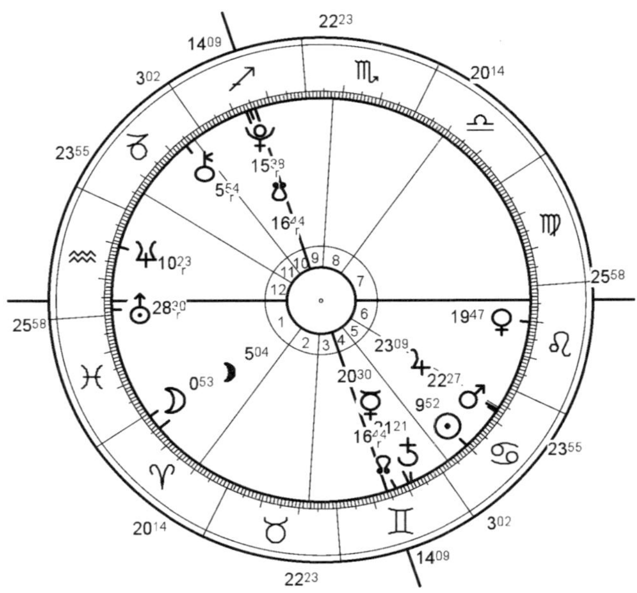

Abb. 59: 1.7.2002, 23.35 Uhr MESZ, Owingen/Bodensee

auf übliche Weise bestimmen kann. Beide Flugzeuge flogen aufeinander zu, fataler Weise in gleicher Flughöhe.

Eine russische Tupolew der Bashkirian Airlines war gegen 19 Uhr GMT in Moskau gestartet. An Bord 69 Personen, darunter 49 Schulkinder zum Teil mit ihren Müttern, die Ferien in Barcelona machen wollten. Die andere Maschine, eine Frachtmaschine der DHL vom Typ Boeing 757, startete kurz nach 21 Uhr GMT in Bergamo/Italien mit Flugziel Brüssel. In ihr saßen Pilot und Co-Pilot, jedoch keine weiteren Passagiere. Liest man die zeitlichen Abläufe der Katastrophe (z.B. auf Wikipedia unter «Flugzeugkollision von Überlingen»), mit all ihren Verkettungen unglücklicher Umstände, wie personelle Unterbesetzung oder Wartungsarbeiten mit Ausfall der Telefonanlagen bei den Fluglotsen, Unachtsamkeiten bei den Piloten und nicht befolgte

Anweisungen des automatischen Kollisionswarnsystems, dann fällt auf, dass dies alles Widrigkeiten sind, die man der damals herrschenden Merkur/Saturn-Konjunktion zuschreiben kann. Sie stand zudem in Opposition zu Pluto, so dass aus Hindernissen (Saturn) auf Reisen (Merkur) durchaus eine bedrohliche Ohnmachtssituation (Pluto) entstehen konnte. Zu Merkur/ Saturn passt auch, dass die Schulkinder aus Ufa in Bashkirien, eigentlich schon einen Tag früher nach Barcelona hätten fliegen sollen, aber ihren Flug verpassten, weil sich der für den Transfer der Kinder zuständige Busfahrer in Moskau verfahren hatte.

Der Wassermann-Aszendent zum Zeitpunkt der Kollision bestimmt die Signifikatoren Saturn (AC-Herrscher) und Sonne (DC-Herrscher). Anhand der Stellung dieser Signifikatoren liegt nahe, dass Saturn in Konjunktion zu Merkur in Zwillinge von der Thematik her eher die Frachtmaschine der DHL, eine Tochtergesellschaft der Deutschen Post (Merkur) symbolisiert und die Sonne in Krebs im 5. Haus, die Tupolew, vollbesetzt mit Schulkindern und Müttern (Krebs), in Erwartung eines spannenden Urlaubs in Spanien (5. Haus).

Angesichts der Tragik des Geschehens, das Anfang 2004 noch ein weiteres Todesopfer – nämlich den am Unglückstag Dienst habenden Fluglotsen – forderte, widerstrebt es mir, bei der Deutung dieses außergewöhnlichen Begegnungshoroskops noch weiter ins Detail zu gehen. Ziel und Zweck einer Begegnung findet sich bekanntlich am MC. Doch mit einem rückläufigen Pluto am absteigenden Mondknoten in Konjunktion zum MC in Schütze, lässt sich der Sinn dieser Katastrophe vermutlich nicht mit diesseitigen Erkenntnismöglichkeiten finden. Sowohl Pluto als auch die Mondknotenachse verweisen auf ein karmisches Geschehen, dem – bei aller Ohnmacht und Verzweiflung – oft nur mit Annahme des Schicksals begegnet werden kann.

Elektionen

Die Wahl eines günstigen Zeitpunkts

Die Suche nach einem günstigen Zeitpunkt für ein Vorhaben nennt man in der astrologischen Fachsprache «Elektion». Elektionen gehören vermutlich zu den ältesten astrologischen Methoden überhaupt. Eine wichtige Aufgabe antiker Hofastrologen war es, geeignete Zeiten für die Vorhaben ihrer Herrscher zu finden. Hierfür musste der Lauf der Gestirne am Himmel beobachtet werden, um an ihren Konstellationen zu erkennen, wann Unheil – wie etwa ein feindlicher Angriff oder eine Naturkatastrophe – drohte. Da die Hofastrologen meist auch studierte Mathematiker und Astronomen waren, gehörten sie zur Bildungsschicht bei Hofe und besaßen entsprechend Macht und Ansehen. Ihr Leben hing jedoch nicht selten von der Treffsicherheit ihrer Prognosen ab, so dass Fehleinschätzungen mitunter auch den Kopf kosten konnten.

Dieses Schicksal droht Astrologen von heute zum Glück nicht mehr. Doch auch ohne martialische Strafen für astrologische Fehlleistungen wäre es wünschenswert, so manche(r) hielte seine Publicitysucht im Zaume und brächte die Astrologie nicht immer wieder aufs Neue mit unsäglichen Vorhersagen in Misskredit. Obwohl er oder sie sich heutzutage damit nur noch lächerlich macht, schadet dies dem Ansehen der Astrologie erheblich. Nicht zuletzt hinterlässt eine derart inkompetente Präsenz in den Medien stets den Eindruck, die Arbeit von Astrologen bestünde vor allem darin, schreckliche Ereignisse vorherzusagen (die dann nicht eintreten) oder volksverdummende Zeitungshoroskope zu schreiben.

Dass man als Berufsastrologe auch gänzlich ohne Ereignisprognosen auskommen kann, wissen die wenigsten. Zumindest dann nicht, wenn scheinbares Wissen über Astrologie aus den gängigen Medien bezogen wird. Auch wenn es anhand der Fallbeispiele in diesem Buch mitunter den Anschein haben könnte, als interessierten sich Klientinnen und Klienten vor allem für zukünftige Entwicklungen, ist die Stundenastrologie nur ein Teilbereich meines Tätigkeitsfeldes. Ein anderer Schwerpunkt liegt nach wie vor im Bereich der Psychologischen Astrologie, und hier geht es in erster Linie um die Geburtshoroskope der Klienten. Das Erkennen von Potenzialen, aus denen Klarheit und Entscheidungsfähigkeit für notwendige Weichenstellungen erwächst, ist das A und O einer astrologischen Deutung. Schwierige Prägungen aus Kindheit und Jugend, die unter Umständen problematische Beziehungen zu Eltern, Partnern oder Kindern nach sich ziehen oder sich im Beruflichen belastend auswirken, können anhand eines individuellen Geburtshoroskops bewusst gemacht werden. Bewusstheit ebnet den Weg für ein selbstbestimmtes, eigenverantwortliches Leben, das im Hier und Jetzt gelebt wird und keine «Zukunftsschau» benötigt. Dennoch kann es im Leben eines jeden Menschen immer wieder Zeiten geben, in denen es hilfreich ist zu wissen, «was die Stunde geschlagen hat».

Menschliches Leben unterliegt Zyklen und Rhythmen und so, wie uns die Zeiger einer Uhr die Tageszeit anzeigen, zeigen uns die Planeten am Himmel nicht nur die Jahreszeit (Sonne) an, sondern auch die übergeordneten Zyklen, die aufgrund unseres Alters, unserer Generation und unseres individuellen Geburtsbildes eine Bedeutung haben. Schon in der Bibel steht: «Alles hat seine Zeit, und alles Vorhaben unter dem Himmel hat seine Stunde» (Prediger 3, 1-8). Wir können die «Zeichen des Himmels» nutzen, um zu erkennen, für welches Vorhaben es Zeit ist und für welches nicht. Wir können es aber auch lassen und auf unsere Intuition vertrauen. So wie sich der eine entscheidet, keine Uhr am Handgelenk zu tragen und stattdessen einfach in den Tag zu leben, so entscheidet sich der andere, auf die Uhr oder ins Horoskop zu schauen.

Die Suche nach der passenden Zeitqualität

Bei der Suche nach einem günstigen Termin für ein Vorhaben geht es demzufolge hauptsächlich darum, eine Zeitqualität zu finden, die diesem Vorhaben entspricht. Natürlich hoffen Klienten auf ein gutes Gelingen, wenn sie Aufträge erteilen, einen «guten» Termin für eine Geschäftseröffnung, eine Hochzeit oder eine Operation zu finden. Doch kein astrologisch noch so sorgfältig ausgewählter Hochzeitstermin *sorgt* dafür, dass die Ehe gut geht und beide bis ans Lebensende glücklich vereint bleiben. Auch ein reibungsloser Verlauf einer Operation kann nicht allein durch die Wahl «guter» Konstellationen gewährleistet werden. Zu unserem Leben gehören nun einmal auch Krisen, Niederlagen, Scheidungen, Konkurse oder Kunstfehler von Ärzten. Kein noch so günstig erscheinender Augenblick kann verhindern, dass ein Schicksalsschlag über uns hereinbricht. Schicksalsschläge entziehen sich menschlicher Einflussnahme und folgen anderen Gesetzmäßigkeiten. Trost spendet mitunter aber die Erfahrung, dass aus einem großen Leiden heraus schon häufig Bewegendes entstanden ist oder dass erst ein Scheitern den Weg zu späteren Erfolgen ebnete. Die Erfahrung lehrt auch, dass Menschen immer dann erfolgreich sind, wenn sie die Potenziale, die in ihren Geburtshoroskopen angezeigt sind, zur Entfaltung bringen. Bei der Suche nach einer passenden Zeitqualität für ein Vorhaben gehen wir nun im Grunde genommen den umgekehrten Weg. Wir kennen das Vorhaben und suchen hierzu das passende Rüstzeug, denn je mehr die Konstellationen thematisch dem Ereignis entsprechen, umso stabiler und erfolgreicher wird das «Wesen» sein, das zu diesem Zeitpunkt «geboren» wird.

Bei der Auswahl greifen wir auf Erfahrungen zurück, die sich über einen langen Zeitraum hinweg bewährt haben. Hieraus sind Regeln entstanden, die beachtet werden sollten, wenngleich sie sich bei meiner Vorgehensweise auf ein Minimum beschränken. Bei einer eher «ganzheitlichen» Betrachtung astrologischer Konstellationen liegt der Schwerpunkt stärker auf der inhaltlichen Kongruenz von Ereignis und Horoskop, als auf strikter Einhaltung klassischer Regeln. Das neu entstandene Horoskop kann letztlich wie ein Geburtshoroskop gedeutet werden, bei dem stundenastrologische Deutungsweisen, vor allem was den Mondverlauf betrifft, mit einfließen.

Allgemeine Regeln bei Elektionen

Bei der Wahl eines günstigen Zeitpunkts, egal für welches Vorhaben, haben sich in meiner Praxis folgende Regeln bewährt:

1. Keinen Neuanfang kurz vor Neumond!
Der Mond zeigt stets den Verlauf einer Angelegenheit an. Abgesehen von den passenden Zeichen ist auch der Mondzyklus zu beachten. Der Neumond symbolisiert immer einen Anfang, ein Mond – kurz vor Neumond – schließt immer etwas ab. Vollmond bedeutet, dass etwas «in voller Blüte steht».

Will man etwas Neues beginnen, z.B. eine Ehe eingehen, sollte man möglichst einen zunehmenden Mond wählen. Will man etwas Altes abschließen, z.B. eine Ausbildung beenden oder mit einer Operation eine Krankheit hinter sich bringen, ist der abnehmende Mond günstiger.

2. Einen positiven Mondverlauf suchen
Auf die Aspekte, die der Mond noch im jeweiligen Zeichen bildet, sollte stets geachtet werden. Ein Mond, der am Ende eines Zeichens noch eine Konjunktion, ein Quadrat oder eine Opposition zu Saturn oder Pluto bildet, sollte möglichst vermieden werden. Eine harmonische Aspektfolge und ein letzter positiver Aspekt des Mondes sind stets zu bevorzugen.

3.Uranus und Neptun im 1. Haus möglichst vermeiden
Das 1. Haus symbolisiert die Art und Weise, wie etwas neu Entstandenes ins Leben tritt. Ein Geschäft mit Uranus oder Neptun

in 1 hat meist etwas sehr Unsicheres und Instabiles. Ein Geschäft, das lange bestehen soll, wird hierdurch jedenfalls nicht angezeigt. Baut man dagegen nur für einen Tag einen Stand auf dem Flohmarkt auf, sind Uranus oder Neptun in 1 durchaus stimmige Faktoren.

Auch ein Hochzeitshoroskop mit Uranus und/oder Neptun in 1 symbolisiert keine lange Ehedauer. Es sei denn, die Partner wohnen auf verschiedenen Kontinenten und sehen sich nur einmal im Jahr.

4. Saturn und Pluto im 7. Haus möglichst vermeiden
Im 7. Haus spiegelt sich das wider, was einem neu entstandenen Wesen begegnet. Bei einem Geschäft sind dies die Kunden, bei einem Hochzeitshoroskop die Mitmenschen des Paares. Saturn und Pluto können Mitmenschen und Kunden anzeigen, die wenig entgegenkommend sind.

Eröffnet man dagegen ein Bestattungsunternehmen oder eine therapeutische Praxis, sind Saturn und Pluto in 7 stimmig. Denn in diesem Fall hat man es in der Regel mit Menschen zu tun, die einen Verlust zu beklagen haben oder sich auf andere Art und Weise in einer Krise befinden.

Geschäftsgründungen und Geschäftseröffnungen

Geschäftsgründungen finden meist beim Notar statt, wenn ein Gesellschaftervertrag unterzeichnet wird. Auch die Eintragung einer Firma ins Handelsregister oder die Anmeldung eines Gewerbes beim Gewerbeamt kann als Gründung betrachtet werden. In der Regel sind diese Termine schwieriger zu planen, zumindest hinsichtlich der genauen Uhrzeit. Dennoch, immer dann, wenn es zu einer notariellen Unterzeichnung kommt oder beim Gewerbeamt der Antrag mit einem Stempel versehen wird, sollte man auf die Uhr schauen. Diese Zeit gilt als Gründungszeit des Unternehmens.

Anders sieht es bei Geschäften aus, die zu einem bestimmten Zeitpunkt eröffnen, sei es ein Ladengeschäft, das zum ersten

Mal die Tür für seine Kunden öffnet oder eine Praxis, die ab einem bestimmten Zeitpunkt Klienten, Patienten oder Mandanten empfängt. In diesen Fällen kann man den Zeitpunkt der Eröffnung planen und ein Horoskop wählen, das der Branche entspricht. Eine Gaststätte «benötigt» jedoch andere Themen im Eröffnungshoroskop als ein Copyshop; eine Astrologieschule wiederum andere als ein Fitnessstudio. Hierzu als ein Beispiel:

Die Eröffnung einer Buchhandlung.

Während wir in einer meiner Ausbildungsgruppen das Thema «Elektionen» durchnahmen, bat eine der Schülerinnen darum, ob wir nicht einen geeigneten Eröffnungstermin für eine Buchhandlung suchen könnten, die sie zusammen mit einer Freundin eröffnen wollte. Erschwerte Bedingung hierbei war, dass nur zwei mögliche Eröffnungstage zur Auswahl standen. An einem dieser Tage musste eröffnet werden, allerdings waren wir in der Wahl der Eröffnungszeit flexibler. Es musste nicht unbedingt zu den gängigen Ladenöffnungszeiten am Vormittag eröffnet werden. Denkbar war auch, die Buchhandlung mit einem Fest am Abend zu eröffnen. Gänzlich ausgeschlossen waren aber Zeiten von abends ab 22 Uhr bis morgens um 8 Uhr.

Die Tage, die zur Auswahl standen, waren:
Freitag, der 14.11.1997 oder Samstag, der 15.11.1997.

Vorgehensweise im Einzelnen

1. Schritt: Als erstes werden die Horoskope der beiden möglichen Tage erstellt, und zwar jeweils auf 12 Uhr mittags.

2. Schritt: Nun werden die Unterschiede in den jeweiligen Horoskopen untersucht. Auf den ersten Blick ändert sich an diesen beiden Tagen am Himmel nicht viel, allerdings wechselt der Mond das Zeichen. Zur Auswahl standen ein Mond in Stier oder ein Mond in Zwillinge. Da der Mond u.a. die «Stimmung im Volk» symbolisiert und somit auch die Bedürfnisse der Kundschaft widerspiegelt, ist das Mond-Zeichen ein wichtiger Hinweisgeber für die Branche. Ein Mond in Stier eignet sich hervorragend für ein Restaurant oder für eine Massagepraxis. Ein

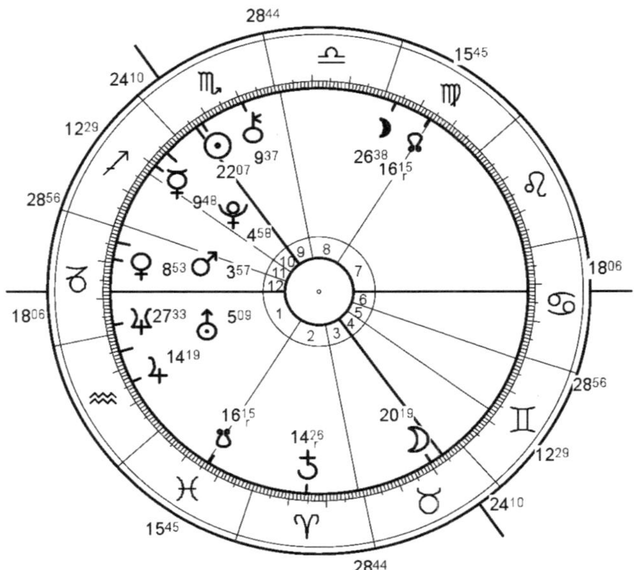

Abb. 60: Horoskop für Freitag, 14.11.1997,
12.00 Uhr MEZ, Berlin-Charlottenburg

Mond in Zwillinge dagegen eher für eine Buchhandlung, ein Schreibbüro oder eine Nachrichtenagentur.

In diesem Fall fiel die Wahl also nicht schwer. Für die Eröffnung einer Buchhandlung war der 15. November bzw. der Mond in Zwillinge geeigneter.

3. Schritt: Bei diesem Schritt ging es letztlich darum, einen passenden Aszendenten zu finden. Dieser würde zudem die Hausbesetzung der Planeten festlegen. Abgesehen davon, dass Uranus und Neptun nicht im 1. Haus stehen sollten, kommt auch einer guten Stellung des natürlichen Herrschers der Branche eine besondere Bedeutung zu. Aussagekräftig ist ein Planet immer dann, wenn er

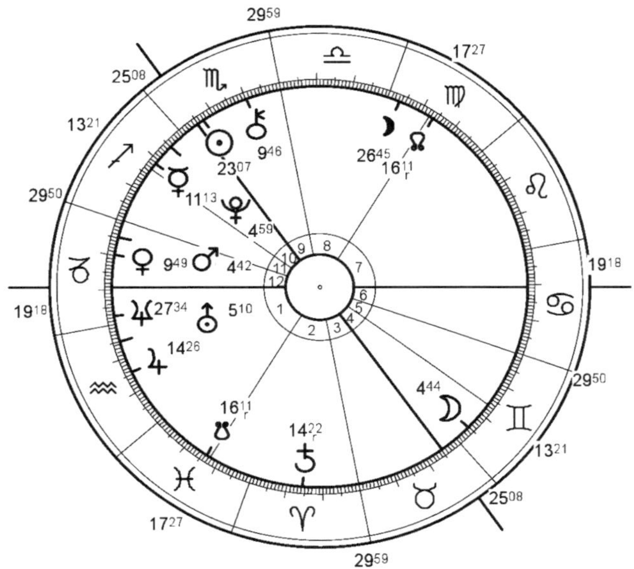

Abb. 61: Horoskop für Samstag, 15.11.1997, 12.00 Uhr MEZ, Berlin-Charlottenburg

a) an einer Achse oder in einem Eckhaus steht;
b) in seinem Domizil oder in seiner Erhöhung steht;
c) in jenem Haus steht, in dem er natürlicher Herrscher ist.

Bei einer Buchhandlung ist Merkur der natürliche Herrscher, und da er im gegebenen Zeitraum in seinem Exilzeichen Schütze schwach stand, musste er möglichst durch eine Konjunktion mit einer Achse gestärkt werden. Auch Sonne und Mond sollten, bei einem Geschäft mit Laufkundschaft, möglichst in «öffentlichkeitswirksamen» Häusern stehen. Die Wasser-Häuser 4, 8 und 12 sind hierfür naturgemäß weniger geeignet.

4. Schritt: Nach Abwägung mehrerer Möglichkeiten entschieden wir uns für nachfolgendes Eröffnungshoroskop.

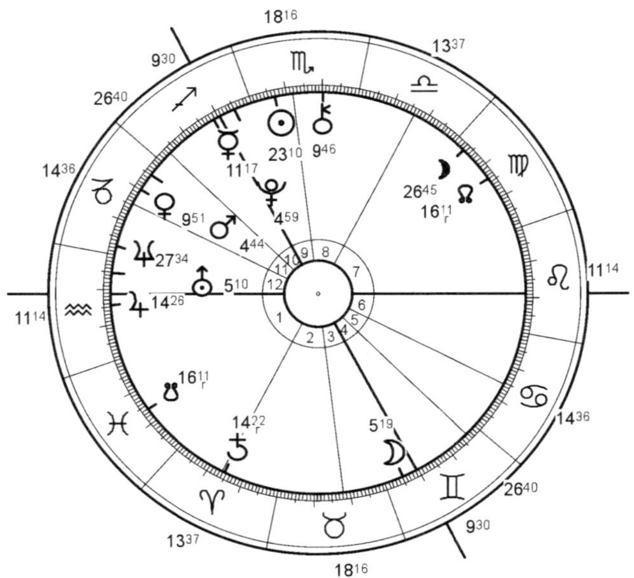

Abb. 62: 15.11.1997, 13.00 Uhr MEZ, Berlin-Charlottenburg

Eröffnung einer Buchhandlung

Dieses Horoskop spiegelte unserer Meinung nach am deutlichsten die Themen der Buchhandlung wider. Der Zwillinge-Mond im 3. Haus entsprach dem Bedürfnis der Kunden nach Literatur und Information. Die Sonne im 9. Haus ließ das Wesen der Buchhandlung weltoffen und Horizont erweiternd erscheinen und stand, als Herrscher von 7, zudem absolut sinnrichtig im 3. Haus der Kunden. Den Schütze-Merkur, als natürlichen Herrscher für Bücher und Mitherrscher von 7, setzten wir dominant ans MC, was zur Folge hatte, dass Jupiter (als Dispositor des Schütze-Merkur) in Konjunktion zum Wassermann-Aszendenten stand.

Einziger Wermutstropfen war, dass der rückläufige Saturn ins 2. Haus fiel und hiermit das Finanzielle als eher problematisch beschrieb. Dies entsprach aber den Tatsachen, da die Gründerinnen über wenig Eigenkapital verfügten und Kredite aufnehmen mussten. Ein perfektes Horoskop, ohne jegliche Schwierigkeit, wird es nie geben! Den Schwerpunkt beim Suchen eines günstigen Termins sollte man daher stets auf die Auswahl stark gestellter Planeten verlegen, die die Themen des Geschäfts inhaltlich passend symbolisieren. Dann lassen sich auch schwierige Konstellationen meistern, so dass ein Saturn im 2. Haus – in erlöster Form – auch einen «Meister der Finanzen» anzeigen kann.

Die Buchhandlung ist bis heute ein voller Erfolg! Gemäß dem Jupiter am AC wuchs und gedieh sie so sehr, dass sie nach einem Jahr «aus allen Nähten platzte» und räumlich erweitert werden musste. Obwohl sie an keiner klassischen Einkaufsstraße mit viel Laufkundschaft liegt, sorgen regelmäßige Lesungen stets für ein volles Haus. Die Kundschaft beschränkt sich keinesfalls nur auf Menschen aus der Nachbarschaft, sondern strömt von überall her. In einem Artikel über die Buchhandlung, der vor einiger Zeit in einer Berliner Tageszeitung erschien, brachte der Autor das Wesentliche auf den Punkt: «Diese Buchhandlung ist mein absoluter Favorit! Sie ist ein Ort der Inspiration, ein Ort, den ich garantiert nicht ohne Lesestoff verlasse. Man kommt dort ganz schnell nicht nur mit den beiden Buchhändlerinnen, sondern auch mit vielen Kunden ins Gespräch.»

Empfohlene Vorgehensweise

Bei der Suche nach einem günstigen Eröffnungstermin für ein Geschäft oder eine Praxis empfiehlt sich die folgende Vorgehensweise:

1. Suche nach einem zur Branche passenden Mondzeichen
2. Ein positiver weiterer Mond-Verlauf. Niemals kurz vor Neumond!
3. Suche nach einem passenden Aszendenten
4. Den natürlichen Herrscher der Branche hervorgehoben platzieren

5. Sonne und Mond in passenden Häusern
6. Uranus und Neptun möglichst nicht im 1. oder 2. Haus
7. Saturn und Pluto möglichst nicht im 7. oder 8. Haus

Widder/Mars	Sport- und Fitnessstudio, Chirurgische Arztpraxis
Stier/Venus	Restaurant, Kosmetik, Massage, Genussmittel, Goldschmiede, Bankhaus
Zwillinge/Merkur	Buchhandlung, Schreibbüro, Redaktion, Zeitungsladen, Vermittlung, Handelswaren
Krebs/Mond	Kinderbetreuung, Pflege- und Betreuungsservice, Hebammenpraxis, Zimmervermietung
Löwe/Sonne	Künstleragentur, Existenzgründerberatung
Jungfrau/Merkur	Steuerberatung, Versicherungen, Dienstleister
Waage/Venus	Partnervermittlung, Mode, Design, Kunstgalerie, Inneneinrichtung
Skorpion/Pluto	Psychotherapeutische Praxis, Detektivbüro, Bestattungsunternehmen, Hospize, Schuldnerberatung, Erotikshops
Schütze/Jupiter	Reisebüro, Anwaltspraxis, Hotellerie, Unternehmensberatung
Steinbock/Saturn	Architekturbüro, Verwaltung, Antiquitäten, Orthopädische Praxis
Wassermann/Uranus	Astrologie, Computer, Software-Programmierer
Fische/Neptun	Apotheke, Heil-/ Therapiepraxis, Drogenberatungsstelle, Getränkemarkt

Tab. 11: Natürliche Zeichen und Herrscher verschiedener Branchen

Hochzeiten

Wie schon an anderer Stelle beschrieben, kann kein noch so günstiger Hochzeitstermin gewährleisten, dass eine Ehe hält. Die meisten Klienten, die mich beauftragen, einen Hochzeitstermin für sie zu finden, verbinden damit auch nicht den Anspruch auf «Haltbarkeit». Ihre Wünsche richten sich vielmehr darauf, an einem Tag zu heiraten, an dem die Konstellationen am Himmel im Einklang mit ihren jeweiligen Geburtshoroskopen stehen.

Eine ungenaue Geburtszeit lässt sich anhand gravierender Lebensereignisse wie Todesfälle, Geburten, Hochzeiten, Scheidungen, Unfällen etc. «feinkorrigieren». Hierbei ist immer wieder feststellbar, dass die aktuellen Planetenstände vom Tag einer Hochzeit stark mit den Konstellationen in den jeweiligen Geburtshoroskopen der Partner korrespondieren. Sucht man dagegen einen passenden Hochzeitstermin, wird umgekehrt vorgegangen, indem man in den Ephemeriden einen Zeitraum absucht, der entsprechende Transite und Auslösungen im Geburtshoroskop aufweist. Ich persönlich nutze außerdem noch das Combin der Partner, denn hierin spiegelt sich eine Heirat im Licht von Transiten und Progressionen stets sehr deutlich wider.

Hat man den Zeitraum eingegrenzt, in dem die Zeichen der Zeit auf «Heirat» stehen, geht es im nächsten Schritt darum, einen Tag zu finden, an dem die relevanten Planeten nach den Regeln der Stundenastrologie möglichst stark und in Würden stehen. Das gilt vor allem für die Venus, die als natürlicher Herrscher für Liebe und Ehe eine Art «Schutzpatronin» dieses Ereignisses darstellt. Es versteht sich bei einer stundenastrologischen Vorgehensweise von selbst, dass für eine Hochzeit nicht unbedingt ein Tag gewählt wird, an dem die Venus rückläufig ist und in ihren Exilzeichen Widder oder Skorpion steht. Eine stark gestellte Venus in Zeichen und Haus ist für jeden Hochzeitstermin wünschenswert, doch letztlich kann ein Hochzeitshoroskop auch nur das widerspiegeln, was *ist*. Ein Stundenhoroskop bewirkt bekanntlich nichts, es zeigt nur an!

Einzelne Schritte bei der Suche nach einem passenden Hochzeitstermin

1. Schritt: Steht der Zeitraum in etwa fest, wann die Hochzeit stattfinden soll, gilt es zuerst, die Transite zu den Geburtshoroskopen der Partner zu untersuchen. Vor allem Venus-, Jupiter- und Saturn-Transite über die Achsen, Eckhäuser und beziehungsrelevante Planeten sind signifikant.
2. Schritt: Die Transite und Progressionen zum Combin der Partner geben weitere wichtige Hinweise auf den passenden Zeitpunkt. Ein Venus- oder Jupiter-Transit über die Combin-Sonne oder umgekehrt, die laufende Sonne über die Combin-Venus oder den Combin-Jupiter beschreiben dieses freudige Ereignis sehr treffend. Auch Saturn-Transite sind bei Eheschließungen relevant. Sie symbolisieren die Bereitschaft, sich verbindlich aufeinander einzulassen und füreinander Verantwortung zu übernehmen.
3. Schritt: Hat man den Zeitraum auf ein bis zwei Wochen eingegrenzt, gilt es nun, einen passenden Mondstand zu finden. Stark gestellt ist der Mond in Krebs und Stier, und sofern er im weiteren Verlauf noch harmonische Aspektverbindungen bilden wird, sind diese Zeichen für das Ereignis «Heirat» immer zu bevorzugen. Für ein Paar, bei dem beispielsweise das Element Luft stark betont ist, ist aber auch ein Waage- oder Zwillinge-Mond beim Ja-Wort passend. Einen Hochzeitstag mit Mond in Steinbock (Exil) oder Mond in Skorpion (Fall) sollte, wenn möglich, vermieden werden.
4. Schritt: Steht der Tag in etwa fest, muss geklärt werden, ob beim zuständigen Standesamt an diesem Tag auch tatsächlich Trauungen stattfinden. An Sonn- und Feiertagen ist dies in der Regel nicht der Fall. Auch kann es vorkommen, dass

dort schon alle Trauungstermine vergeben sind, so dass man eventuell auf ein anderes Standesamt ausweichen muss. Hat man an besagtem Tag aber die Auswahl zwischen verschiedenen Uhrzeiten, geht es im letzten Schritt nun darum, den passenden Aszendenten fürs Ja-Wort zu finden. Er bestimmt letztlich auch die Häuserbesetzung der Planeten sowie die Signifikatoren.

Das Horoskop, auf den Zeitpunkt des Ja-Wortes berechnet, kann als «Geburtshoroskop» der Ehe gesehen und auch wie ein Radix gedeutet werden. Erfahrungsgemäß beschreiben die Transite zum Hochzeitshoroskop wichtige Weichenstellungen. Sollten die Eheleute eines Tages die Scheidung einreichen, kann in der Regel auch der Scheidungstermin anhand der Transite und Progressionen zum Hochzeitshoroskop erkannt werden.

Konstellationen, die vermieden werden sollten

Einen optimalen Termin, bei dem es keine schwierigen Konstellationen am Himmel gibt, wird es so gut wie nie geben. Es ist daher müßig, sich allzu lange damit aufzuhalten, dieses Optimum zu finden. Es gibt aber einige wenige Konstellationen, die bei der Wahl eines Hochzeittermins möglichst vermieden werden sollten, da sie erfahrungsgemäß mit einer sehr kurzen Ehedauer einhergehen:

1. Uranus und/oder Neptun im 1. Haus
2. Eheschließung kurz vor Neumond
3. Rückläufige Herrscher von AC und DC in ihren Exilzeichen
4. Applikative Spannungsaspekte von Sonne und Venus zu Uranus und Neptun.

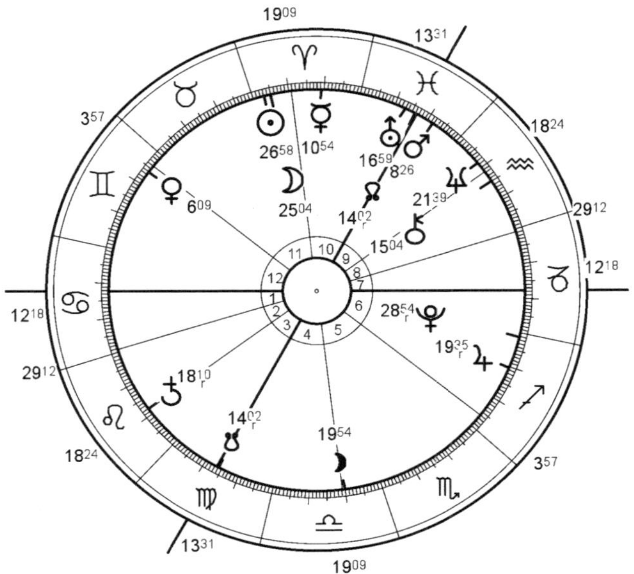

Abb. 63: Ja-Wort am 17.4.2007, 10.25 MESZ, München

Hochzeitshoroskop einer sehr kurzen Ehe

Diese Ehe hielt keine drei Monate! Der Ehemann reichte am 20.6.2007 die Scheidung ein, nachdem er erfahren hatte, dass ihn seine Ehefrau mit ihrer besten Freundin betrog. Von der Bisexualität seiner Frau und ihrem erotischen Verhältnis zur Freundin, die pikanterweise auch die Trauzeugin der beiden war, wusste er bis dato nichts. Auf eine «Ménage à trois» konnte und wollte er sich nicht einlassen und ging daher zum Anwalt. Sein Wunsch, die Ehe annullieren zu lassen, ließ sich jedoch nicht erfüllen. Beide mussten ein Trennungsjahr einhalten, die Ehe wurde am 11.8.2008 geschieden.

Dieser Hochzeitstermin wurde nicht astrologisch ausgewählt, was anhand wichtiger Faktoren unschwer zu erkennen ist.

Mond, der Herrscher des Aszendenten, steht kurz vor einer Konjunktion mit der Sonne (Neumond) und Saturn, der Herrscher des Deszendenten steht rückläufig in seinem Exilzeichen. Die Venus bildet nicht nur ein Quadrat zu Mars, sondern im weiteren Verlauf auch ein Quadrat zu Uranus. Somit enthält dieses Horoskop gleich drei von vier Konstellationen, die bei Hochzeitshoroskopen möglichst vermieden werden sollten. Allerdings spiegelt das Horoskop die Situation der Eheleute recht gut wider, so dass es für beide ganz offensichtlich ein stimmiger Moment für das Ja-Wort war. So bitter die Geschehnisse anfänglich gewesen sein mochten, zogen sie dennoch erfreuliche Ereignisse nach sich: Die Frauen entschieden, ihre Liebe fortan offen zu leben und zogen in eine gemeinsame Wohnung. Der Mann verliebte sich noch während des Trennungsjahres neu und beauftragte mich im April 2008, einen günstigen Heiratstermin für 2009 zu suchen.

Eine bis heute glückliche Ehe

Dieses Hochzeitshoroskop wurde astrologisch für einen standesamtlichen Termin um 12 Uhr ausgewählt. Das Ja-Wort erfolgte um 12.13 Uhr mit einem Löwe-Aszendenten auf 19°46'. Die genaue Gradzahl des Aszendenten ließ sich natürlich nicht planen, aber der Combin-Aszendent des Paares befindet sich auf 20 Grad Wassermann, so dass sich der Aszendent des Hochzeitshoroskops ganz offensichtlich daran «ausrichtete». Das Paar hatte sich von Anfang an Kinder gewünscht, doch dass es nach zehn Jahren vier sein würden, damit hatten sie nicht gerechnet. Im Jahr 2007 bekamen sie noch Zwillinge und sind mit ihrem jetzt «vierblättrigen Kleeblatt» eine sehr glückliche Familie.

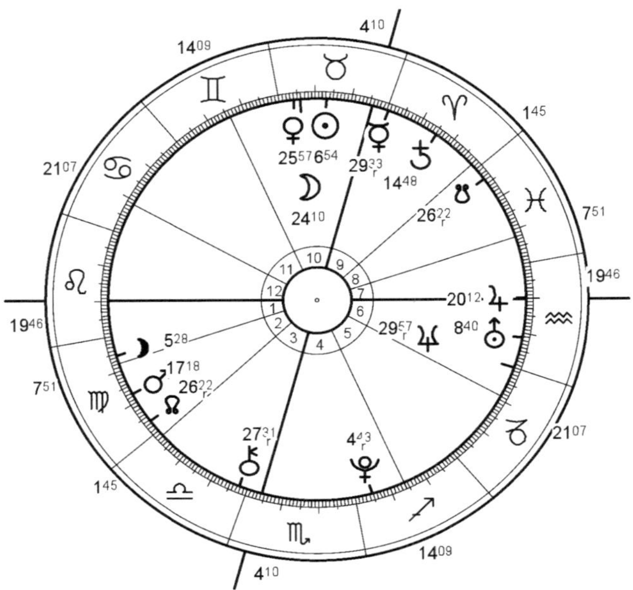

Abb. 64: Ja-Wort am 7.5.1997, 12.13 Uhr MESZ, Berlin

Operationen und andere medizinische Eingriffe

Die Wahl eines günstigen Operationstermins ist sicher eine der heikelsten Aufgaben im Bereich der Elektionen. Klienten, die einen solchen Auftrag erteilen, plagt oft die Angst, dass bei der Operation etwas schief gehen könnte. Wenn sie sich schon den Ärzten ausliefern und unters Messer legen, dann sollte es wenigstens ein günstiger Tag für sie sein, an dem aus astrologischer Sicht keine Komplikationen zu erwarten sind. Doch wie schon an anderer Stelle erwähnt, kann leider keine noch so sorgfältig ausgewählte Elektion einen Schicksalsschlag verhindern.

Alle astrologischen Deutungen basieren auf Erfahrungswerten. Da gerade in früheren Zeiten der Bereich «Krankheit und

Heilung» als ein besonderer Schwerpunkt galt und antike Stundenastrologen sehr häufig zu Krankheiten und deren Verlauf befragt wurden, sammelten sie hierzu entsprechend viele Erfahrungen. Unter anderem war es Usus, ein «Krankheitshoroskop» (Decumbitur) für den Moment zu erstellen, in dem ein Kranker bettlägerig wurde. Aus diesem Horoskop wurde nicht nur der weitere Verlauf der Krankheit, sondern auch ihre tieferen Ursachen und die möglichen Maßnahmen zur Heilung gedeutet.

Wenn man jedoch heutzutage in der astrologischen Literatur nach Anleitungen sucht, auf welcher astrologischen Grundlage Operationstermine ausgewählt werden, stellt man schnell fest, dass es keine einheitliche Sicht auf die Dinge gibt. Die Empfehlungen sind unterschiedlichster Art und mitunter auch widersprüchlich und verwirrend. Ich selbst habe viele Bücher zum Thema gelesen und etliche Vorgehensweisen auf ihre Brauchbarkeit hin überprüft. Bisher hat sich jedoch keine Methode als das «Non plus ultra» erwiesen. Auch konnte ich nicht feststellen, dass es zu Komplikationen kommt, wenn man gängige Regeln wie «keine Operation bei Vollmond» oder «keine Operation am Kopf, wenn der Mond in Widder steht», außer Acht lässt. Stattdessen machte ich bei der Auswahl eines Operationstermins dann die besten Erfahrungen, wenn ich mich in erster Linie an die grundsätzlichen Regeln der modernen Stundenastrologie hielt.

Während der vergangenen drei Jahrzehnte habe ich zahlreiche Operationstermine für Klienten ausgewählt. Keiner von ihnen ist bei diesen Operationen gestorben oder hatte anschließend mit Komplikationen zu kämpfen. Dennoch behaupte ich nicht, dass dies dem sorgfältig ausgewählten Operations-Termin zuzuschreiben ist. Es werden jeden Tag tausende Menschen operiert, zu Zeiten, die ich persönlich niemals als günstige Termine auswählen würde. Und dennoch gelingt die Operation, ganz ohne Komplikation. Man könnte daraus schließen, dass sich ein Operationsverlauf nicht nach den Sternen richtet und es bestenfalls einen Placebo-Effekt darstellt, wenn jemand mit der Gewissheit in den Operationssaal geschoben wird, dass der Termin gut gewählt ist und aus astrologischer Sicht «eigentlich nichts passieren kann». Um herauszufinden und zu «beweisen», dass es sich tatsächlich um einen Placebo-Effekt handelt, oder im Gegenteil, dass astrologische Deutungsregeln bzw. die Astrologie an sich einen praktischen Wert besitzt, bedarf es Forschungen und Studien, die es leider (noch) nicht in ausreichendem Maße gibt. Bis wir uns eines Tages aber auf Forschungsergebnisse stützen können, kann nur mit Sicherheit gesagt werden, dass ein – nach dem individuellen Geburtshoroskop ausgewählter Operations-Termin nicht schadet, sondern im Gegenteil dazu beiträgt, dass sich Kranke entspannter einer Operation unterziehen.

Einzelne Schritte bei der Suche nach einem passenden Operationstermin

Diese Vorgehensweise setzt voraus, dass ein gewisser Zeitraum vorhanden ist, in dem eine Operation zwar geplant, aber nicht akut und lebensnotwendig dringend ist. Für diesen Zeitraum gilt es nun, passende Entsprechungen zu suchen, die sich sowohl auf den zu operierenden Körperteil beziehen, als auch mit dem individuellen Geburtshoroskop in Einklang stehen.

1. Schritt: Der natürliche Herrscher für Operationen ist Mars. Er symbolisiert sozusagen das «astrologische Skalpell» sowie den Chirurgen, der den Eingriff ausführt. Bei Operationen, die über einen längeren Zeitraum planbar sind, empfiehlt es sich daher zunächst, in den Ephemeriden nach einem gut gestellten Mars zu suchen. Stark gestellt ist Mars vor allem in seinen Domizilzeichen Skorpion und Widder, wobei bei Operationen das Zeichen Skorpion vorzuziehen ist. In diesem Zeichen besitzt Mars und somit der Chirurg besondere Stärke. Steht aber beispielsweise eine Knieoperation an, entspricht auch der Mars in Steinbock dem Ereignis, da die Knie generell dem Zeichen Steinbock zugeordnet werden. Eine Magen-Operation entspricht Mars (Operation) in Krebs

(Magen), obwohl er im Zeichen Krebs nicht stark gestellt, sondern «im Fall» steht. Dennoch ist eine Planetenenergie immer dann stimmig und entsprechend stark, wenn sie dem Ereignis entspricht. Ein rückläufiger Mars hingegen, egal in welchem Zeichen, ist nur in sehr seltenen Fällen stimmig, nämlich dann, wenn es sich z.B. um einen Eingriff handelt, die einen vorangegangenen korrigiert. Ansonsten sollte man bei planbaren Operationen warten, bis der Mars wieder direktläufig ist. Auch wenn der Mars kurz vor einem Spannungsaspekt zu Neptun (Irrtum, fehlgeleitete Energie) oder Uranus (Irritation, Unvorhergesehenes) steht, ist es empfehlenswert, die Operation auf einen Zeitpunkt nach Exaktwerden des Aspektes zu verlegen.

2. Schritt: Anhand der Transite zum Radix sollten generell Hinweise auf eine Operation in besagtem Zeitraum zu finden sein. Ein Mars-Transit durch das 6. Haus oder über den Herrscher des 6. Hauses kann eine Operation genauso anzeigen, wie umgekehrt ein Transit über den Radix-Mars. Auch der natürliche Herrscher des Organs bzw. Körperteils, das operiert wird, sollte beachtet werden, denn nicht selten kündigen Transite über diesen Planeten die Operation an.
   Bei der Suche nach einem für den Klienten passenden Termin untersuche ich persönlich auch stets das sekundärprogressive Horoskop, inklusive seiner Transite sowie die relevanten Halbsummenpunkte im Radix und im Transit, wie etwa Mars/Pluto. Hierdurch formt sich ein Gesamteindruck, der die geplante Operation meist auf einen Zeitraum von 1-3 Wochen eingrenzen lässt.

3. Schritt: Im letzten Schritt muss zunächst geklärt werden, an welchen Tagen in diesem Zeitraum überhaupt operiert wird. Es gibt Chirurgen, die eine bestimmte Operation etwa nur donnerstags oder nur montags durchführen. Dies sollte geklärt werden, bevor man versucht, den passenden Tag zu finden. In den wenigsten Fällen kann man sich die Uhrzeit

des Eingriffs aussuchen, daher gilt es vor allem einen Vormittag zu finden, an dem der weitere Verlauf des Mondes in jenem Zeichen, in dem er bei der Operation steht, keine gravierenden Spannungsaspekte mehr aufweist. Schwierige Mondaspekte können gern **vor** dem Termin des Eingriffs liegen, jedoch möglichst nicht danach, da sie den weiteren Verlauf und somit auch noch die Zeit der Rekonvaleszenz beschreiben.

Fallbeispiele zu Operationen

Beim ersten Fallbeispiel handelt es sich um eine Operation, während der die Patientin verstorben ist. Die Ärzte hatten bei ihr ein Meningeom (gutartiger Hirntumor) diagnostiziert, das bisher keine Beschwerden verursachte. Dennoch rieten einige der konsultierten Ärzte zur Operation, andere zu einer Strahlentherapie und wiederum andere dazu, gar nichts zu unternehmen, so lange die Frau beschwerdefrei sei. Schließlich entschied sie sich aber doch für den Eingriff.

Der Termin war nicht astrologisch ausgewählt. Ihr Ehemann, der erst einige Zeit nach dem Tod seiner Frau mein Klient wurde, stellte mir das Operationsdatum für Studienzwecke zur Verfügung. Wie sich aus dem Stundenhoroskop und meiner beschriebenen Vorgehensweise zur Auswahl eines Termins unschwer erkennen lässt, wäre dies keinesfalls ein Tag gewesen, den ich als «günstig» angesehen hätte.

Operation gelungen, Patientin tot

Die Frau wurde um 8 Uhr in den Operationssaal geschoben und wird deshalb im Stundenhoroskop vom Aszendenten, seinem Herrscher und den Planeten in 1 symbolisiert. Das Ärzte-Team findet sich analog hierzu am Deszendenten. Mars, der Herrscher von 7 steht im 1. Haus der Patientin, was widerspiegelt, dass

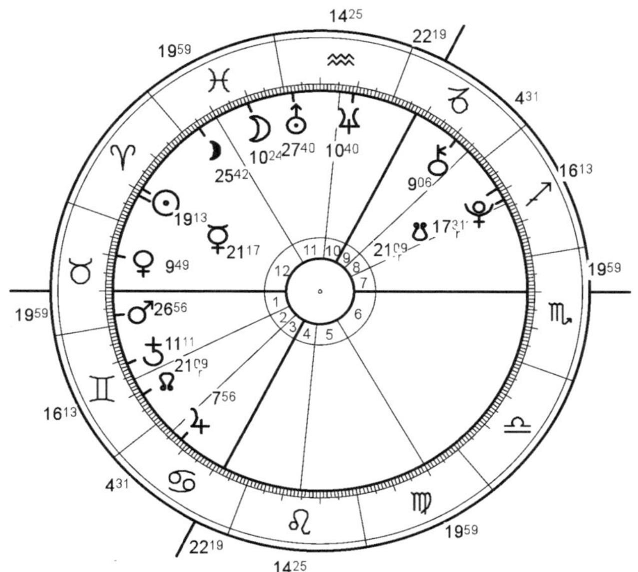

Abb. 65: 9.4.2002, 8.00 Uhr MESZ, Düsseldorf

die Frau operiert werden soll. Mars steht allerdings schwach im Exil, noch dazu kurz vor einem Quadrat zu Uranus. Der Chirurg (Mars) hat also mit Unvorhergesehenem (Uranus) zu rechnen, das durch die schwache Stellung von Mars schwieriger zu meistern ist.

Die Patientin steht – mit Venus im eigenen Zeichen Stier – stark, aber im 12. Haus. Diese Stellung beschreibt zwar ihren Krankenhausaufenthalt, aber die Tatsache, dass die Venus (Mitherrscher von 6) kurz vor einem Quadrat zu Neptun steht, symbolisiert eine Schwächung ihres ansonsten stabilen Zustandes. Auch der Merkur, Herrscher ihres 6. Hauses steht schwach. Im Zeichen Widder verweist er auf eine Krankheit, die sich im Bereich des Kopfes (Widder) befindet, da er aber im Zeichen eingeschlossen ist und in enger Konjunktion zur Sonne (Verbrennung) steht, wird die gesundheitliche Situation der Frau – während der Operation – als schwierig beschrieben.

Bedenklich ist zudem der weitere Mondverlauf. Mond bildet als nächstes ein Quadrat zu Saturn und anschließend ein Quadrat zu Pluto, was keinem positiven Verlauf entspricht. Zwar ist der letzte Aspekt des Mondes ein Sextil zu Mars, aber in diesem speziellen Fall zeigt der positive letzte Aspekt wohl eher an, dass dem Chirurgenteam keine Fehler nachgewiesen werden konnte.

Operation gelungen, Patientin glücklich

Bei dieser Operation wurde ebenfalls am Kopf operiert. Die Patientin, deren Gesicht durch einen Autounfall entstellt war, unterzog sich – im Rahmen einer plastischen Wiederherstellung, bei der Hautteile im Wangenbereich verpflanzt wurden, ihrer ersten von mehreren geplanten Transplantationen.

Sie wurde um 9.07 Uhr, mit einem Aszendenten auf knapp 1° Waage in den Operationssaal geschoben. Die stark gestellte Waage-Venus im 1. Haus ist hierdurch nicht nur ihr Hauptsignifikator, sondern auch der natürliche Herrscher des Organs Haut. Das Zeichen Waage beschreibt zudem, dass es bei dieser Operation darum ging, das Aussehen der Frau und letztlich auch ihr Selbstbewusstsein zu verbessern.

Das Chirurgenteam wird von Mars in Löwe symbolisiert, die Mars-Uranus-Opposition ist separativ und lässt daher auf keine störenden oder unvorhergesehenen Umstände während des Eingriffs schließen. Sowohl die Venus (Patientin), als auch der Mond (Verlauf) bilden in ihren Zeichen nur noch positive Aspekte. Die Operation verlief erfolgreich und die transplantierte Haut verheilte anschließend sehr gut. Die Frau konnte sich nach einiger Zeit erstmals wieder ohne Entsetzen im Spiegel betrachten und war sehr glücklich darüber.

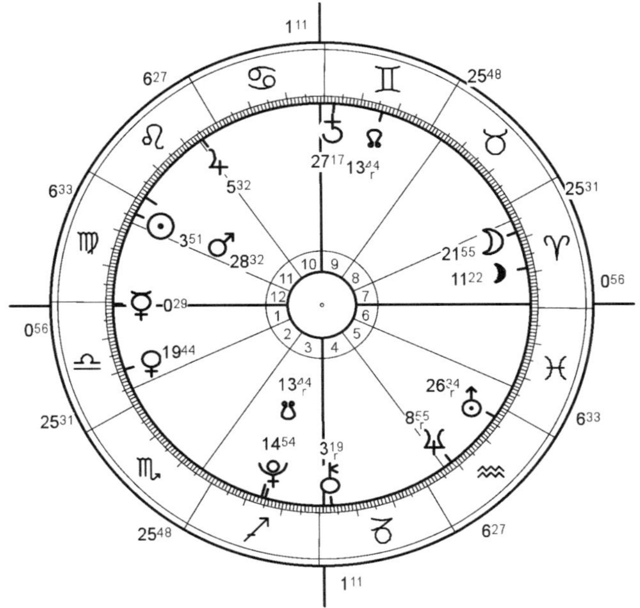

Abb. 66: 27.8.2002, 9.07 Uhr MESZ, Stuttgart

Abreise-Horoskope

Auch für Reisen kann man günstige Termine suchen. Allerdings ist man hierbei, sofern man nicht mit dem eigenen Auto fährt, meist an Flug- oder Bahnzeiten gebunden. Wichtig ist bei Reisehoroskopen jedoch nicht, wann der Flieger abhebt oder wann der Zug den Bahnhof verlässt, sondern wann man das Haus verlässt. Der Moment, in dem man mit Sack und Pack die Wohnungstür abschließt, gilt stets als der Beginn der Reise.

Der oder die Abreisende wird vom Aszendenten und seinem Herrscher symbolisiert. Mitunter ist es also sinnvoll, das Haus schon früher zu verlassen, als aufgrund der Eincheckzeiten für den gebuchten Flug oder der Abfahrtszeit des Zuges notwendig wäre. Vor allem dann, wenn der Herrscher des Aszendenten beim Verlassen der Wohnung im 12. Haus stehen würde, ist es ratsam, die Reise früher anzutreten und zwar dann, wenn der eigene Signifikator noch im 1. Haus steht. Die Unwägbarkeiten, die ein Signifikator im 12. Haus des Abreisehoroskops mit sich bringen kann, sind nicht zu unterschätzen! Das gleiche gilt für Saturn, Uranus, Neptun oder Pluto in enger Konjunktion zum Aszendenten. In diesen Fällen sollte man eher warten, bis diese im 12. Haus stehen und dann erst das Haus verlassen. Mit einem dieser Planeten «im Gepäck» reist es sich in der Regel nämlich weniger angenehm.

Bei Auslandsreisen sollte zudem darauf geachtet werden, dass das 9. Haus keine derartigen «Belastungen» aufweist. Im Falle von kurzen Inlandsreisen, Geschäftsreisen etc. gilt dies eher für das 3. Haus des Abreisehoroskops. Merkur (kurze Reisen) und Jupiter (weite Reisen) sind die natürlichen Herrscher für Reisen und sollten ebenfalls möglichst gut gestellt sein. Erfahrungsgemäß geht ein rückläufiger Merkur bei Reisen überdurchschnittlich oft mit allerlei Unannehmlichkeiten einher, wie Flugausfälle, Zugverspätungen, Flughafenstreiks etc. Wenn es nicht vermeidbar ist, in dieser Zeit zu reisen, sollte man sich zumindest innerlich darauf einstellen, dass nicht alles wie geplant klappt.

Der weitere Mondverlauf zeigt den Verlauf der Reise an. Schwierige, applikative Aspekte des Mondes können ebenfalls unliebsame Erfahrungen anzeigen. Vor allem Spannungsaspekte des Mondes oder des eigenen Signifikators zu den Langsamläufern gehen oftmals mit Ereignissen einher, auf die man während einer Reise gerne verzichtet. Im Laufe der Jahre habe ich aufgrund von Reiseberichten einige Entsprechungen zusammengetragen:

Saturn	Stau, Autopanne, Unterbrechung der Reise, Einreiseverbot
Uranus	Flugausfälle, plötzliche Reiseänderungen
Neptun	Verspätungen, Absage des Fluges/Zuges, verlorenes Gepäck, sich mit dem Auto verfahren, Änderung des Reiseziels
Pluto	Diebstahl, Überfall, Erfahrung der Ohnmacht und des Ausgeliefertseins
Chiron	Krankheit, Verletzung

Tab. 12: Entsprechungen bei Ereignissen auf Reisen, wenn der Mond oder der Herrscher des Aszendenten im Spannungsaspekt zu folgenden Planeten steht

Meine persönliche Begeisterung über die Aussagekraft von Abreisehoroskopen begann zu einer Zeit, als West-Berlin noch im Herzen der ehemaligen DDR lag. Wenn man in West-Berlin wohnte, konnte man mit dem Auto nur auf den so genannten «Transitstrecken» in die Bundesrepublik Deutschland gelangen. Sowohl bei der Ausreise aus Berlin als auch bei der Einreise in die BRD gab es stets lange Wartezeiten. Nicht nur an den Grenzen, sondern auch auf den Transit-Autobahnen waren Schikanen durch die Volkspolizei der DDR an der Tagesordnung, denn es gab kaum eine Brücke hinter der nicht ein Volkspolizeiauto auf Verkehrssünder mit begehrten DM-Devisen lauerte. Jeder Autofahrer war also heilfroh, wenn er diesen «Transit» ohne Zwischenfälle und möglichst schnell hinter sich gebracht hatte.

Wenn ich mit dem Auto nach «West-Deutschland» fuhr, hatte ich meist meine damals noch kleinen Kinder dabei. In dieser Zeit lernte ich Abreisehoroskope besonders zu schätzen, denn es gelang mir mit ihrer Hilfe immer besser, ohne lange Wartezeiten, Staus und Schikanen nicht nur zügig die Grenzposten zu passieren, sondern auch relativ schnell an meinem Zielort anzukommen. Dies gelang vornehmlich dann, wenn im Abreisehoroskop der Herrscher des Aszendenten stark gestellt war (möglichst an einer Achse) und der Mond nur noch harmonische Aspekte bildete, bis er sein Zeichen verließ. Zwar musste ich mitunter zu den unmöglichsten Zeiten das Haus verlassen, aber es lohnte sich immer. Da auch des Öfteren Freunde von mir mitfuhren, sprachen sich meine «stauabwehrenden» Kenntnisse bald herum, so dass ich mich vor Aufträgen in Sachen Abreisehoroskope irgendwann kaum noch retten konnte. Die Begeisterung war groß, als sich herausstellte, dass die von mir ausgerechneten Abfahrtszeiten nicht nur zufälliges und einmaliges stressfreies Reisen mit sich brachten, sondern die Staus tatsächlich nur noch auf der Gegenfahrbahn zu sehen waren.

Seit dieser Zeit gehe ich selten auf Reisen, ohne mir vorher das Abreisehoroskop anzusehen und das Verlassen der Wohnung entsprechend danach auszurichten. Zwar stehen die Termine, wann ich z.B. mit dem Flugzeug zu Seminaren reisen muss, fest, aber um welche Zeit meine Reise beginnt, kann ich selbst bestimmen. Auf diese Weise blieben mir größere Unannehmlichkeiten stets erspart bzw. konnte ich mich im Vorfeld schon auf mögliche Zwischenfälle einstellen. Ich erinnere mich aber noch sehr genau an eine Seminarreise nach Wien, bei der ich mir das Abreisehoroskop ausnahmsweise nicht angesehen hatte.

Abreise nach Wien

An diesem Tag war ich bis zu dem Moment, als der bestellte Taxifahrer an der Tür klingelte, damit beschäftigt, einen Artikel zu Ende zu schreiben, den ich noch vor meiner Abreise per E-Mail versenden musste. Es war wirklich alles sehr knapp, mein Flieger ging um 13.20 Uhr, das vorbestellte Taxi stand um 12.20 Uhr vor der Tür. Als es klingelte, hatte ich meinen Text zwar fertig, schnappte meine Tasche und hetzte aus der Wohnung,

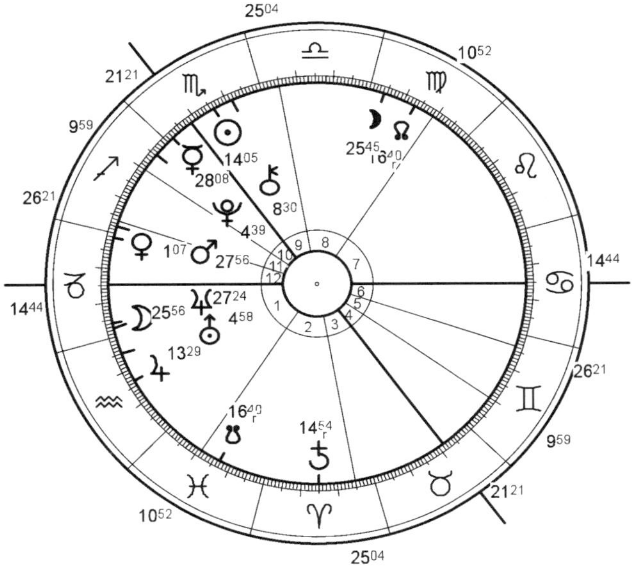

Abb. 67: 6.11.1997, 12.20 Uhr MEZ, Berlin-Charlottenburg

aber die Konstellationen für diesen Abreisezeitpunkt hatte ich mir nicht mehr angesehen.

Kaum saß ich im Taxi und nannte als Fahrtziel den Flughafen Tegel, fragte mich der Fahrer, ob ich denn kein Radio gehört hätte. Es habe auf dem Flughafen einen Zwischenfall gegeben, eine Maschine der «Air France» sei am Morgen übers Rollfeld hinausgeschossen und in einem Acker gelandet. Ich verneinte und erwiderte noch blauäugig, dass ich ja zum Glück nicht mit der «Air France» fliege. Was sich dann aber am Flughafen abspielte, war das pure Chaos, wie ich es noch nie zuvor erlebt hatte: Restlos alle Flüge waren seit dem Vormittag gestrichen oder auf andere Flughäfen Berlins verlegt worden. Massen von gestrandeten Passagieren rannten hektisch, aber dennoch ziellos herum, das Flughafenpersonal war vollkommen überlastet, niemand wusste Bescheid, ob und wann es weiterginge. Mein Flug nach Wien war ersatzlos gestrichen worden, doch irgendwie schaffte ich es nach einiger Zeit in Erfahrung zu bringen, dass spät abends wieder eine Maschine nach Wien starten würde. Ein oder zwei Plätze waren für diese Maschine noch zu haben, allerdings zu einem horrenden Preis! Meinen gebuchten Flug bekam ich wegen des Umstands der «höheren Gewalt» nicht ersetzt. Um überhaupt noch rechtzeitig zum Seminar nach Wien zu kommen, musste ich zähneknirschend den teuren Flug buchen und konnte noch nicht einmal sicher sein, dass ich dann auch tatsächlich einen Platz im Flieger bekommen würde. Mindestens hundert andere gestrandete Passagiere hofften ebenfalls mit dieser Maschine nach Wien zu kommen. Meine Reise nahm jedenfalls an diesem Punkt ein jähes Ende, ich konnte wieder nach Hause fahren.

Dort angekommen, schaltete ich als erstes den Computer an, um mir das Abreisehoroskop meiner unerquicklichen Kurzreise anzusehen. Als ich dieses dann sah, wunderte mich allerdings nichts mehr. Der Steinbock-Aszendent deutete die Hindernisse schon an, mein Signifikator Saturn stand rückläufig und «im Fall» in Widder im 2. Haus. Ein Reisebeginn mit sofortiger Rückkehr, jedoch nicht ohne auch noch viel Geld verloren zu haben! Die applikative Mond-Neptun-Konjunktion im 1. Haus beschrieb das Chaos, das mich am Flughafen erwartete, einschließlich der ersatzlosen Streichung meines gebuchten Fluges. Nur Jupiter im 1. Haus und die Tatsache, dass der Mond – nach der Konjunktion mit Neptun – noch ein Sextil zu Merkur bilden würde, nährte meine Hoffnung, dass ich vielleicht doch noch Glück haben würde und einen der begehrten Plätze in der Abendmaschine ergattern könnte. Um diesem Glück etwas nachzuhelfen, beschloss ich, mir diesmal das Abreisehoroskop besonders gut auszuwählen.

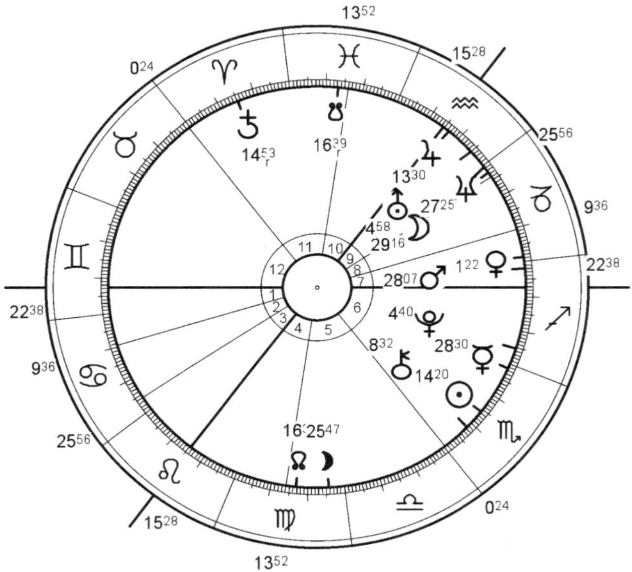

Abb. 68: 6.11.1997, 18.15 Uhr MEZ, Berlin-Charlottenburg

Die Maschine sollte um 21 Uhr starten und obwohl ich dann eigentlich erst gegen 19 Uhr 30 das Haus hätte verlassen müssen, fuhr ich schon um 18.15 Uhr zum Flughafen. Wäre ich während eines Krebs-Aszendenten und einem Signifikator Mond in seinem Exilzeichen Steinbock (der dann auch noch im Leerlauf war) aus dem Haus gegangen, hätte ich mir eine Ankunft in Wien an diesem Abend ganz sicher abschminken können! Ein Zwillinge-Aszendent und Jupiter am MC sowie ein Merkur in 6 erschienen mir für eine Seminarreise wesentlich passender und dadurch auch Erfolg versprechender. Zuerst beschloss ich, dann aus dem Haus zu gehen, wenn Jupiter exakt am MC säße, doch in diesem Fall wäre Merkur, als Herrscher von 1 und damit mein Signifikator, im 6. Haus eingeschlossen gewesen. Diese «merkurische Begrenzung» wollte ich, in Anbetracht des

Risikos, wegen Überbuchung wieder nicht fliegen zu können, auf keinen Fall in Kauf nehmen. Letztlich hat es dann auch geklappt. Im Gegensatz zu vielen anderen, die nicht mitfliegen konnten, bekam ich einen Platz in der Maschine. Dass es mit Skorpion-Merkur, der in Konjunktion zu Pluto lief, dennoch ein sehr intensives, plutonisches Arbeitswochenende wurde, hatte ich beim Fallbeispiel «Bekommt mein Sohn eine Spenderniere» schon beschrieben.

Sonstige Terminplanungen

Bei allen Terminplanungen spielt der Mond eine entscheidende Rolle. Er sollte, von seiner Zeichenstellung her, stets zum Thema des Termins passen und einen guten weiteren Aspektverlauf haben. Dann kann man sich ganz sicher manche Unannehmlichkeit ersparen. Allerdings sollte man es auch nicht übertreiben und nur noch über den Ephemeriden sitzen, um günstige Termine zu finden. Meiner Erfahrung nach ist nämlich «der Himmel» wesentlich weiser, so dass man es bei den meisten Gelegenheiten auch getrost ihm überlassen kann, den passenden und damit richtigen Zeitpunkt zu finden. Wie richtig ein Zeitpunkt war, weiß man in der Regel sowieso erst hinterher. Den Sinnspruch, «was man versucht zu vermeiden, führt es herbei», sollte man deshalb gerade bei Elektionen stets im Hinterkopf behalten.

Danksagung

Ohne die zahlreichen stundenastrologischen Fragen, Begegnungen und Terminwünsche meiner Klientinnen und Klienten, Schülerinnen und Schüler, Freunde und Weggefährten wäre dieses Buch so nicht möglich geworden. Ich danke ihnen allen von ganzem Herzen, dass sie mir und meiner «Kunst» stets vertrauten und sie mich darüber hinaus – mit erhellenden Feedbacks darüber, wie eine Geschichte ausgegangen ist – reich beschenkten. Hierdurch habe ich sicher am meisten über die Sprache des Himmels gelernt.

Joe, meinem Freund der Klassischen Astrologie, danke ich für die fruchtbaren Diskussionen zum Thema «Klassische versus Moderne Stundenastrologie». Dass er jetzt Uranus, Neptun, Pluto und sogar Lilith ins Stundenhoroskop zeichnet und sie fürs «Feintuning» sogar für unverzichtbar hält, ist eine interessante Wende. Auch ich wurde einst von Louise Kirsebom und Johan Hjelmborg inspiriert, ein Stundenhoroskop auf kreative Weise zu deuten. Die beiden trugen entscheidend dazu bei, dass sich mein Blick für das Symbol- und Omenhafte schärfte und sich damit eine umfassende, ganzheitliche Sicht auf die Dinge eröffnete. Ihnen gebührt ebenfalls ein herzliches Dankeschön.

Auch Peter Fraiss möchte ich danken! Für jemanden wie mich, die Stundenhoroskope noch von Hand berechnen musste, weil es damals noch keine PCs gab, war sein wunderbares Astroprogramm «Sarastro» mit laufender Horoskopuhr eine Offenbahrung. Beim Deuten gilt deshalb auch heute noch für mich der Slogan: Nicht ohne mein Sarastro!

Meine Mutter, Margarete Mwangovi, ist zwar keine Astrologin, dafür aber umso besser in Grammatik und Rechtschreibung. Mit Argusaugen fand sie fehlende Buchstaben oder falsch gesetzte Kommas und gab mir darüber hinaus ein schönes Feedback zum fertigen Manuskript: Die Geschichten waren für sie – auch ohne astrologisches Knowhow – spannend zu lesen und, wenn es nach ihr gegangen wäre, hätten es gerne noch mehr sein können. Danke, Mama!

Ursprünglich stand an dieser Stelle ein ganz besonderes Dankeschön an Beate Metz.

Sie stand mir während des Schreibens – wieder einmal – als herzerfrischend wohltuende und überaus kompetente Lektorin zur Seite. Doch wenige Wochen vor Erscheinen dieses Buches ist Beate – kerngesund und mit erst 49 Jahren – abends für immer eingeschlafen.

Während ich diesen Teil der Danksagung nun ändere, sitzt der Schock über ihren so plötzlichen Tod noch immer tief. Abgesehen davon, dass wir seit 1991 in Freundschaft verbunden waren und ich sie als Kollegin, die zudem zahlreiche Astrologie-Bücher vom Englischen ins Deutsche übersetzte, sehr schätzte, war es ausgerechnet Beate, die durch ihr heiteres, aber stetiges Drängen maßgeblich dafür sorgte, dass ich dieses Buch überhaupt schrieb. Sie hat mich während des Schreibens wunderbar begleitet und das Manuskript nach Fertigstellung als gut und wichtig bewertet. Bei aller Trauer bleibt mir jetzt nur noch, ihr mit Freude dieses Werk zu widmen.

Über die Autorin

Foto: Jovana Marquardt

Mona Riegger (*28.5.1957) ist seit 1980 als Astrologin beratend und unterrichtend tätig. Sie ist geprüfte Astrologin des DAV und war dort einige Jahre lang Mitglied der Prüfungskommission. 1991 gründete sie ein astrologisches Ausbildungszentrum in Berlin, unterrichtet aber seit 2002 überwiegend Fortgeschrittene im gesamten deutschsprachigen Raum.

Ihre Schwerpunkte sind Partnerschafts- und Stundenastrologie. Obwohl sie sich in der Psychologischen Astrologie verwurzelt fühlt, kann sie auch auf eine Jahrzehnte lange Erfahrung mit Halbsummen-Techniken, wie die Kosmobiologie oder die Hamburger Schule, zurückgreifen.

Sie ist Chefredakteurin und Autorin beim astrologischen Online-Magazin «Sternwelten», das auf nicht kommerzieller Basis ein reichhaltiges Angebot an astrologischen Artikeln für Anfänger und Profis bereithält.

Mit ihren auch in andere Sprachen übersetzten Werken (Handbuch der Combin- und Composit-Deutung, Gezeiten der Liebe, Horoskop für zwei) wurde ihre Methode, ein Combin zu deuten, weltweit bekannt.

Informationen zu Beratungen oder Seminaren unter:
www.astrologie-in-berlin.de oder
Mona Riegger, Postfach 100 153, 10561 Berlin.

Bibliografie

Appleby, Derek, *Horary Astrology*, The Aquarian Press, 1985

Bills, Rex E., *The Rulership Book*, American Federation of Astrologers, 1971

Brandler-Pracht, Karl, *Die Stundenastrologie* (1921), Chiron Verlag, 2002

Fuchs, Josef, *Krankheitsverlauf nach dem Stunden-Horoskop (Das Dekumbitur)*, Baumgartner Verlag, 1958

Gil Brand, Rafael, *Lehrbuch der klassischen Astrologie*, Chiron Verlag, 2000

Glahn, A. Frank, *Erklärung und systematische Deutung des Geburtshoroskops*, (1928), Chiron Verlag, 1999

Grimm, A. M., *Stundenhoroskop und Elektionen*, Astra-Verlag, 1926

Hamaker-Zondag, Karen, *Stundenastrologie*, Hugendubel, 1985

Hand, Robert, *Traditionelle Astrologie*, Chiron Verlag, 2007

Hjelmborg, Johan/Kirsebom, Louise, *Augenblicksastrologie*, Edition Astrodata, 1987

Hjelmborg, Johan/Kirsebom, Louise, *Das Konsultationshoroskop*, Chiron Verlag, 2006

Kühr, Karl Erich, *Psychologische Horoskop-Deutung*, R. Cerny Verlag, 1948

Kündig, Heinrich, *Astrologische Prognose*, Ansata Verlag, 1976

Livaldi Laun, Lianella, *Stundenastrologie in der Partnerberatung,* Chiron Verlag, 2007

Lilly, William, *Christian Astrology, Bd. 1 & 2,* Regulus Press, 1985

Louis, Anthony, *Horary Astrology*, Llewellyn Publication, St. Paul, 1991

Morin de Villefranche, Jean Baptiste, *Astrologia Gallica Buch XXI,* Chiron Verlag, 2005

Ptolemäus, Claudius, *Tetrabiblos,* Chiron Verlag, 2000

Riegger, Mona, *Gezeiten der Liebe,* Ebertin, 2000

Riegger, Mona, *Handbuch der Combin- und Composit-Deutung,* Ebertin,1997

Schierstedt, Claudia von, *Astrologische Terminwahl,* Chiron Verlag, 1997

Sindbad-Weiss, *Bausteine der Astrologie,* Barth, 1950

Slooten, Erik van, *Lehrbuch der Stundenastrologie,* Ebertin, 1994

Weil, Eric J., *Das kombinierte Fragehoroskop,* Edition Astrodata, 1993

WILLIAM LILLY

Christliche Astrologie

Buch 1 und Buch 2
579 Seiten, Leinen, 73 Abbildungen
ISBN 978-3-89997-144-6

William Lilly (1602 – 1681) ist unbestritten der bekannteste Astrologe Englands, der zu Lebzeiten nicht nur spektakuläre Prophezeiungen gemacht hat, sondern auch zahlreiche Schriften veröffentlichte. »Christian Astrology« ist mit nahezu 1000 Druckseiten sein Hauptwerk, das mit dieser Ausgabe erstmals in großen Teilen auf Deutsch vorliegt. Den Titel hat er dem Werk gegeben, um rechtliche Konsequenzen zu vermeiden. Im ersten Teil beschreibt er sehr ausführlich die Regeln der klassischen Astrologie. Im zweiten Teil befasst er sich ausschließlich mit der Stundenastrologie mit sehr vielen detaillierten Angaben zur Prognose und vielen Beispielen aus seiner Praxis. Pflichtlektüre für jeden Stundenastrologen.

Erst einmal: Toll, phantastisch, klasse, dass dieses Buch nach mehr als 350 Jahren endlich auch auf Deutsch zu haben ist! Sodann: Aus heutiger Perspektive staunt man, was seinerzeit alles mit Hilfe der Stunden- und Frageastrologie möglich war (oder möglich schien) und was alles gefragt wurde .... Eine editorische Großleistung! Wer astrologisch-technisch für seine eigene Praxis in der Stunden- und Frageastrologie dazu lernen will, darf an diesem Buch nicht vorbei gehen.

DAV Rundbrief 2/2007

Standardwerke der Astrologie

LIANELLA LIVALDI LAUN

Stundenastrologie in der Partnerberatung

Eine umfassende Deutung mit dem Fragehoroskop

96 Seiten, Paperback, 22 Abbildungen
ISBN 978-3-89997-152-1

Die psychologische Astrologie zeigt dem Klienten Wachstumsprozesse auf, während die Stundenastrologie konkrete Lebensfragen beantwortet. Die Autorin erläutert, wie sich das Stundenhoroskop gekonnt zur Klärung von Partnerschaftsfragen verwenden lässt. Da das Fragehoroskop eine Wirkungsdauer von vier bis sechs Monaten hat, ist die Antwort nie endgültig und legt den Klienten nicht fest. Es zeigt aber, ob der richtige Augenblick für eine Angelegenheit bzw. für eine Beziehung vorhanden ist oder ob es besser wäre zu warten.
Zugleich ist dies ein Einsteigerbuch, das Ihnen die einfachen Regeln der Stundenastrologie nahe bringt.

»Eine höchst anregende Lektüre, die psychologischen Astrologen helfen kann, ihre Berührungsängste vor der Stundenastrologie zu überwinden!« *Erik van Slooten in: Astrologie Heute*

Standardwerke der Astrologie

ROBERT HAND

Traditionelle Astrologie

Ganzzeichenhäuser – Tag- und Nachthoroskope

184 Seiten, Hardcover, 10 Abbildungen

ISBN 978-3-89997-157-6

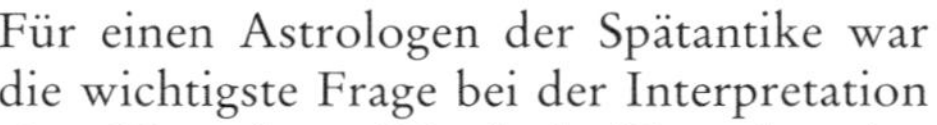

Für einen Astrologen der Spätantike war die wichtigste Frage bei der Interpretation eines Horoskops: Wurde der Horoskopeigner bei Tag oder bei Nacht geboren? Dieser Frage geht Robert Hand nach und zeigt anhand seines ausführlichen Quellenstudiums, welche Deutungsvielfalt in diesem Ansatz liegt. Im zweiten Teil befasst er sich mit dem ältesten Häusersystem, den Ganzzeichenhäusern. Auch hier zeigt er anhand von sonst nur schwer zugänglichen Quellen, wie sich die astrologischen Häuser entwickelt haben.
Beide Methoden werden mit Horoskopbeispielen untermauert, so dass Sie unmittelbar den praktischen Nutzen für Ihre eigenen Deutungen erkennen können. Durch die gelungene Synthese aus Klassik und Moderne hat Robert Hand ein wegweisendes Buch für die Astrologie der Zukunft geschrieben.

»So wird dieses kleine Buch eine Fundgrube für Deutungsansätze, die für viele moderne Astrologen so neu wie aufschlussreich sein dürften. Es regt an zum eigenen Forschen und Experimentieren, handelt es sich ja um Konzepte und Techniken, die unmittelbar und ohne weitere Berechnungen aus dem Horoskop erkennbar sind.« *Meridian*

Standardwerke der Astrologie

RAFAEL GIL BRAND

Lehrbuch der klassischen Astrologie

gebunden, 424 Seiten, 20 Abbildungen.

ISBN 3-925100-47-7

Sich mit der antiken und mittelalterlichen Astrologie zu befassen mag manchem überholt erscheinen. Schließlich haben sich die Zeiten verändert, und unser gesamtes Weltbild hat wenig gemein mit den Anschauungen unserer Vorfahren. Dennoch zeigt sich gerade in jüngster Zeit weltweit eine stärkere Hinwendung zu den frühesten Quellen. Mit dem vorliegenden Buch wird es ermöglicht, die Techniken und Arbeitsweise der griechischen und mittelalterlichen Astrologie kennen zu lernen und zu verstehen. Dabei geht der Autor weit über das hinaus, was gemeinhin als klassische Astrologie bezeichnet wird. Als fundierter Kenner der Originalschriften hebt er besonders die in Vergessenheit geratenen oder scheinbar überholten Deutungselemente hervor. Es gelingt ihm, auch solche Methoden, die uns fremd erscheinen, aus der damaligen Weltanschauung heraus zu entziffern und zu verstehen. Die antiken Methoden werden umfassend dargestellt und so wiedergegeben, dass sie auch für den heutzutage an Astrologie interessierten Leser nachvollziehbar sind und leicht anzuwenden sind, was eine Erweiterung der bisherigen Deutungsmöglichkeiten verspricht.

Gil Brands Buch schließt, die sich in der Entwicklung der klassischen Astrologie seit dem Ersten Weltkrieg aufgetan hat. Es ist damit wohl das wichtigste Standardwerk der Astrologie seit langem! *sternZeit*

Standardwerke der Astrologie

CLAUDIUS PTOLEMAEUS

Tetrabiblos

Nach der von Philipp Melanchton besorgten seltenen Ausgabe aus dem Jahre 1553.

Ins Deutsche übertragen von M. Erich Winkel
Mit einem Vorwort von Thomas Schäfer
Einmalige limitierte Sonderausgabe in Samt gebunden, 300 Seiten

ISBN 3-925100-17-2

Ptolemaeus wurde um 100 n. Chr. geboren, lebte in Alexandrien als Geograph und Astronom, wo er um 178 starb. Mit seinen Tetrabiblos, was soviel bedeutet wie Buch in vier Abteilungen, vermachte Ptolemaeus der Mit- und Nachwelt ein zeitloses Dokument der Astrologie. Zahlreiche der noch heute gültigen Begriffe und Regeln wurden aus den Tetrabiblos abgeleitet. Durch seine klaren Definitionen wurde die Astrologie erstmals systematisiert. Außerdem erfaßte er alle Strömungen des astrologischen Wissens und formte sie zu einer Synthese. Auf ihn geht die Begründung des Tierkreises ebenso zurück wie die Deutung der Planeten. Die Tetrabiblos waren für 1500 Jahre die »Bibel der Astrologen«. Ein Werk von zeitloser Gültigkeit.

Es ist Ptolemaeus in seinen Tetrabiblos gelungen, aus dem Wust der damaligen astrologischen Regeln ein einheitliches, menschenbezogenes Deutungskonzept zu schaffen, wie es nach ihm bis in unser Jahrhundert keiner mehr zustande gebracht hat. Im Gegenteil, sie alle, die sich nach ihm als astrologische Autoren profiliert haben, bezogen sich immer mehr oder weniger bewußt auf ihn. Die „vier goldenen Bücher" sollte man also auch als Astrologe am Ende des 20. Jh. kennen!

Astrolog

Klassiker der Astrologie

CLAUDIOS GALENOS,
HIPPOKRATES U.A.

Der Krankheitsverlauf im Horoskop

Quellentexte zum Dekumbitur

143 Seiten, Hardcover, 6 Abbilungen
ISBN 978-3-89997-173-6

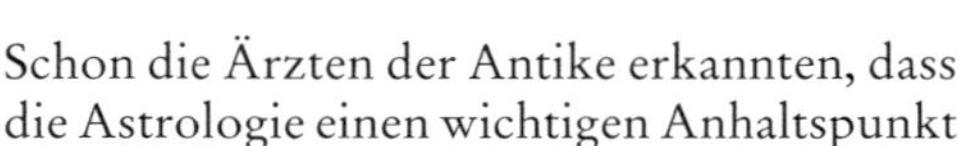

Schon die Ärzten der Antike erkannten, dass die Astrologie einen wichtigen Anhaltspunkt für die Krankheitsdiagnose bieten kann. Maßgeblich dazu war das Erstellen eines Horoskops auf den Beginn der Krankheit, eines sogenannten Dekumbiturs. Hieraus wurde der Verlauf der Krankheit und der Zeitpunkt für den Eintritt der heilsamen Krise prognostiziert.
Der vorliegende Band bietet eine Reihe von klassischen Texten zum Dekumbitur. Enthalten ist ein dem berühmten Arzt Claudius Galenos zugeschriebener Text über die »Prognosen zum Dekubitus«. Hippokrates befasst sich mit den Beziehungen des Mondes zu den Krankheiten. Das im 15. Jh. bedeutendste Buch zur Medizin überhaupt stammte von dem Franzosen Jean Ganivet und trug den Titel Amicus Medicorum. Sein berühmtes Beispiel einer eingetroffenen Krankheits-Prognose gibt einen hervorragenden Einblick in die Praxis. David ben Yom Tov (14. Jh.) und Andrea Argolus (16. Jh.) erläutern die Bedeutung der »Kritischen Tage« für den Krankheitsverlauf. Nicholas Culpeper, der berühmteste Arzt Englands, zeigt eine Methode, um die Ursachen und den Umschwung einer Krankheit zu erkennen.
So gewährt dieser Band einerseits einen Blick in die medizinische Literatur des Mittelalters und zugleich erschließt er dem heute an klassischer Astrologie interessierten Leser neue Quellen zur Deutung des Dekumbiturs und der daraus abgeleiteten Prognose über den zu erwartenden Krankheitsverlauf.

Klassiker der Astrologie

JULIUS FIRMICUS MATERNUS

Die Acht Bücher des Wissens

Matheseos Libri VIII

448 Seiten Hardcover
ISBN 978-3-89997-171-2

Firmicus Maternus hat mit seinen im 4. Jahrhundert nach Christus verfassten acht Büchern des Wissens das umfangreichste Lehrbuch der Geburtsastrologie hinterlassen. Nach einer Erwiderung an die Gegner der Astrologie gibt er in den folgenden sieben Büchern einen Grundriss der antiken Astrologie. In Buch II behandelt er u.a. klassische Würden, Dekane, Grenzen, Hyleg oder Spiegelpunkte. Die Stellung der sieben Planeten in den einzelnen Häusern und das Thema Mundi kommen in Buch III zur Sprache. Buch IV widmet er gänzlich dem Mond, während in Buch V der Aszendent und die Planeten in den Zeichen behandelt werden. Die Aspekte bespricht er in Buch VI. Horoskope aus verschiedenen Lebensbereichen wie Beziehung, Beruf oder Krankheit stehen im Mittelpunkt von Buch VII. Einen Höhepunkt bildet seine im abschließenden Buch VIII dargelegte Lehre von den Sternbildern und der Deutung der Tierkreisgrade. Damit ist dies eines der wichtigsten Bücher der klassischen Astrologie, das aus dem Altertum erhalten geblieben ist.

»Insgesamt ist eine solide, gut leserliche und sehr vollständige Veröffentlichung dieses überaus reichhaltigen Werkes gelungen.«
Rafael Gil Brand in: Merdian 2/2009

Standardwerke der Astrologie

BERNHARD BERGBAUER

Der Geburtsherrscher im Horoskop

120 Seiten, Hardcover, 13 Abbildungen

ISBN 978-3-89997-161-3

Schon seit alters her wird in der Astrologie die Ansicht vertreten, dass es im Horoskop einen dominierenden Planeten gibt, den sogenannten Geburtsherrscher. In der klassischen Astrologie wurde jedem Planeten eine eigene Sphäre zugesprochen und zu jeder Sphäre gehörte auch ein Engel. Im Geburtsherrscher sah man also einen astrologische Schutzengel, der bei allen Lebensphasen immer einen entscheidenden Einfluss ausübt. In diesem Buch erfahren Sie alles über die Hintergründe, die Berechnung und Deutung Ihres Geburtsherrschers.

»Das Buch ist präzise und verhilft mit einer einfachen Methode sehr schnell zu einer tiefsinnigen Deutung. Es ist für Astrologen aller Richtungen empfehlenswert zu lesen, weil darin auch die klassische Methode der Würde sehr gut behandelt wird.«

Oscar Hofman in: Meridian 6/2008